La Psychologie

pour les nuls

La Psychologie

pour les nuls

Dr Adam Cash
Psychologue

FIRST
Editions

La Psychologie pour les Nuls

Titre de l'édition originale : *Psychology for Dummies*

Publié par Wiley Publishing, Inc.
111 River Street
Hoboken, NJ 07030 – 5774 USA

ISBN 978-2-87691-957-0
Dépôt légal : 4e trimestre 2004
Imprimé en Italie par La Tipografica Varese Srl, Varese

Illustrations : Rich Tennant
Traduction : Anne-Carole Grillot
Mise en page : KN Conception

Éditions First, un département d'Édi8
12, avenue d'Italie 75013 Paris – France
E-mail : firstinfo@efirst.com
Site internet : www.pourlesnuls.fr

Sommaire

Introduction

Alors, vous avez acheté *La Psychologie pour les Nuls*... Comment le vivez-vous ? Bien, j'espère. Vous n'avez aucune raison de vous sentir mal. Vous allez découvrir toutes sortes d'informations intéressantes sur les fondements du comportement et des processus mentaux humains.

Tout le monde est concerné par la psychologie. Les êtres humains sont fascinants, y compris vous ! Ils défient souvent la logique et échappent à toute prédiction. Par conséquent, il est difficile de les cerner. Vous pensez avoir cerné quelqu'un et... pan ! Il vous surprend. Certains d'entre nous se disent qu'ils ont une bonne capacité d'analyse et qu'ils ont les choses en main. Si c'est le cas, tant mieux ! Ils peuvent, en effet, comprendre les êtres humains de façon plus intuitive que les autres. Pour le reste d'entre nous, il y a la psychologie.

À propos de ce livre

La Psychologie pour les Nuls est une introduction à la psychologie. J'ai essayé d'écrire ce livre dans un langage courant, avec des exemples de la vie de tous les jours, dans l'espoir qu'il s'applique dans la pratique – il me semble plus agréable d'aborder un nouveau domaine d'un point de vue pratique. La théorie de la psychologie est si jargonneuse qu'elle a son propre dictionnaire (*Dictionnaire de psychologie*, Larousse). Ce livre, en revanche, s'adresse à ceux qui s'intéressent à ce que les hommes et les femmes font, pensent, disent et ressentent, mais veulent des informations présentées de façon claire et faciles à comprendre.

Les informations fournies dans cet ouvrage de référence ne remplacent en aucun cas les conseils ou le traitement d'un expert. Elles vous aideront simplement à faire des choix éclairés. Parce que chaque individu est unique, il appartient au médecin d'effectuer un diagnostic et de superviser les traitements pour chaque problème de santé. Si un individu suivi par un médecin reçoit des conseils contraires aux informations fournies dans cet ouvrage de référence, les conseils du médecin devront être respectés, car ils se basent sur les caractéristiques uniques de cet individu.

Les conventions utilisées dans ce livre

Le langage conventionnel des psychologues peut être perçu comme un véritable charabia lorsqu'on n'a jamais suivi de cours de psychologie. Comme je l'ai dit précédemment, j'essaie d'éviter le jargon. Je me risque même à tenter une plaisanterie ou deux. J'ai tendance à ne pas prendre la vie trop au sérieux, mais tout le monde ne comprend pas mon sens de l'humour. Si vous trouvez une de mes plaisanteries de mauvais goût, ne m'en voulez pas trop. Après tout, je suis psychologue et je ne crois pas que les psys soient connus pour leur sens de l'humour... En tout cas, j'espère ne jamais paraître insensible ni cavalier – ce n'est bien sûr pas mon intention.

Parfois, la psychologie peut sembler aride. J'ai donc essayé de rendre le sujet plus vivant en apportant quelques anecdotes et exemples personnels. Cela dit, je ne fais aucunement référence aux patients que j'ai reçus dans mon cabinet. J'ai pris soin de respecter la vie privée des personnes avec lesquelles j'ai travaillé.

À qui est destiné ce livre

Il existe beaucoup de livres sur la psychologie. La plupart sont soit trop techniques, soit trop spécialisés. *La Psychologie pour les Nuls*, en revanche, s'adresse à tous ceux qui se trouvent dans l'une ou l'autre des situations suivantes :

- » Vous vous posez beaucoup de questions sur les autres.
- » Vous vous posez beaucoup de questions sur vous-même.
- » Vous envisagez de faire carrière dans la psychologie.
- » Vous étudiez actuellement la psychologie ou une discipline proche, comme l'assistance sociopsychologique.

- Vous vous intéressez à la psychologie, mais nous n'avez pas le temps ou les moyens de suivre des cours.
- Vous avez tout compris sur les êtres humains et vous voulez voir si je suis sur la bonne piste…

Comment ce livre est organisé

La Psychologie pour les Nuls se divise en sept parties, dont chacune est consacrée à l'un des grands domaines de la psychologie. Comme tous les livres de la collection « Pour les Nuls », il ne se lit pas nécessairement dans l'ordre. Si vous cherchez quelque chose de précis, reportez-vous directement à la section qui vous intéresse.

Première partie : Familiarisez-vous avec la psychologie

La première partie donne une définition de la psychologie et un aperçu de cette discipline. Elle présente la psychologie amateur et explique que nous agissons tous comme des psychologues, puisque nous analysons et évaluons le comportement humain tous les jours.

Cette partie comporte également une brève description de la pratique professionnelle de la psychologie. Elle montre la nature scientifique de la psychologie et les différentes approches que les psychologues utilisent pour analyser et comprendre les êtres humains.

Deuxième partie : Le cerveau de l'affaire

Dans la deuxième partie, vous découvrirez la structure de base du système nerveux et le rôle important de la biologie dans l'analyse psychologique. Après vous être familiarisé avec le cerveau et ses différentes parties, vous aborderez la notion de conscience consciente, également essentielle en psychologie. Enfin, vous explorerez les facultés qui nous permettent de rester en contact avec le monde qui nous entoure : les sens.

Troisième partie : Penser et ressentir

La troisième partie est consacrée à la pensée humaine, que les psychologues appellent la cognition. Elle décrit à la fois le contenu et le processus de la pensée. Elle comporte également une analyse du concept d'intelligence et des différentes théories sur le sujet. Enfin, elle traite de l'émotion et de la motivation. Si vous vous intéressez aux rouages de l'amour ou de la colère, lisez-la sans hésiter.

Quatrième partie : La psychologie sociale

La quatrième partie présente la psychanalyse et les travaux de Sigmund Freud. Elle commence par la structure de base du psychisme et se poursuit avec la théorie freudienne du développement psychosexuel et une description des mécanismes de défense, comme la dénégation et le refoulement.

Vous découvrirez ensuite la théorie de la personnalité et les types de personnalité les plus courants. Divers aspects sociaux, comme l'indique le titre de cette partie, sont aussi abordés, notamment la connaissance de soi, la construction de l'identité, la formation de relations et la communication. Vous comprendrez l'influence que les autres exercent sur notre comportement, notamment en groupe. Enfin, vous aurez un aperçu de la psychologie du développement, avec un panorama du développement de l'individu, de la conception à l'adolescence.

Cinquième partie : Êtes-vous dingue ?

La psychopathologie moderne (l'étude des maladies mentales et des troubles du comportement et des processus mentaux) a commencé au début du vingtième siècle avec les théories d'Eugen Bleuler et de Sigmund Freud. La sixième partie est consacrée aux approches contemporaines des troubles psychologiques, notamment à la neuropsychologie et à l'explication cognitive des problèmes psychologiques. Elle décrit les troubles psychologiques les plus tristement célèbres, comme l'anxiété, la dépression, la schizophrénie et le stress posttraumatique. Vous y trouverez également des informations sur la psychologie légale ou criminelle (responsabilité criminelle, profilage criminel, théories sur le comportement criminel et théories sur le traitement et la correction).

Sixième partie : Une aide à la guérison

La sixième partie commence par une introduction aux tests et à l'évaluation psychologiques (oui, c'est ici que nous analyserons ensemble le test de la tache d'encre de Rorschach). Elle passe en revue les critères d'évaluation psychologique les plus courants, comme l'intelligence et la personnalité. Enfin, une section sur le stress fait le lien entre la santé psychologique et la santé physique.

Septième partie : La partie des Dix

Cette partie présente une nouvelle orientation de la psychologie : la psychologie positive. Cette discipline est axée autour de la santé psychologique et non autour de la maladie. Vous trouverez ici quelques conseils pratiques pour rester en bonne santé sur le plan psychologique. Ensuite, je vous emmènerai au cinéma !

Les icônes utilisées dans ce livre

Ce livre est jalonné d'icônes, situées dans la marge, qui vous permettront de trouver facilement certains types d'informations. En voici la liste :

Expérience psychologique. Que deviendrait la psychologie s'il n'y avait pas de cobayes prêts à se livrer à certaines expériences ? Ne vous inquiétez pas, vous ne risquez absolument rien. Pas de décharges électriques, c'est promis.

Truc. Conseil qui pourra vous être utile un jour.

Attention. Information incontournable qui constitue l'un des piliers de la psychologie.

À retenir. Rappel des informations importantes d'une section. Si vous ne deviez retenir qu'une seule chose, ce serait celle-là. Alors, soyez attentif.

Par où commencer ?

La psychologie est un vaste domaine. Ce livre est organisé de sorte que vous puissiez consulter directement les parties qui vous intéressent et laisser le reste de côté. Vous n'êtes pas obligé de le lire de bout en bout. C'est une sorte de self-service. Mais si je peux écrire tout un livre sur la psychologie, vous pouvez tout de même le lire en entier ! Et puis, je pense que cela vous plaira. La psychologie est un sujet passionnant. Alors, bonne lecture !

1

Familiarisez-vous avec la psychologie

« NE TOUCHE À RIEN ! NE MANGE PAS CE QUI TRAÎNE PAR TERRE ! NE TE TORTILLE PAS LES OREILLES ! NE FAIS PAS DE BÊTISES AVEC L'APPAREIL DENTAIRE DE GUILLAUME MARCHAND ! NE TIRE PAS LES CHEVEUX DE TES CAMARADES ! N'OUBLIE PAS DE DIRE S'IL VOUS PLAÎT ET MERCI ! NE TE METS PAS LES DOIGTS DANS LE NEZ ! NE CRIE PAS ! NE PRENDS PAS TROP DE JOUETS ! ET AMUSE-TOI BIEN ! »

DANS CETTE PARTIE...

La première partie donne une définition de la psychologie et un aperçu de cette discipline. Elle présente la psychologie amateur et explique que nous agissons tous comme des psychologues, puisque nous analysons et évaluons le comportement humain tous les jours.

Cette partie comporte également une brève description de la pratique professionnelle de la psychologie. Elle montre la nature scientifique de la psychologie et les différentes approches que les psychologues utilisent pour analyser et comprendre les êtres humains.

Chapitre 1

Pourquoi faisons-nous ce que nous faisons ?

DANS CE CHAPITRE :

- **Apprendre à nous connaître**
- **Comprendre la psychologie populaire**
- **Mettre les choses au clair**

La plupart des gens se font une certaine idée de la psychologie. Je suis psychologue. C'est-à-dire ? Je m'y connais en psychologie, d'accord, mais quoi d'autre ? Lorsque je vais voir ma famille ou mes amis pendant les vacances, il me semble qu'ils ne savent toujours pas ce que je fais dans la vie. Certains de mes patients me disent : « Vous ne faites que parler. Ne pouvez-vous pas me prescrire un médicament ? » D'autres, au contraire, me prêtent des pouvoirs surnaturels de compréhension et de guérison. Si j'ai écrit *La Psychologie pour les Nuls*, c'est précisément pour mettre les choses au clair.

Avant de vous donner une définition de la psychologie, j'aimerais que vous preniez le temps de noter vos propres idées. Pourquoi ce livre a-t-il attiré votre attention ? Cherchez-vous des réponses ? Des conseils ? À quelle question souhaitez-vous pouvoir répondre ?

« Pourquoi faisons-nous ce que nous faisons ? » : voilà la question qui se cache derrière pratiquement toutes celles qui sont posées aux psychologues. Que vous soyez psychologue professionnel, chercheur ou patient, vous en revenez toujours à cette question.

Pourquoi cette fusillade a-t-elle eu lieu ?

Pourquoi suis-je toujours triste ?

Pourquoi a-t-elle rompu avec moi ?

Pourquoi les gens sont-ils si méchants ?

Ce type de questions constitue le moteur de la psychologie. D'une manière très générale, la psychologie est une branche du savoir. Mais, au-delà de la surface, elle touche les êtres humains, en tant qu'individus ou en groupe. C'est pourquoi je n'ai pas intitulé ce chapitre « Pourquoi les éléphants de mer font-ils ce qu'ils font ? » – même si certains psychologues étudient le comportement animal et se posent peut-être cette question.

D'autres questions commencent par « Comment » :

Comment obtenir une meilleure note à l'examen final ?

Comment empêcher mon enfant de deux ans de piquer des colères ?

Comment le mental fonctionne-t-il ?

D'autres encore commencent par « Qu'est-ce que » :

Qu'est-ce qu'une émotion ?

Qu'est-ce qu'une maladie mentale ?

Qu'est-ce que l'intelligence ?

Tous ces types de questions constituent le noyau intellectuel et philosophique de la psychologie. Par conséquent, la *psychologie* peut être définie comme l'étude scientifique du comportement et des processus mentaux humains. La psychologie tente de découvrir ce que nous faisons et pourquoi et comment nous le faisons.

Le psychologue amateur

D'une certaine façon, nous sommes tous des psychologues amateurs. Les psychologues professionnels ne sont pas les seuls à essayer de comprendre les individus. Lorsque j'ai commencé à suivre des cours de psychologie, j'avais mes propres idées sur les êtres humains. Parfois, j'étais d'accord avec les théories de

Freud et des autres, mais pas toujours. Je suis sûr que je n'étais pas le seul. Nous avons une certaine façon de voir les choses.

La psychologie a l'avantage de traiter un sujet que nous connaissons tous – les individus. On ne peut pas en dire autant de la chimie ou de l'astronomie. Bien sûr, nous utilisons des produits chimiques tous les jours, mais je ne me souviens pas de la dernière fois où je me suis demandé : « Comment font-ils pour que ce bain de bouche ait un goût de menthe ? »

Les psychologues amateurs exercent le plus souvent dans les cafés. En effet, les cafés sont remplis de gens qui discutent du pourquoi et du comment du comportement des autres. « Et alors, je lui ai dit... », « Tu aurais dû dire... » Ces conversations ressemblent parfois à une thérapie de groupe. Nous passons tous beaucoup de temps à parler des autres.

Les psychologues professionnels appellent cette pratique la *psychologie populaire* – un ensemble de principes appliqués par des personnes ordinaires pour comprendre, expliquer et anticiper leur propre comportement ou celui des autres. Dans la pratique, nous avons recours à divers concepts pour expliquer l'état psychologique ou la personnalité d'un individu. Les deux principaux concepts mis en avant sont les *convictions* et les *désirs*. Nous pensons tous que les individus ont des convictions qui sont à la base de leur comportement. Pourquoi faisons-nous ce que nous faisons ? À cause de nos convictions.

Lorsque nous pratiquons la psychologie populaire, nous partons du principe que nous faisons ce que nous faisons à cause de nos pensées et de nos processus mentaux – de nos convictions et de nos désirs. Mais la psychologie populaire n'est pas le seul outil des psychologues amateurs. Certaines personnes expliquent le comportement des autres en termes de chance, de malédiction, de bénédiction, de karma, de destin, de destinée et autres notions non psychologiques. Je n'ai absolument rien contre ce genre d'arguments. Il est très difficile d'expliquer d'un point de vue psychologique pourquoi quelqu'un a gagné à la loterie. En revanche, la psychologie peut expliquer pourquoi un individu achète régulièrement des billets de loterie alors qu'il perd toujours.

Une science parmi d'autres

De nombreuses disciplines tentent de répondre aux mêmes questions que la psychologie avec une approche différente. D'une certaine façon, la physique, la biologie, la chimie, l'économie, les sciences politiques, la sociologie, la médecine et l'anthropologie s'intéressent aussi à l'être humain. La perspective psychologique n'est qu'une voix dans ce chœur de disciplines, qui lutte pour une reconnaissance basée sur l'acceptation de la méthode scientifique comme approche la plus fiable et la plus utile de la compréhension de la réalité.

La psychologie est en interaction avec d'autres disciplines. Tout comme chacun de nous vit dans une communauté, la psychologie fait partie d'une communauté de savoirs et apporte sa propre contribution à cette communauté. C'est un outil de compréhension de l'être humain. Bien sûr, ses théories ne s'appliquent pas toujours. Tout ne peut pas être appréhendé d'un point de vue psychologique. Mais nous avons besoin d'outils pour comprendre le comportement et les processus mentaux humains.

Au fil des ans, des centaines de milliers de psychologues ont élaboré un ensemble de *métathéories* ou « grandes théories », destinées à nous guider dans notre travail. Ces théories donnent un cadre au monde tourbillonnant du comportement et des processus mentaux humains et nous aident à les comprendre. Parfois, mes étudiants me demandent : « Qu'est-ce qui vous fait croire que la psychologie a toutes les réponses ? » Et je leur réponds : « Les psychologues essaient simplement de fournir une des pièces du puzzle, pas toutes les réponses. »

Les métathéories de la psychologie

La plupart des recherches en psychologie sont effectuées dans le cadre des grandes théories suivantes (il existe aussi des approches hybrides, comme la neuropsychologie et la science cognitive, mais, pour le moment, je m'en tiens aux théories de base). Chacune de ces métathéories se place d'un point de vue différent pour répondre aux questions psychologiques. Beaucoup de recherches et de théories se basent sur l'une ou plusieurs de ces métathéories. Lorsqu'un psychologue est confronté à un comportement ou à un processus mental qu'il souhaite étudier, il part toujours de l'une ou l'autre des métathéories suivantes :

» **Métathéorie biologique** : cette théorie se concentre sur les aspects biologiques du comportement et les effets de l'évolution et de la génétique. Elle part du principe que le comportement et les processus mentaux peuvent être expliqués par la physiologie et l'anatomie humaines. Les spécialistes de la psychologie biologique s'intéressent essentiellement au cerveau et au système nerveux (pour en savoir plus sur la psychologie biologique, reportez-vous au **chapitre 3**).

  Nous avons tous vu des personnes avoir un comportement inhabituel sous l'influence de l'alcool. Les fêtes organisées avec les collègues de travail sont souvent révélatrices en termes de psychologie biologique. Vous arrivez à une soirée et vous découvrez Michel, le type relativement calme de la comptabilité, au beau milieu d'une chorégraphie disco qui ferait transpirer John Travolta. Il drague toutes les femmes. Il est drôle. Il est ivre. Michel se souviendra-t-il de cette soirée ?

» **Métathéorie psychanalytique** : cette théorie se fonde sur les processus mentaux inconscients et les problèmes de développement au cours de la petite enfance pour expliquer les impulsions puériles, les souhaits puérils, les désirs immatures et autres exigences par rapport à la réalité que nous vivons. Les travaux de Sigmund Freud, le père de la psychanalyse, ont été complétés par des centaines de théoriciens. Les nouvelles théories sont qualifiées de « psychodynamiques », car elles mettent en avant l'interaction dynamique qui a lieu entre les différentes composantes de la personnalité (pour en savoir plus sur la psychanalyse, reportez-vous aux chapitres 7, 8 et 15).

Un jour, j'ai lu un article sur l'importance pour un enfant de battre son père ou sa mère à un jeu ou à une activité sportive. Les parents doivent-ils laisser leur enfant gagner ? La plupart des psychanalystes pensent que la compétition fait partie intégrante de la relation parent-enfant et que l'acceptation de cette compétition joue un rôle essentiel dans le développement psychologique de l'enfant.

» **Métathéorie comportementale ou béhavioriste** : cette théorie met en évidence le rôle des expériences d'apprentissage dans l'élaboration du comportement. Les spécialistes de cette théorie ne tiennent pas compte des processus mentaux, car ils pensent que ceux-ci sont trop difficiles à observer et à évaluer objectivement.

La principale influence que subit notre comportement provient de l'observation des autres – les singes reproduisent ce qu'ils voient ! C'est ce que les psychologues appellent l'« apprentissage observationnel ». Depuis quelques années, il existe une polémique autour de l'influence de la télévision et des jeux vidéo sur les enfants. D'après les recherches approfondies qui ont été effectuées, les enfants exposés à des scènes de violence à la télévision ou dans le cadre de jeux vidéo sont plus enclins à avoir un comportement violent.

» **Métathéorie cognitive** : cette théorie est basée sur le traitement mental de l'information, notamment sur les fonctions de raisonnement, résolution de problèmes et mémorisation. Les spécialistes de la théorie cognitive s'intéressent aux structures et aux pensées mentales qui orientent et provoquent le comportement.

Lorsqu'un proche vous dit de regarder les choses du bon côté, il se place d'un point de vue cognitif. Quand quelque chose ne va pas, vous savez que vous vous sentirez mieux dès que votre problème sera résolu. Mais si rien ne change, que va-t-il se passer ? Allez-vous vous sentir mal jusqu'à la fin de vos jours ? Bien sûr que non – vous pouvez changer de point de vue. Regardez les choses du bon côté !

- **Métathéorie humaniste et existentialiste** : cette théorie s'appuie sur le caractère unique de chaque individu et sur notre capacité à faire des choix, dont nous seuls portons la responsabilité. Vous n'êtes pas victime des circonstances ! Vous avez toujours le choix. Les humanistes placent le libre arbitre et la compréhension de la signification des événements au cœur de l'étude psychologique.

  Avez-vous déjà eu l'impression de n'être qu'un visage anonyme au milieu d'une foule ? Avez-vous le sentiment que votre vie s'est toujours déroulée au gré du hasard ? Comment vous sentez-vous quand vous pensez à tout cela ? Probablement, pas très bien. Si, au contraire, vous vous dites que vous avez le choix et que vous pouvez faire les bons choix, vous donnez un sens à votre existence.

- **Métathéorie socioculturelle** : cette théorie prend en compte les facteurs sociaux et culturels qui affectent notre comportement.

  Ne sous-estimez pas le pouvoir du groupe ou de la culture lorsque vous analysez le comportement et les processus mentaux. L'engouement pour les tatouages dans les années 1990 est un bon exemple de ce pouvoir. Avant les années 1990, les personnes qui se faisaient tatouer étaient considérées comme marginales. Aujourd'hui, les tatouages sont largement acceptés et même monsieur Tout-le-monde peut en avoir sur le bras ou ailleurs.

- **Métathéorie féministe** : cette théorie se base sur les droits politiques, économiques et sociaux des femmes et sur l'influence de ces forces sur le comportement des hommes et des femmes. Cette perspective a vu le jour lors du mouvement des femmes dans les années 1960.

  Les chercheurs et cliniciens féministes se sont intéressés en particulier aux troubles de l'alimentation. De leur point de vue, les troubles de l'alimentation chez les jeunes femmes proviennent en grande partie de la pression médiatique et culturelle que celles-ci subissent en matière de poids et de minceur. Les spécialistes de cette théorie attirent notre attention sur les magazines de mode et le rôle de la femme tel qu'il est défini dans la culture populaire.

» **Métathéorie postmoderniste** : cette théorie remet en question l'essence même de la science psychologique en revoyant entièrement son approche de la vérité et de l'individu. Les postmodernistes pensent que, pour comprendre la pensée et la raison humaines, il faut prendre en compte les processus sociaux et communautaires qui les sous-tendent.

Ils affirment que les personnes ayant des positions importantes ont une idée trop arrêtée de ce qui est « réel » et « vrai » en psychologie. Ils préconisent une vision « constructionniste sociale » de la réalité, dans laquelle les concepts de « réalité » et de « vérité » sont définis, ou construits, par la société. Ils considèrent que ces concepts n'ont pas de sens en dehors de celui que la société et ses « experts » leur donnent.

Le modèle biopsychosocial

Comment faire son choix parmi les métathéories décrites précédemment ? Il existe un moyen plus simple de comprendre les individus. Au fil des années, chacune de ces métathéories a eu son heure de gloire pour être ensuite jetée aux oubliettes par la suivante. Les psychologues ont donc adopté une approche intégrationniste. Le « modèle biopsychosocial » de la psychologie représente une des tentatives d'intégration les plus populaires.

Ce modèle s'appuie sur le raisonnement suivant : le comportement et les processus mentaux humains résultent d'influences biologiques, psychologiques et sociales et de l'interaction de ces influences. Toute explication du comportement et des processus mentaux ne prenant pas en compte ces trois facteurs est incomplète.

Le rôle du corps

Nous sommes tous faits de matière. Nous sommes des êtres de chair. Toute discussion sur les pensées, les émotions ou autres concepts psychologiques qui ne prenne pas le corps, notamment le cerveau et le système nerveux, en considération ignore la réalité de notre existence. Prenons l'exemple du « mental ». Nous pensons tous que nous avons un « mental », mais où ce « mental » se trouve-t-il ? Aujourd'hui, les psychologues s'accordent à penser que le « mental » se situe dans le cerveau – ou qu'il s'agit d'un synonyme du cerveau. Cet aspect intègre la métathéorie biologique dans le modèle biopsychosocial.

Le rôle du mental

Je pense que la plupart des individus ont cet aspect du modèle biopsychosocial à l'esprit lorsqu'ils pensent à la psychologie. Les pensées, les émotions, les désirs, les convictions et beaucoup d'autres concepts mentaux en font partie. Si ce livre traitait de botanique, le modèle biopsychosocial s'appliquerait-il ? Seulement si vous pensez que les plantes ont un mental et si l'aspect social du modèle faisait davantage référence au milieu écologique qu'aux plantes elles-mêmes. Autrement dit, ce serait un peu tiré par les cheveux !

C'est une bonne illustration du caractère unique du modèle biopsychosocial de la psychologie. Le mental est au centre de l'analyse du comportement et des processus mentaux humains. Le béhaviorisme néglige le mental. La psychologie biologique l'associe au cerveau. Et la psychologie sociale s'appuie en priorité sur le troisième aspect du modèle biopsychosocial.

Le rôle de la société

Notre cerveau et notre mental seraient bien seuls sans la troisième composante du modèle, l'aspect social du comportement et des processus mentaux humains. Le cerveau ne fonctionne pas et le mental ne pense pas dans le vide. Le comportement et le processus mental de chacun sont ancrés dans un contexte qui englobe les autres individus et l'environnement matériel – l'environnement peut être humain, naturel ou technologique, par exemple.

Il ne faut pas sous-estimer le pouvoir des autres dans l'élaboration de notre comportement et de nos processus mentaux. Nous sommes généralement conscients des effets néfastes d'une expérience sociale négative, comme une agression physique ou sexuelle, sur notre comportement. Négliger l'aspect social reviendrait à négliger la réalité.

Le rôle de la culture

Les comportements et les processus mentaux varient-ils d'une culture à l'autre ? Posons la question différemment : si je réalisais une étude sur des étudiants blancs de la classe moyenne, pourrais-je étendre mes résultats à l'ensemble des individus ? Bien sûr que non. Le thème de la culture s'est imposé de lui-même au cours des trente dernières années. Les progrès technologiques ont rendu notre monde plus petit et permis aux différentes cultures d'entrer en contact plus facilement. L'aspect culturel de la psychologie est donc de plus en plus important.

L'influence culturelle doit être prise en compte pour au moins deux raisons, l'une scientifique, l'autre humaniste. La science recherche l'objectivité et la vérité. Or, nous sommes tous sensibles à la pression culturelle. Par conséquent, la psychologie doit essayer de comprendre l'influence de la culture pour refléter la réalité de la façon la plus complète et la plus objective possible. Sinon, il n'existerait qu'un ensemble de « psychologies régionales », inutiles et inexactes en dehors de leurs cultures respectives.

D'un point de vue humaniste, de nombreuses personnes pensent qu'aucune culture ne doit imposer sa vision de la vérité à d'autres cultures. Que se passerait-il si, après avoir réalisé dans mon pays une étude montrant que l'utilisation d'un vocabulaire de bébé pour communiquer avec de jeunes enfants retarde le développement du langage, je me rendais dans un autre pays pour y mettre en œuvre un programme d'éducation basé sur les résultats de cette étude ? Ces résultats ne s'appliqueraient peut-être pas à la culture de cet autre pays. Mon programme d'éducation imposerait une « vérité » qui n'en est pas une à cette culture. Nous devons toujours respecter les frontières culturelles et relativiser notre vision de la vérité.

Les différentes branches de la psychologie

La psychologie se divise en trois grandes catégories :

- **La psychologie expérimentale** : les spécialistes de la psychologie expérimentale passent la majorité de leur temps à effectuer des recherches. Ils travaillent généralement dans des universités. Leurs domaines de recherche sont très nombreux, mais chaque chercheur a généralement sa propre spécialité.
- **La psychologie appliquée** : cette discipline applique directement les résultats des recherches et les théories de la psychologie a des problèmes de tous les jours. Les spécialistes de la psychologie appliquée travaillent en entreprise, au sein du gouvernement, dans l'éducation ou même dans le sport.
- **La psychologie clinique** : cette branche de la psychologie a pour but d'étudier, de diagnostiquer et de traiter les problèmes psychologiques. La Société française de psychologie (SFP) précise qu'un psychologue, pour être reconnu comme tel, doit avoir suivi une formation universitaire et obtenu un diplôme de niveau Bac + 5.

2

Le cerveau de l'affaire

DANS CETTE PARTIE…

Dans la deuxième partie, vous découvrirez la structure de base du système nerveux et le rôle important de la biologie dans l'analyse psychologique. Après vous être familiarisé avec le cerveau et ses différentes parties, vous aborderez la notion de conscience consciente, également essentielle en psychologie. Enfin, vous explorerez les facultés qui nous permettent de rester en contact avec le monde qui nous entoure : les sens.

Chapitre 2

Hardware, software et bioware

DANS CE CHAPITRE :

- **L'aspect biologique de la psychologie**
- **Les nerfs en boule**
- **Coupe et découpe du cerveau**
- **Dopage comportemental**

La psychologie peut sembler relativement abstraite, plus proche de la philosophie que de la biologie. Bien sûr, il existe toutes sortes de « concepts psychologiques », comme la pensée, l'émotion, la conviction et la personnalité. Mais où se situe le siège physique de ces concepts abstraits ? Si vous deviez trouver une pensée ou une émotion, où iriez-vous la chercher ?

Probablement au niveau du mental. Mais où se situe le mental ? Facile : dans le cerveau. Mais si vous regardiez dans l'oreille d'un individu avec une lampe torche, pourriez-vous voir ses pensées, ses émotions et autres concepts psychologiques de ce genre flotter à l'intérieur de son crâne ? Pas vraiment, n'est-ce pas ? Et si vous ouvriez sa boîte crânienne pour faire apparaître son cerveau, que verriez-vous ? Eh bien... pas grand-chose !

Le cerveau est une masse de tissu informe et ridé d'une couleur difficile à définir, située entre le gris, le rose et le blanc. On ne peut y voir aucune pensée ni aucune émotion ou conviction. Mais où sont ces concepts psychologiques à la fin ! Nous savons tous qu'ils existent puisque nous en faisons l'expérience tous les jours.

Le problème du siège physique du mental est une question philosophique très ancienne. Le mental se trouve-t-il dans le cerveau ? En dehors du cerveau ? Le mental et le cerveau sont-ils synonymes ? Aujourd'hui, la plupart des scientifiques pensent que le mental et le cerveau ne font qu'un. Les adeptes de ce courant de pensée, connu sous le nom de « monisme », affirment que, pour comprendre le mental et tous ses concepts psychologiques, il faut comprendre le corps, notamment le système nerveux. Carlson a dit : « Ce que nous appelons le "mental" est une conséquence du fonctionnement du corps humain et de ses interactions avec l'environnement. » D'après cette théorie, pour découvrir les mystères des concepts psychologiques tels que la pensée et l'émotion, il faut avoir une bonne connaissance de la biologie.

L'idée que la psychologie humaine puisse être réduite à la biologie est connue sous le nom de « réductionnisme ». Au fil des ans, beaucoup de mes étudiants ont protesté contre cette idée, qui semble être une insulte au libre arbitre et à la conscience de soi. Comment tous les concepts complexes qui traversent notre mental peuvent-ils être réduits à un tas de chair flottant entre nos deux oreilles ? Si vous partagez ce point de vue, vous n'êtes sans doute pas un « moniste » – un adepte du monisme. Néanmoins, pour les besoins de ce chapitre, je vais me comporter en moniste, c'est-à-dire tenter d'expliquer la psychologie humaine par la biologie.

Croire en la biologie

Nous n'avons pas toujours cru que le comportement et les processus mentaux humains étaient des conséquences biologiques. À l'époque gréco-romaine, nous pensions que le comportement humain dépendait de forces surnaturelles, c'est-à-dire des caprices des dieux. Mais à un moment donné, nous avons commencé à soupçonner notre corps de jouer un rôle dans tout cela. Où sommes-nous allés chercher cette idée ?

L'histoire de la recherche dans ce domaine serait trop longue à raconter et je ne vais pas vous ennuyer avec tous les détails. Disons que l'idée repose sur une observation très simple :

les changements qui ont lieu dans notre corps provoquent des changements dans notre comportement et nos processus mentaux.

Prenons l'exemple de la consommation d'alcool. Un individu agit sans aucun doute différemment lorsqu'il est sous l'influence de l'alcool. Il peut flirter, danser comme un fou, ou devenir sentimental, émotif ou même colérique. L'alcool a un effet chimique sur le cerveau. Il altère biologiquement le cerveau du buveur. Voici en gros ce qui se passe :

> Consommation d'alcool ➔ Effet chimique sur le cerveau ➔ Joue les Don Juan

Mais il existe des bouleversements plus graves, comme dans le cas de lésions cérébrales. Les personnes qui souffrent de lésions cérébrales peuvent changer complètement de personnalité et de façon de penser. Elles peuvent devenir désordonnées alors qu'elles étaient très organisées ou se mettre en colère à la moindre frustration alors qu'elles étaient auparavant très décontractées et faciles à vivre.

À mon avis, nous savons intuitivement que ce qui se passe dans notre corps a un effet sur notre comportement et nos processus mentaux. Les *spécialistes de la psychologie biologique*, en utilisant des techniques scientifiques modernes, sont partis de cette conviction intuitive et d'observations fortuites pour établir un lien entre les changements biologiques et les changements psychologiques.

Même si tout cela semble logique, vous êtes peut-être en train de vous dire : « Je reste convaincu qu'il n'y a pas que la biologie. » C'est le dualisme qui est en vous qui se manifeste ! Je vous suggère de ne pas trop en tenir compte pendant que vous lisez ce chapitre. Personnellement, même si je pense que nous sommes bien plus que de simples cellules et molécules, j'ai beaucoup appris de la recherche en psychologie biologique.

Vous vous souvenez du « modèle biopsychosocial » ? (Reportez-vous au **chapitre 1**). Il permet d'aborder la psychologie sous trois angles différents : biologique, psychologique et social. Chacun de ces trois aspects est important. Ce chapitre traite de l'aspect biologique et le reste du livre des deux autres.

Pour respecter les contributions de chacun à notre compréhension du comportement et des processus mentaux, nous devons analyser les interactions qui existent entre tous. Autrement dit, nous devons trouver un moyen de conceptualiser l'influence de la biologie sur la psychologie, celle de la psychologie sur la biologie, etc.

Pour comprendre les interactions qui ont lieu entre les différentes composantes du modèle biopsychosocial, comparons l'individu à un ordinateur. Nous savons qu'un ordinateur a au moins deux composantes fonctionnelles : le hardware et le software. Le hardware comprend tous les éléments physiques de l'ordinateur, comme le microprocesseur, le disque dur, les câbles ou le lecteur de CD-ROM. Le software comprend le système d'exploitation, le logiciel de traitement de texte, le tableur, etc.

Dans cette métaphore, le hardware représente la composante biologique, c'est-à-dire le corps physique de l'individu, notamment le système nerveux. Le software représente la composante psychologique et l'interface entre l'utilisateur et le software, la composante sociale. Le hardware est inutilisable sans le software et vice versa. Par conséquent, même si vous n'êtes pas moniste, vous devez respecter le rôle que joue la physiologie (hardware) dans la psychologie (software).

Le terme « bioware » indiqué en titre de ce chapitre fait référence à la substance physique du cerveau. Nous n'avons pas de hardware dans le cerveau (câbles, plastique, silicium, etc.). Nous avons un matériel biologique (neurones, tissus et transmetteurs chimiques, par exemple). Si l'on conserve cette métaphore, ce chapitre est donc consacré au bioware de la psychologie.

Vous allez notamment découvrir le bioware du système nerveux et du système endocrinien. Ces deux aspects de la psychologie physiologique jouent un rôle essentiel dans l'analyse de l'expérience psychologique.

Une machine aux rouages bien huilés

Le système nerveux se divise en deux parties : le « système nerveux central » (SNC) et le « système nerveux périphérique » (SNP). Il se compose essentiellement de nerfs, de neurones, de neurotransmetteurs et de cellules gliales. Le SNC englobe le cerveau et la moelle épinière et le SNP les nerfs situés en dehors du SNC, dans la périphérie du corps.

Le système nerveux, en tant qu'élément vivant du corps, a les mêmes besoins que toutes les autres parties du corps (alimentation et protection immunitaire). Il est maintenu en vie par l'appareil circulatoire et certaines fonctions régulatrices. Nous verrons en détail l'environnement fonctionnel de chaque partie du système nerveux plus loin dans ce chapitre.

S'il vous reste quelques souvenirs de vos cours de physique, de chimie ou de biologie, vous savez sans doute que la vie commence par un ensemble d'atomes (soumis aux lois de la physique) regroupés d'une certaine façon pour composer des molécules, qui à leur tour forment des cellules, puis des tissus, et puis... vous ! Ainsi, si nous voulions vraiment être réductionnistes, nous étudierions uniquement la chimie sans nous préoccuper des autres branches de la science. Ou nous pourrions observer le comportement et les processus mentaux d'un point de vue moléculaire. Cette perspective est celle de la « neurobiologie ».

Cependant, la psychologie biologique commence généralement au niveau cellulaire. Il existe deux types de cellules dans le système nerveux : les « cellules gliales » (cellules d'entretien et de protection) et les « neurones » (cellules nerveuses).

Coup d'œil en périphérie

Le système nerveux périphérique (SNP) est un système de connexions qui permet au cerveau et à la moelle épinière de communiquer avec le reste du corps. Il comprend deux types de nerfs :

- **Les nerfs spinaux** : ces nerfs, qui vont de la moelle épinière aux muscles et autres parties du corps, assurent la transmission bidirectionnelle de signaux neuraux.
- **Les nerfs crâniens** : ces nerfs interviennent dans les processus musculaires et sensoriels de la tête et de la nuque.

  Outre ces deux catégories de nerfs, le SNP comporte un sous-système du système nerveux global : le « système nerveux autonome » (SNA). Celui-ci assure la régulation des glandes et de deux types de muscles (lisses et cardiaques). Il intervient dans les actions automatiques ou involontaires, telles que les contractions musculaires réflexes et la dilatation des pupilles. Le SNA se divise en deux parties :

- **Le système nerveux sympathique** : la branche sympathique du SNA intervient dans l'activation énergétique du corps lorsque celui-ci requiert un apport d'énergie. Par exemple, si vous vous trouvez dans une situation dangereuse, votre système nerveux sympathique (SNS) se déclenche et vous donne l'énergie dont vous avez besoin pour relever le défi ou fuir.
- **Le système nerveux parasympathique** : la branche parasympathique du SNA désactive le SNS lorsque son intervention n'est plus nécessaire. Ce phénomène est parfois qualifié de « réponse de relaxation », car l'activité du SNS est ralentie ou mise en veille afin que l'individu retrouve un fonctionnement normal.

Un peu nerveux ?

Le système nerveux central se compose du cerveau et de la moelle épinière. Le cerveau se divise en trois parties : le « cerveau antérieur », le « cerveau moyen » et le « cerveau postérieur ». Chacune de ces parties comporte de nombreuses sous-structures intervenant dans divers comportements et activités.

Le cerveau est un système intégré complexe. Toutes ses composantes travaillent ensemble pour produire un large éventail de comportements. Le concept de « localisation » fait référence au rapprochement de certains types de comportements à certaines parties du cerveau. Par exemple, plusieurs parties du cerveau interagissent pour générer la vision, l'ouïe, la parole, etc. Ces différentes zones ont été découvertes grâce à la mise au point de diverses techniques neurologiques, comme l'étude post-mortem du cerveau, la tomodensitométrie (CT), l'imagerie à résonance magnétique (IRM) et la tomographie par émission de positrons (TEP).

Cerveau antérieur

Le cerveau antérieur humain se divise en différentes parties :

- **Cortex cérébral** : si l'on comparait le cerveau à un champignon composé d'un pied et d'un chapeau, le cortex cérébral serait le chapeau. Il se divise en deux « hémisphères cérébraux » : l'hémisphère gauche et l'hémisphère droit (pas très original...). Ces deux moitiés sont reliées par un faisceau de fibres nerveuses, dites « commissures inter-hémisphériques ». Sans ces commissures inter-hémisphériques, les hémisphères cérébraux ne pourraient pas communiquer entre eux.

  Le cortex cérébral se divise en quatre parties, illustrées à la figure 2-1. À chaque partie sont associées des fonctions particulières :

  - Lobe frontal : planification, organisation, coordination et contrôle des mouvements, raisonnement et contrôle global du processus de pensée.
  - Lobe pariétal : reconnaissance sensorielle.
  - Lobe temporal : ouïe, parole et autres activités orales.
  - Lobe occipital : vision.

- **Système limbique** : situé sous le chapeau du champignon (le cortex cérébral), le système limbique intervient dans l'apprentissage, la mémoire, le comportement émotionnel et l'accouplement ou la reproduction (voir figure 2-2).

- **Ganglions basaux** : les ganglions basaux interviennent dans le contrôle du mouvement.

- **Thalamus** : ce « standard neural » est le relais des différentes parties du cerveau.
- **Hypothalamus** : l'hypothalamus participe au contrôle du système endocrinien et intervient avec le système limbique dans le contrôle des comportements tels que l'agression, l'alimentation, la protection et l'accouplement.

Cerveau moyen et cerveau postérieur

Le cerveau moyen se divise en deux parties ayant les fonctions suivantes :

- **Tectum** : systèmes auditif et visuel.
- **Tegmentum** : sommeil, éveil cortical, attention, tonicité musculaire et réflexes.

Le cerveau postérieur se divise également en deux parties :

- **Cervelet** : motricité et coordination.
- **Bulbe rachidien** : fonctions vitales du corps, telles que le système cardiovasculaire, la respiration et le mouvement des muscles squelettiques.

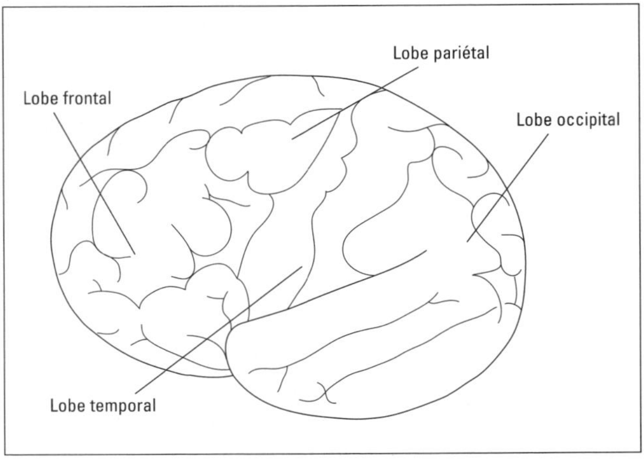

FIGURE 2-1 : Les lobes du cerveau.

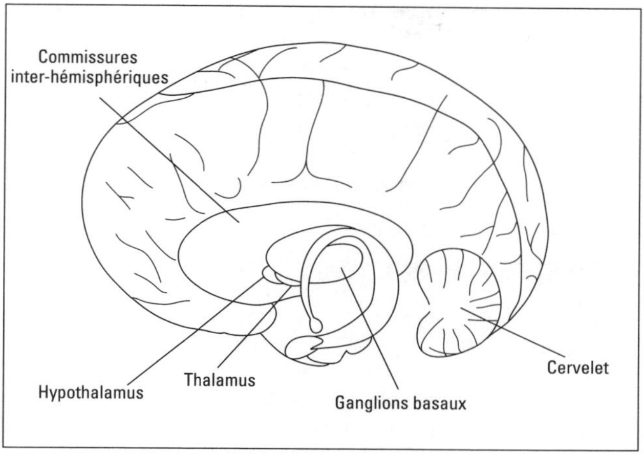

FIGURE 2-2 : Encore dans les limbes ?

Lésions cérébrales

Comme vous pouvez le constater, notre cerveau intervient dans tout ce que nous faisons. Alors, que se passe-t-il lorsqu'une partie du cerveau est endommagée ? Le comportement et les processus mentaux associés à la partie endommagée sont altérés. Les neuropsychologues cliniciens s'intéressent en priorité aux conséquences comportementales et mentales des lésions cérébrales.

Le cerveau peut subir différents types de lésions :

» **Lésions cérébrales internes** : ces lésions surviennent lorsque l'individu reçoit un coup sur la tête sans que le crâne soit ouvert. Les plus courantes sont les lésions de *contrecoup* – la lésion est provoquée à l'opposé de l'endroit qui a reçu le coup. Si vous êtes frappé derrière la tête, vous risquez un contrecoup au niveau du lobe frontal et donc une altération de vos facultés d'organisation et de planification.

» **Lésions cérébrales externes** : ces lésions surviennent lorsque le crâne est ouvert ou fracturé. Elles provoquent souvent des dommages cérébraux graves.

- **Autres troubles cérébraux** : les maladies dégénératives, comme la maladie d'Alzheimer, peuvent provoquer des lésions cérébrales telles que l'atrophie des tissus et la mort des cellules. Les attaques d'apoplexie et autres accidents vasculaires entraînent également des lésions cérébrales dues à des troubles de l'irrigation sanguine et de l'apport en oxygène provoquant la mort des cellules.

Le système endocrinien

Le système endocrinien gère les fonctions hormonales du corps. Vous avez sans doute constaté l'influence des hormones sur le comportement pendant cette merveilleuse période de la vie que l'on appelle la puberté. Un soir, un adolescent ordinaire s'endort et, le lendemain, c'est un fou furieux qui se réveille. Un déséquilibre hormonal passager peut avoir des effets considérables sur le comportement. Même des déséquilibres mineurs, comme les fluctuations du cycle menstruel, provoquent des troubles importants.

Certaines glandes sécrètent des hormones qui influencent le comportement et les fonctions corporelles. Par exemple, les ovaires et les testicules influencent grandement le comportement sexuel. Les hormones sexuelles déterminent le moment de l'entrée dans la puberté. Les hormones sécrétées par les glandes surrénales favorisent un comportement agressif. Enfin, l'hypophyse joue un rôle important au niveau du stress.

Psychopharmacologie de perlimpinpin

L'usage de médicaments dans le traitement des maladies mentales s'est beaucoup développé au cours des cinquante dernières années. Des centaines de médicaments destinés au traitement de divers troubles mentaux ont été conçus pour améliorer les symptômes, alléger la souffrance et corriger le fonctionnement global de l'organisme – principaux objectifs de la pharmacothérapie.

Les symptômes d'une maladie mentale sont souvent liés au dysfonctionnement d'un neurotransmetteur dans une partie du cerveau. Par exemple, on considère que les troubles du sommeil et de l'appétit, souvent constatés lors de symptômes dépressifs graves, sont liés à un dysfonctionnement du système limbique. Par conséquent, les médicaments ont pour but d'influencer le fonctionnement de certains neurotransmetteurs de cette région du cerveau – dans ce cas, c'est la sérotonine qui est visée.

Théoriquement, à chaque trouble ou, plus exactement, à chaque symptôme, est associé un certain type de neurotransmetteur. Les médicaments destinés au traitement d'un symptôme particulier ont donc un effet sélectif sur le neurotransmetteur concerné.

Soulager les personnes dépressives

Les médicaments utilisés dans le traitement de la dépression sont classés dans la catégorie des « antidépresseurs ». La plupart ont une action sur les neurotransmetteurs suivants : la « noradrénaline » et la « sérotonine ». Les antidépresseurs sont divisés en deux sous-catégories en fonction de leur mode d'action.

Les « antidépresseurs tricycliques » bloquent la recapture de noradrénaline par le neurone présynaptique, ce qui augmente la concentration du niveau de noradrénaline dans la synapse et prolonge l'activation du neurone postsynaptique, stimulé par la noradrénaline.

Les « inhibiteurs sélectifs de la recapture de la sérotonine » (ISRS) bloquent la recapture de sérotonine et ont le même effet de prolongation de l'activation. Parmi les ISRS, les marques les plus courantes sont les suivantes : Prozac, Paxil et Zoloft.

Pour ceux qui entendent des voix

Les hallucinations auditives ou le sentiment d'être poursuivi par quelqu'un sont des symptômes extrêmement troublants, typiques de la schizophrénie. Les médicaments les plus efficaces dans le traitement de ces symptômes sont les « antipsychotiques ».

Les antipsychotiques ont une action directe sur la « dopamine ». L'hypothèse du rôle de la dopamine dans la schizophrénie considère les symptômes de la psychose comme le résultat de perturbations dans l'action de la dopamine dans le cerveau. Les antipsychotiques bloquent les récepteurs postsynaptiques de la dopamine. Ce blocage empêche la dopamine d'activer le neurone postsynaptique, ce qui réduit sensiblement la présence de symptômes psychotiques.

Malheureusement, comme tous les médicaments, les antipsychotiques n'agissent pas uniquement sur les neurotransmetteurs des zones du cerveau considérées comme responsables des troubles. Ils agissent également sur d'autres zones du cerveau et peuvent produire des effets secondaires très désagréables. Las de ces effets secondaires, certains patients interrompent leur traitement et s'exposent à de graves répercussions. Aussi, les chercheurs essaient-ils sans relâche de mettre au point des médicaments plus sélectifs.

Se détendre

L'anxiété est le plus courant des troubles mentaux. Des millions de personnes souffrent d'une angoisse intolérable, de crises de panique et de phobies invalidantes. Là encore, il existe des médicaments pour les soulager.

Les « anxiolytiques » sont des médicaments conçus pour réduire les symptômes de l'anxiété. Les psychiatres et les médecins généralistes prescrivent généralement des anxiolytiques de la catégorie des « benzodiazépines ». Les benzodiazépines agissent sur le neurotransmetteur GABA et ont un effet de refoulement sur le système nerveux central. Autrement dit, elles ralentissent le fonctionnement du cerveau.

Les benzodiazépines sont très efficaces dans la réduction de l'anxiété. Malheureusement, elles créent un phénomène de dépendance très important. Elles ont un effet quasi immédiat et produisent souvent une sédation et un sentiment de sérénité très agréable. Par conséquent, certains patients refusent d'interrompre leur traitement même après la disparition de leur troubles d'anxiété. Le tableau 3-1 indique les médicaments les plus fréquemment prescrits.

TABLEAU 2-1 Grands groupes de médicaments

Médicaments	Problème	Exemple courant
Antidépresseurs	Dépression	Prozac
	Trouble panique	Zoloft
	Troubles obsessionnels compulsifs	Paxil
	Boulimie	
	Phobie sociale	
Anxiolytiques	Insomnie	Benzodiazépines
	Anxiété situationnelle	
	Trouble d'anxiété généralisé	
	Trouble panique	
Antipsychotiques	Schizophrénie	Haldol
	Manie	Zyprexa
	Dépression psychotique	
Stabilisateurs d'humeur	Manie	Lithium
	Trouble bipolaire	Dépakote
Stimulants	Troubles de l'attention avec hyperactivité	Ritaline

Chapitre 3

Des êtres conscients

DANS CE CHAPITRE :

- » **Allumer la lumière**
- » **Passer de l'autre côté**
- » **Aller se coucher**
- » **Emprunter la voie royale**

Depuis la nuit des temps, les êtres humains essaient de modifier leur conscience. Pour certains, il s'agit d'un moyen d'entrer en contact avec une réalité qui les dépasse. Pour d'autres, c'est seulement une façon de fuir la dure réalité d'une vie de famille ou d'un travail dénués de sens. D'après Wallace et Goldstein, la « conscience » est la connaissance immédiate et réflexive de stimuli externes et internes. Un stimulus est un événement (une situation ou un objet) qui déclenche une réaction psychologique.

Être conscient, c'est avoir une lumière allumée dans le cerveau. Lorsque la lumière s'éteint, on est inconscient. La conscience nous permet de contrôler notre environnement mais aussi nos propres actions et comportements. Cela dit, lorsque nous nous trouvons à l'angle d'une rue très fréquentée, nous ne sommes pas conscients de tout ce qui se passe. La conscience a ses limites. La quantité de matière présente dans notre conscience et la nature de cette matière définissent le niveau de conscience dans lequel nous nous trouvons à chaque instant.

Explorer les horizons de la conscience

La conscience est un concept insaisissable. Nous savons qu'elle existe, mais il est difficile de la désigner du doigt. Elle existe sous la forme d'une voix intérieure, de la conscience de soi, de l'environnement et de l'expérience personnelle. Mais nous ne sommes pas conscients de tous nos processus mentaux, de toutes nos sensations corporelles et de tout ce qui se passe dans notre mental. Par exemple, vous n'entendez généralement pas le battement de votre cœur lorsque vous marchez dans la rue, mais vous pouvez l'entendre si vous y prêtez attention. Vous pouvez devenir conscient de quelque chose dont vous étiez jusque-là inconscient.

VISAGES D'AVIONS ET AGENDAS D'ANIMAUX DOMESTIQUES

Croyez-le ou non, les dessins animés pour enfants représentent un véritable défi à l'idée que nous nous faisons de la conscience. En effet, tous les éléments d'un dessin animé peuvent devenir des êtres conscients, du grille-pain aux animaux en passant par les arbres. Mon dessin animé préféré mettait en scène une famille d'avions. Il y avait Papa Avion, Maman Avion, etc. Chacun avait sa propre personnalité. L'attribution d'une conscience humaine aux objets dans le but de les animer est connue sous le nom d'« animisme ». Nous pensons quasiment tous que les machines et les plantes n'ont pas de conscience, mais qu'en est-il des animaux ? Je connais de nombreuses personnes qui jurent que leur animal domestique a des pensées profondes. Elles se mettent même en colère lorsque je leur dis qu'il n'a probablement qu'un comportement basé sur le réflexe et la routine, dépourvu de délibération consciente. « Dois-je enterrer cet os ici ou de l'autre côté du garage ? »

Pour bien appréhender la psychologie de la conscience, songez à l'absence de conscience. Le coma est un état d'absence de conscience. Un individu dans le coma est déconnecté du monde qui l'entoure. Il peut être conscient de son corps et de son mental, il sait peut-être même qu'il est dans le coma, mais, pour les observateurs extérieurs, il est inconscient.

On dit que le mythe des vampires et des morts-vivants est né de l'observation de cadavres, à l'époque médiévale. Des pilleurs de tombes ont découvert que les cheveux et les ongles des morts avaient continué à pousser. Parfois, les corps poussaient même un gémissement lorsqu'ils étaient déplacés. Comment expliquer ces phénomènes ? Les scientifiques savent que les cheveux et les ongles continuent à pousser pendant une courte période après la mort. Quant au gémissement, il s'agissait sans doute de l'expulsion d'un résidu d'air passant sur les cordes vocales suite à la compression de la cage thoracique. Cependant, les pilleurs du Moyen-Âge ont assimilé ces phénomènes à une action et à une délibération conscientes des cadavres, et non à des conséquences physiologiques et anatomiques.

La conscience, aussi insaisissable soit-elle, peut être appréhendée d'au moins trois façons différentes :

» **L'expérience subjective de votre propre conscience** : avez-vous déjà fait un rêve dans lequel vous saviez que vous rêviez ? Vous étiez conscient d'être endormi. Lorsque vous êtes conscient de votre sommeil ou de votre état de veille, vous êtes conscient de votre propre conscience.

» **Autres observations de vos actions délibérées** : la conscience a la particularité d'arbitrer le comportement. Parfois, vous agissez de façon impulsive et réflexe ; vous ne réfléchissez pas à ce que vous faites ; vous le faites, tout simplement. Mais vos actions peuvent aussi être précédées d'une étape de délibération consciente, d'un acte de volonté. Dans ce cas, vous analysez consciemment ce que vous allez faire. Vos actions délibérées indiquent que vous êtes conscient de votre conscience. La conscience est associée à l'intention et à la délibération. Lorsqu'un individu fait quelque chose délibérément, il est considéré comme conscient.

» **Mesure de l'activité électrique de votre cerveau** : la conscience peut aussi être observée physiologiquement grâce à la mesure de l'activité cérébrale. On utilise un électroencéphalogramme pour mesurer les ondes cérébrales, c'est-à-dire l'activité électrophysiologique du cerveau. Les différents tracés de l'activité cérébrale correspondent à différents niveaux de conscience observables.

États modifiés de conscience

Le désir d'atteindre un état modifié de conscience est apparu dès le début de l'histoire de l'humanité. Pour modifier leur niveau de conscience, les êtres humains ont recours à la méditation, aux rites religieux, à la privation de sommeil et à beaucoup d'autres méthodes.

Stanley Krippner a identifié plus de vingt états modifiés de conscience. Le plus courant est le rêve (voir plus loin dans ce chapitre la section « Arriver nu au travail : les rêves »). Mais voici les plus intrigants parmi ceux que Krippner a décelés :

» **Extase** : sensation intense d'une émotion irrésistible, perçue comme agréable et positive. Selon les expériences rapportées, l'extase peut survenir à la suite de rapports sexuels, de danses rituelles, de rites religieux ou de l'absorption de substances psychoactives.

» **État méditatif** : activité mentale minimale impliquant une réduction de l'imagerie mentale (images que vous « voyez » dans votre tête) et pouvant être atteinte par la méditation, le yoga ou même la prière.

» **État de transe** : état de veille très suggestible. Un individu en transe est concentré sur un seul stimulus et inconscient de tout le reste de son environnement. Certaines personnes ayant atteint cet état affirment n'avoir fait qu'un avec le monde. Les rites religieux, le chant sacré, l'hypnose, le lavage de cerveau et même la musique peuvent induire un état de transe.

» **Rêve éveillé** : pensées rapides n'ayant aucun lien avec l'environnement actuel de l'individu. Le rêve éveillé peut être provoqué par l'ennui, l'isolation sensorielle et la privation de sommeil.

» **Conscience élargie** : conscience accrue inaccessible dans la vie de tous les jours. Toutes sortes de méthodes ont été testées pour élargir la conscience, de l'usage de drogues à l'isolation sensorielle.

Il existe quatre niveaux de conscience élargie :

- **sensoriel** : appréhension modifiée de l'espace, du temps et autres phénomènes sensoriels.
- **remémoratif-analytique** : expérience dans laquelle l'individu acquiert de nouvelles idées et révélations sur lui-même, le monde et son rôle dans le monde.
- **symbolique** : identification à un personnage historique ou à une personne célèbre, accompagnée de symboles mystiques tels que la vision d'un crucifix ou d'un ange.
- **intégral** : expérience religieuse et/ou mystique impliquant généralement la présence de Dieu ou d'une autre force surnaturelle. L'individu a le sentiment de fusionner avec l'univers et de ne faire qu'un avec lui. Cet état a également été désigné sous le nom de « conscience cosmique ». Krippner et les autres experts pensent que très peu d'individus sont capables d'atteindre ce niveau de conscience.

Planer au-dessus de la vie consciente

La méthode la plus couramment utilisée pour atteindre un état modifié de conscience est sans doute l'usage de drogues. Le recours aux drogues est un phénomène à la fois historique et contemporain. Les archéologues ont trouvé des traces de cocaïne dans les corps momifiés de l'Égypte ancienne. Certaines personnes affirment que l'un des objectifs de l'usage de drogues consiste à se faire une idée plus précise du concept même de conscience. Et la plupart des toxicomanes déclarent qu'ils se droguent pour « planer ».

Le désir de « planer » est la volonté d'atteindre un état modifié de conscience, en passant d'un niveau de conscience pouvant induire des émotions négatives à un autre niveau, où l'individu ne se sent plus « mal ». L'idée selon laquelle la drogue est une fuite sonne juste si l'on considère que de nombreuses substances altérant l'esprit et l'humeur créent une « soupape d'échappement » permettant de passer d'un état de conscience à un autre.

Cela dit, toutes les drogues n'ont pas un impact sur la conscience. En effet, les médicaments sont des drogues. Or, je ne me souviens pas d'avoir atteint un état modifié de conscience la dernière fois que j'ai pris une aspirine ou un antibiotique. Les drogues dont le principal effet est d'altérer la conscience sont désignées sous le nom de « substances psychoactives ». Les plus courantes sont le LSD, le Phencyclidine (PCP), la marijuana, la cocaïne, les amphétamines, les barbituriques, l'ecstasy et l'alcool.

ÉLÉVATION NATURELLE

Selon Stanley Krippner, un état modifié de conscience est un état mental perçu subjectivement comme une différence de fonctionnement psychologique par rapport à l'état de veille normal d'un individu. L'aspect subjectif de cette différence a été très bien illustré grâce au récit rapporté par un sage oriental appelé Baba Ram Das. À l'origine, Baba Ram Das s'appelait Richard Alpert. Dans les années 1960, il était professeur de psychologie à l'université de Harvard, où il étudiait de façon expérimentale les effets du LSD avec la complicité de Timothy Leary. Les deux hommes ont fini par être renvoyés de l'université. Alpert s'est alors rendu en Inde pour chercher la voie de la sagesse hindoue et essayer de trouver une personne susceptible de lui expliquer les raisons des effets profonds du LSD sur la conscience.

Un jour, Baba Ram Das a rencontré un gourou très sage et respecté. Il lui a alors demandé s'il pouvait expliquer les effets du LSD. Le gourou a demandé à essayer. Baba Ram Das n'avait jamais vu aucun être humain prendre une dose aussi importante. Mais la drogue n'a pas eu le moindre effet sur le gourou, qui n'a subi aucune modification de son état de conscience. Pas de trip. Sans doute le sage était-il déjà dans une sorte de « trip dans la réalité » ou sous « LSD spirituel ».

Bien que de nombreuses personnes considèrent l'usage de drogues comme une pratique louable dès lors qu'il a pour but l'élargissement de la conscience, je dois vous mettre en garde, en tant que professionnel de la santé, contre les multiples effets négatifs de l'usage et de l'abus de substances psychoactives. Dépendance, lésions cérébrales, maladies mentales, détresse psychologique et problèmes juridiques et sociaux sont autant de conséquences courantes de l'usage de drogues. Par conséquent, je vous déconseille vivement cette pratique et vous recommande de chercher d'autres moyens d'atteindre un état élevé de conscience.

Vos paupières sont lourdes...

Fermez les yeux et détendez-vous... Vous êtes trèèèèès détendu... Vous respirez lentement... Vous commencez à vous endormir... Vous êtes trèèèèès détendu...

Alors, ça a marché ? Ohé ! Vous êtes en état d'hypnose ? Probablement pas. Je n'ai pas la moindre formation en hypnose. L'« hypnose » est une procédure au cours de laquelle un individu, l'hypnotiseur, suggère des changements de sensations, d'émotions, de pensées ou de comportements à un sujet. Certains psychologues pensent qu'il s'agit d'une simple augmentation de la suggestibilité, qui permet à l'hypnotiseur de « contrôler » le comportement du sujet. D'autres voient en l'hypnose un véritable état modifié de conscience, dans lequel le sujet se « dissocie » de son état de conscience habituel.

La clé du mécanisme de l'hypnose est la « suggestion ». Une suggestion est une directive donnée au sujet pour orienter les actes, les émotions ou les pensées de celui-ci. L'hypnotiseur commence par quelques suggestions agréables et passe à des requêtes plus complexes. Ce processus, considéré comme une légère transe hypnotique, est désigné sous le nom d'« induction hypnotique ».

L'hypnose a été utilisée à des fins multiples, dans les spectacles ou pour aider des patients à arrêter de fumer, par exemple. Les applications les plus controversées de l'hypnose sont la régression dans des vies antérieures et la réactivation de souvenirs refoulés. La légitimité de la régression dans des vies antérieures par l'hypnose n'a pas été prouvée scientifiquement. Elle est d'ailleurs presque impossible à prouver. Pourquoi ? Parce que tout ce qu'un individu raconte à propos d'une vie antérieure ne peut être vérifié qu'à partir de sources historiques. Or, cet individu peut se reporter à ces sources et feindre une régression.

FAUX SOUVENIRS ?

Un sujet en état d'hypnose participant à une étude sur la réactivation de souvenirs d'enfance s'est mis à parler spontanément le langage oublié de son enfance. À la suite de cette étude, il y a eu des centaines, voire des milliers, de prétendus souvenirs d'enfance retrouvés, y compris de nombreux souvenirs d'agressions sexuelles ou corporelles. L'affaire prête a polémique. Elizabeth Loftus soutient fermement que de tels souvenirs sont plus que contestables et que le thérapeute doit être très prudent en la matière. En effet, d'autres études ont montré que les patients en état d'hypnose peuvent être facilement persuadés qu'ils ont fait l'objet de mauvais traitements alors que ce n'est pas le cas. La question de la vérifiabilité se pose. Or, nous n'en savons pas encore assez sur les effets de réactivation de la mémoire de l'hypnose pour fournir une réponse définitive.

Les différentes phases du sommeil

Le sommeil est un changement de conscience. Lorsque nous dormons, nous sommes inconscients. Le sommeil se caractérise par une modification de notre « activité électrophysiologique » – l'activité de nos ondes cérébrales. En tant que niveau de conscience, il peut être distingué des autres niveaux de conscience grâce à la mesure de cette énergie électrophysiologique par un électroencéphalogramme (EEG). Lorsque nous sommes éveillés et en alerte, notre cerveau émet des ondes d'une fréquence de 13 à 30 hertz (Hz), qui correspondent à l'« activité bêta ». Lorsque nous sommes éveillés mais détendus, la fréquence n'est plus que de 8 à 12 Hz, c'est l'« activité alpha ».

Carlson distingue quatre phases de sommeil, dont l'une comporte une sous-phase se caractérisant par une activité cérébrale similaire à celle d'un individu éveillé et en alerte.

» **Phase 1** : lorsqu'un dormeur potentiel ferme les yeux et commence à se détendre, à passer en mode inconscient, son cerveau est en activité alpha. Au fur et à mesure qu'il glisse dans le sommeil, ses ondes cérébrales deviennent moins régulières et ont une amplitude plus élevée. Il s'agit de l'« activité thêta », qui correspond à une fréquence de 3,5 à 7,5 Hz. Carlson considère cette phase comme une période de transition entre la veille et le sommeil, qui dure approximativement dix minutes.

» Au cas où vous vous demanderiez pourquoi une amplitude élevée est associée à une basse fréquence, sachez que l'amplitude correspond à la hauteur de l'onde. Ainsi, plus une onde est haute, plus elle met de temps à effectuer son parcours et plus la fréquence est basse.

» **Phase 2** : au cours de la deuxième phase du sommeil, l'activité cérébrale est irrégulière. Elle comporte des périodes de très faible amplitude, que l'on appelle les « complexes K », et des pics de 12 à 14 Hz, désignés sous le nom de « fuseaux de sommeil ». Le dormeur est profondément endormi mais peut avoir l'impression de ne pas dormir. Ma femme me réveille souvent lorsque je dors devant la télévision pour me dire que je ronfle, mais je lui réponds toujours que je ne dormais pas. Je devais ronfler tout éveillé... Je ne sais pas ce qui est le pire : ronfler dans son sommeil ou en état de veille.

» **Phase 3** : le cerveau émet des ondes d'amplitude élevée (3,5 Hz) qui indiquent le passage à l'« activité delta ». Cette phase dure environ une heure et demie.

» **Phase 4** : cette phase se caractérise par la présence d'un plus grand nombre d'ondes thêta parmi les ondes delta. Au cours de cette phase, les paupières du dormeur se mettent à battre très rapidement. Le dormeur entre dans une sous-phase dite de sommeil à mouvements oculaires rapides, qui se distingue par la présence d'une activité bêta. Il s'agit de la sous-phase pendant laquelle le cerveau est actif bien qu'en état de sommeil.

Les rêves ont lieu au cours de cette sous-phase. Le reste du processus de sommeil se caractérise par une alternance de périodes de sommeil à mouvements oculaires rapides et de sommeil sans mouvements oculaires.

Pourquoi dormons-nous ? Je ne sais pas vraiment pourquoi les autres dorment, mais, en ce qui me concerne, je dors parce que je suis fatigué. Les chercheurs n'expliquent pas avec précision le besoin de sommeil mais lui prêtent une fonction « régénératrice ». Les études sur les effets du manque ou de la privation de sommeil suggèrent que nous sombrons dans le sommeil afin que notre corps puisse se régénérer, c'est-à-dire retrouver ce qu'il a perdu pendant notre état de veille.

Arriver nu au travail : les rêves

Sigmund Freud aurait dit que le rêve est la « voie royale » qui mène à l'inconscient. Il s'agit d'un autre état modifié de conscience, auquel la plupart des gens accordent une valeur symbolique, voire prophétique.

D'après la théorie régénératrice du sommeil (voir plus haut dans ce chapitre « Les différentes phases du sommeil »), le rêve est un produit dérivé du cerveau, qui réorganise et stocke l'information accumulée au cours de la journée. Cette théorie rend l'interprétation des rêves possible. En effet, puisque ceux-ci sont liés à des situations et à des événements réels, ils peuvent avoir un sens.

C'est la psychanalyse qui a révélé l'importance du rêve sur le plan psychologique. Certains psychanalystes, dont Freud, affirment que les rêves ont une signification plus profonde qu'il n'y paraît en surface. Par exemple, si vous rêvez que vous achetez une nouvelle voiture, votre rêve ne signifie pas seulement que vous voulez une nouvelle voiture. Il peut avoir plusieurs significations, qui dépendent de votre constitution psychologique. L'interprétation donnée à un rêve est nécessairement idiosyncrasique. Dans votre cas, la voiture est peut-être un symbole de mouvement, qui exprime un désir refoulé de liberté.

Les psychanalystes pensent que le contenu des rêves représente des désirs, des problèmes ou des conflits intérieurs profonds mais inconscients. Les rêves sont difficiles à déchiffrer. Ils sont souvent complexes et n'ont apparemment aucun sens. Dans *L'Interprétation des rêves*, Freud affirme qu'ils représentent une tentative de satisfaire des désirs inconscients. Par diverses techniques d'interprétation des rêves, les psychanalystes aident leurs patients à découvrir le sens de leurs propres rêves.

Cela dit, le « véritable » sens d'un rêve reste extrêmement difficile, si ce n'est impossible, à définir. Les rêves, ainsi que leurs interprétations, sont des phénomènes très personnels et subjectifs. Mais même s'ils ne peuvent être analysés d'une manière rigoureusement scientifique, l'idée qu'ils ont un sens profond ne doit pas être abandonnée. L'interprétation des rêves dans le cadre d'une thérapie, qu'elle soit factuellement correcte ou non, est une expérience passionnante et souvent utile.

Chapitre 4

L'empire des sens

DANS CE CHAPITRE :

- **Appréhender le monde par les sens**
- **Y voir plus clair**
- **Ressentir la chaleur**
- **Construire vos perceptions**

« Voir, c'est croire ! » Cet adage en dit long sur nous-mêmes. Il nous est plus facile de comprendre quelque chose que nous pouvons voir, toucher, entendre, etc. Pourquoi est-ce que tout le monde ne croit pas aux fantômes ou aux ovnis ? Précisément parce que la plupart des gens n'ont pas fait l'expérience de ces phénomènes par leurs propres sens. Comment être sûr que telle chose fait partie de notre monde, qu'elle est bien réelle ?

Il existe une branche de la philosophie qui s'intéresse à la question : l'« ontologie ». Les psychologues ont aussi essayé d'apporter une réponse en suivant leur propre philosophie, selon laquelle tout dans le monde est fait de matière. C'est ce qu'on appelle le « matérialisme ». Avant d'aller trop loin dans la philosophie, permettez-moi de vous expliquer pourquoi celle-ci a sa place dans un livre sur la psychologie.

Comme vous avez pu le voir dans le sommaire de ce livre, la psychologie englobe différents domaines d'étude, qui visent tous à expliquer pourquoi nous faisons ce que nous faisons et comment nous le faisons. Ce chapitre est consacré au pourquoi et au comment de quelque chose que nous faisons tous : appréhender le monde qui nous entoure par nos sens. Nous ne sommes généralement pas conscients de l'importance de nos sens. Et pourtant, toute la journée, nous voyons, entendons, touchons, sentons, etc. La psychologie, en tant qu'étude du comportement et des processus mentaux, s'intéresse nécessairement au fonctionnement des sens.

Nous ne sommes pas que des cerveaux flottant à l'intérieur de corps qui n'ont aucun contact avec le monde extérieur. Au contraire, nous sommes sans cesse en contact avec notre environnement. Nous absorbons l'information que celui-ci nous fournit, nous la traitons, et nous l'utilisons pour naviguer dans un vaste océan de possibilités. Comment avons-nous accès à cette information ? Grâce à la matière qui la compose – d'où l'importance de comprendre la philosophie du matérialisme.

La « sensation » est le processus qui consiste à recevoir une énergie brute, une information émise par l'environnement. La « perception » est le processus d'organisation de cette énergie brute en vue de lui donner un sens. Dans les sections suivantes, nous allons voir les différentes façons dont nous appréhendons et percevons le monde.

Les outils de la sensation : les sens

Les physiciens et les chimistes savent depuis longtemps que notre monde est fait de matière : particules, atomes, molécules et autres formes d'énergie. Fondamentalement, l'univers est une grosse boule d'énergie. Chaque chose correspond à une certaine configuration de l'énergie. Par conséquent, on peut définir la « sensation » comme le processus par lequel on acquiert mentalement des informations sur le monde grâce à la réception de ses diverses formes d'énergie.

Les formes d'énergie avec lesquelles les êtres humains sont le plus souvent en contact sont la lumière (énergie électromagnétique), le son (énergie acoustique ou ondes sonores), la chaleur (énergie thermique), la pression (énergie mécanique ou physique) et l'énergie chimique. Certains organismes sont en contact avec les mêmes formes d'énergie que les êtres humains mais y sont davantage sensibles. Par exemple, les requins sentent les particules chimiques, comme le sang, à partir d'une quantité bien moindre. De même, les chiens peuvent entendre des fréquences sonores plus élevées.

À chaque forme d'énergie correspond un type de récepteur. Les êtres humains sont dotés de cinq sens, dont chacun est réceptif à une forme d'énergie particulière :

- **Vue** : récepteur de l'énergie lumineuse.
- **Ouïe** : récepteur de l'énergie acoustique (ondes sonores).
- **Toucher** : récepteur de l'énergie mécanique.
- **Odorat** : récepteur de l'énergie chimique véhiculée par l'air.
- **Goût** : récepteur de l'énergie chimique.

Le processus de sensation

Lorsque des ondes lumineuses sont émises par une ampoule électrique ou lorsque des ondes sonores sont émises par une radio, nos « organes sensoriels », en l'occurrence nos yeux ou nos oreilles, les interceptent. Ensuite, l'énergie interceptée va jusqu'au cerveau. Comment ? Bien sûr, les ondes lumineuses ou sonores ne rebondissent pas à l'intérieur de notre crâne ! Alors, comment arrivent-elles au cerveau ?

Le cerveau utilise sa propre forme d'énergie, une « énergie électrochimique » (voir **chapitre 2**). C'est grâce à cette énergie que les neurones communiquent entre eux et agissent. Par conséquent, pour que le cerveau décrypte les différentes formes d'énergie reçues par nos organes sensoriels, chaque forme d'énergie doit subir un processus de transformation appelé « transduction », qui la convertit en énergie électrochimique ou « neurale ».

C'est la présence de certains types de cellules, c'est-à-dire de « récepteurs », dans les mécanismes sensoriels qui rend la transduction possible. Chaque mécanisme sensoriel a son propre type de cellules réceptrices. Une fois l'énergie environnementale convertie, un signal neural communique l'information par un « nerf sensoriel » à la zone du cerveau chargée du traitement et de l'analyse de ce type d'information.

La musique ou les voix humaines que nous entendons n'ont-elles qu'un seul ton ? La lumière que nous voyons ne comporte-t-elle qu'une couleur ? Bien sûr que non ! Chacune de ces expériences sensorielles, ou *stimuli*, se compose d'un ensemble complexe de longueurs d'ondes de lumière, de fréquences sonores, d'intensité olfactive ou gustative, etc. Mais pas de panique ! Nos mécanismes sensoriels sont à la hauteur du travail. Grâce à un « processus de codage et de représentation », le cerveau est capable d'appréhender la complexité de tous les stimuli environnementaux qu'il reçoit.

Chaque caractéristique du *stimulus* se traduit par un modèle spécifique d'activité neurale. Selon la « théorie des énergies spécifiques », chaque mécanisme sensoriel fournit des informations pour un seul sens, quels que soient les nerfs stimulés. Autrement dit, la zone du cerveau chargée du traitement de la lumière percevra toujours le *stimulus* comme de la lumière.

Avec le concours de neurochirurgiens, des psychologues ont réalisé des expériences sur des patients nécessitant, pour d'autres raisons, l'ablation d'une partie du crâne, intervention permettant un accès direct au cerveau. À l'aide d'une électrode, ils ont émis une décharge électrique sur plusieurs parties du cerveau. Et les résultats ont été étonnants. Par exemple, après une décharge électrique, un patient a dit : « J'entends des poules glousser. » Si l'électrode avait été placée sur la zone du cerveau chargée du traitement du goût, le patient aurait peut-être dit : « Hmm... De la soupe de tomate, c'est bon ! » Comment est-ce possible ? Lorsque cette zone du cerveau est stimulée, le cerveau pense recevoir des informations gustatives de l'organe sensoriel correspondant, même si ce n'est pas le cas. Chaque mécanisme sensoriel est relié à une certaine zone du cerveau pour permettre à celui-ci de faire la différence entre le son et la lumière, par exemple.

Les différents aspects d'un *stimulus* sont codés dans le cerveau en fonction des neurones qui sont activés et de la structure de cette activation neuronale. Si ce sont les neurones du mécanisme visuel qui sont activés, le cerveau appréhende de la lumière. Si la structure de l'activation neuronale change, le cerveau appréhende différentes longueurs d'ondes ou intensités de lumière, ce qui lui permet de distinguer la lumière du jour de la lueur d'une bougie. Le processus sensoriel se termine par une « représentation » neurale de la sensation dans une zone précise du cerveau. À ce stade, nous entendons de la musique ou nous voyons des couleurs.

La vue

La vue est l'un des sens les plus importants. En effet, notre aptitude à voir est absolument cruciale dans notre monde. Dans cette section, je vais vous raconter un voyage : celui de la lumière à partir du moment où elle traverse l'œil pour aller dans le cerveau.

Ce voyage met en scène une « radiation électromagnétique », plus connue sous le nom de lumière. La lumière perçue par l'œil correspond à un éventail de longueurs d'ondes allant de 400 à 750 nanomètres. La lumière se déplace en ondes. Son intensité est calculée en fonction de l'amplitude de ces ondes et sa fréquence en fonction du nombre de fois qu'une onde passe par un point défini au cours d'une période déterminée. La longueur d'ondes est un paramètre important, car ce sont les différences de longueurs d'ondes qui nous permettent d'appréhender les différentes couleurs.

1. La lumière entre dans l'œil par la « cornée ».
2. La lumière passe à travers la « pupille ».
3. Le « cristallin » dirige la lumière sur la « rétine ».
4. L'énergie lumineuse est convertie en énergie neurale (« transduction lumineuse »).

Pour bien comprendre le processus de transduction lumineuse, étudions de plus près la rétine. La rétine, située sur la membrane postérieure du globe oculaire, comporte des cellules spécifiques, appelées « photorécepteurs », qui sont chargées de la transduction. Ces cellules contiennent des transmetteurs chimiques, les « photopigments », qui se brisent lorsque les photons de lumière de l'onde lumineuse entrent en contact avec eux. Cette rupture provoque une réaction chimique qui dit aux cellules d'envoyer un signal au « nerf optique ». Ce signal va jusqu'au « cortex visuel » du cerveau, la zone chargée de l'analyse des *stimuli* visuels.

La lumière est donc convertie en énergie neurale par la rupture de transmetteurs chimiques dans la rétine. Il existe deux types de photorécepteurs, les « bâtonnets » et les « cônes ».

- Les bâtonnets contiennent une molécule, appelée « rhodopsine », très sensible à la lumière. Cette molécule réagit à une lumière de très faible intensité et intervient dans la vision périphérique.
- Les cônes contiennent une molécule différente, appelée « iodopsine », qui réagit à différentes longueurs d'ondes de lumière et intervient dans la vision des couleurs.

SYNESTHÉSIE

Certaines personnes affirment qu'elles entendent la lumière et voient les sons. D'autres déclarent ressentir les couleurs. La synesthésie est l'aptitude à appréhender une ou plusieurs formes d'énergie par un mécanisme sensoriel autre que celui qui intervient habituellement. On estime que ce phénomène concerne environ une personne sur deux mille. Les scientifiques l'assimilent au croisement de certaines connexions cérébrales. Baron-Cohen, quant à lui, a émis l'hypothèse de la présence de connexions cérébrales supplémentaires permettant l'interaction de mécanismes sensoriels normalement séparés. Quelle que soit la cause, j'adorerais voir la musique, car je suis incapable de la suivre quand je danse !

Voir les couleurs

Il existe des individus, dits « daltoniens », qui ne voient pas certaines nuances de bleu, de vert et de rouge. Autrement dit, ils ont des difficultés à appréhender les longueurs d'ondes de lumière correspondant à ces couleurs. Ils n'ont pas de photopigments sensibles à ces longueurs d'onde. Mais en règle générale, à moins de souffrir de daltonisme, nous pouvons voir toutes les couleurs de l'arc-en-ciel dans toutes leurs nuances.

Deux théories de la vision des couleurs ont été élaborées : la « théorie trichromatique » et la « théorie des processus opposants ».

- La théorie trichromatique est très simple. Elle affirme que la rétine comporte trois différents types de cônes (photorécepteurs), dont chacun réagit à différentes longueurs d'ondes de lumière, ce qui nous permet de distinguer les couleurs. Les premiers types de cônes réagissent aux « courtes longueurs d'ondes » (environ 440 nanomètres), c'est-à-dire à la lumière bleue. Les deuxièmes types de cônes réagissent aux « moyennes longueurs d'ondes » (environ 530 nanomètres), c'est-à-dire à la lumière verte. Et les troisièmes types de cônes réagissent aux « longues longueurs d'ondes » (environ 560 nanomètres), c'est-à-dire à la lumière rouge. Lorsque plusieurs catégories de cônes sont partiellement activées, nous pouvons voir des variations de ces trois couleurs de base, comme le turquoise ou l'orange. Toutes les couleurs que nous voyons sont donc des mélanges résultant de l'activation de ces trois types de cônes.
- La théorie des processus opposants consiste à dire que le cerveau comporte différents types de neurones réagissant différemment aux couleurs. L'excitation d'une catégorie de cellules est supérieure à la normale lors d'une stimulation par un certain type de lumière et inférieure à la normale lors d'une stimulation par un autre type de lumière. Par exemple, si vous regardez du rouge, le taux d'excitation des cellules spécifiques de cette couleur augmente. Si vous regardez du vert, le taux d'excitation de ces mêmes cellules diminue, tandis que celui des cellules spécifiques de la couleur verte augmente. Il existe d'autres catégories de cellules pour le jaune et le bleu.
- Cette théorie permet d'expliquer l'« effet post-image négatif », phénomène selon lequel les images que vous « voyez » dans votre esprit ne sont pas de la même couleur que les images réelles. Prenons l'exemple du drapeau français. Remplaçons le bleu par du jaune, le blanc par du noir et le rouge par du vert. Si vous regardez cette image pendant un petit moment, lorsque vous fermerez les yeux, vous verrez le drapeau dans ses véritables couleurs. Les cellules stimulées par le jaune, le noir et le vert seront revenues à leur état normal et

« verront » du bleu, du blanc et du rouge à la place. Faites un essai. Fixez un carré jaune de 2 cm2 pendant environ 30 secondes, puis regardez une feuille blanche. Vous verrez un carré bleu !

Évaluer les distances

Comment pouvons-nous évaluer la distance d'un objet simplement en le regardant ? Certaines personnes y parviennent mieux que d'autres. Personnellement, il me faut un mètre à ruban, une règle, une lunette de géomètre et un récepteur GPS ! Notre mécanisme visuel évalue la profondeur et la distance grâce à deux types de données : les « indices monoculaires » et les « indices binoculaires ».

» Les indices monoculaires sont simples. Nous savons que certaines choses sont plus grosses que d'autres. Par exemple, les chiens sont plus gros que les souris. Les voitures sont plus grosses que les chiens. Et les maisons sont plus grosses que les voitures. Nous le savons par expérience. Par conséquent, lorsque notre rétine nous transmet l'image d'une souris plus grosse qu'un chien, nous en concluons que la souris est plus près de nous que le chien. C'est une règle utilisée par tous les peintres qui veulent représenter une scène tridimensionnelle sur une toile en deux dimensions.

» Les indices binoculaires sont plus étranges. Les cyclopes de la mythologie grecque n'avaient qu'un seul œil et, si l'on en croit les règles de la vision binoculaire, ils devaient avoir de grandes difficultés à évaluer les distances. L'évaluation de la distance implique la transmission de l'information au cerveau par deux yeux.

  - La « convergence », premier type d'indice binoculaire, fait référence à l'information fournie au cerveau par les muscles des yeux pour le calcul des distances. Lorsque vos yeux regardent vers l'intérieur, vers votre nez, votre cerveau sait que vous regardez quelque chose qui se trouve près de vous. Lorsque vos yeux regardent vers l'extérieur, votre cerveau en déduit que vous regardez un objet situé plus loin.

- La « vision stéréoscopique », deuxième type d'indice binoculaire, est un phénomène très intéressant. Faites l'expérience suivante : joignez les mains pour former un cadre avec les deux pouces et les deux index en laissant les autres doigts pliés. Fermez un œil et regardez un objet qui se trouve devant vous. Placez cet objet dans votre cadre. Maintenant, fermez cet œil et ouvrez l'autre. Que s'est-il passé ? L'objet semble avoir bougé ! C'est un phénomène propre à la vision stéréoscopique. Vos yeux ne voient pas le même objet sous le même angle et renvoient donc deux images différentes. Votre cerveau évalue la distance d'après les deux angles en calculant la différence entre les deux images.

L'ouïe

Le son se déplace sous forme d'ondes qu'on mesure à partir de deux critères : l'« amplitude » ou taille de l'onde et la « fréquence » ou nombres d'ondes par unité de temps. Chacun de ces paramètres se traduit sous la forme d'une expérience psychologique. L'amplitude détermine le volume sonore, et la fréquence, la hauteur (son grave ou aigu). Les oreilles disposent d'une structure spécialement conçue pour la transduction (ou conversion) de l'énergie acoustique en énergie neurale.

Le son entre dans l'oreille, canalisé par le « pavillon », partie de l'oreille externe conçue comme un entonnoir. Il traverse le conduit auditif pour atteindre le « tympan » ou « membrane tympanique ». La vibration de cette membrane, transmise à une chaîne d'osselets (le « marteau », l'« enclume » et « l'étrier »), est amplifiée.

Une fois que l'onde sonore a atteint l'oreille interne ou « cochlée », la transduction auditive peut avoir lieu. La cochlée est remplie de fluide et bordée d'une membrane dite « membrane basilaire », elle-même tapissée de « cellules ciliées » (pourvues de cils). L'onde sonore, en entrant dans l'oreille interne, modifie la pression du fluide que renferme la cochlée et crée des ondes liquides qui provoquent un mouvement de la membrane basilaire. Ce mouvement fait osciller les cellules ciliées, ce qui donne le départ de la transduction.

Lorsque les cellules ciliées oscillent, leurs propriétés chimiques sont altérées et leur polarité électrique est modifiée. Ce changement de polarité entraîne l'excitation des cellules et l'envoi d'un signe neural. L'onde sonore, désormais convertie en énergie électrochimique, continue à se déplacer jusqu'au « cortex auditif » (la zone du cerveau correspondant à l'ouïe) pour un traitement perceptuel.

Le toucher

Le sens du toucher comprend la sensation de la pression, de la température et de la douleur. Les cellules spécifiques du toucher, situées dans la peau, envoient un signal à la moelle épinière et au cerveau. Dans ce cas, la transduction est un processus mécanique, beaucoup plus direct que la transduction chimique de l'œil pour la vision. Lorsque la chaleur, le froid ou le poids stimule les récepteurs du toucher, ceux-ci envoient un signal neural au cerveau, tout comme le font les cellules ciliées de l'oreille interne. La pression provoque directement un signal neural.

La douleur est un cas particulier. Il serait difficile de survivre dans ce monde sans ressentir la douleur. Comment savez-vous que le feu peut entraîner des lésions corporelles et même la mort ? Parce que vous ressentez une douleur lorsque vous le touchez. La douleur est un signal important qui vous prévient des risques de lésion ou de destruction du corps.

La douleur est signalée au cerveau par l'intermédiaire de deux types de fibres nerveuses situées sous la peau : les « fibres A delta » et les « fibres C ». Les fibres A delta véhiculent les sensations aiguës et envoient des signaux rapides au cerveau. Les fibres C véhiculent les douleurs sourdes et chroniques et les sensations de brûlure.

J'ai fait du sport pendant toute ma vie et j'ai pu constater par moi-même le rôle important de la douleur. Sans elle, on n'apprend rien ! J'ai souffert de mes blessures, mais je sais que le seuil de tolérance de la douleur n'est pas le même pour tout le monde. D'après la « théorie de la porte », les signaux de la douleur passent par une « porte » située dans la moelle épinière, au niveau de laquelle ils sont soit transmis au cerveau, soit bloqués. Si un autre sens utilise la voie de la douleur, le signal de douleur peut ne pas atteindre le cerveau. De même, des signaux concurrents provenant d'une autre partie du corps et se déplaçant vers la porte peuvent empêcher le signal de douleur d'atteindre le cerveau. Si vous vous frottez la cuisse quand vous avez mal à la cheville, cela vous soulagera. Le signal de douleur partagera l'accès à la porte avec le signal de frottement (pression). C'est renversant ! Je suis toujours stupéfait par la complexité du corps humain.

L'odorat et le goût

On appelle le sens de l'odorat l'« olfaction ». Parfois, le week-end, vous sentez le barbecue de vos voisins. C'est parce que des petites particules d'aliments, c'est-à-dire des « particules chimiques volatiles », ont été véhiculées par l'air jusqu'aux récepteurs olfactifs de votre nez. Le nez comporte des milliers de récepteurs olfactifs pouvant appréhender des dizaines de milliers d'odeurs.

Les molécules des particules chimiques volatiles provoquent une réaction chimique dans les récepteurs du nez, qui déclenche le processus de transduction. L'énergie chimique est alors convertie en énergie neurale par les cellules réceptrices et un signal est envoyé au « bulbe olfactif » du cerveau, qui le traite. Le bulbe olfactif se connecte également avec la zone du cerveau qui gère l'émotion. Certains chercheurs pensent que cette connexion peut expliquer l'activation de souvenirs émotionnels par certaines odeurs.

On a beaucoup parlé des « phéromones », que les animaux émettent pour envoyer des signaux à d'autres animaux, pendant la saison des amours, par exemple. Certaines sociétés ont commercialisé des produits à base de phéromones pour les êtres humains, notamment pour les hommes prêts à tout pour séduire. Les êtres humains produisent-ils des phéromones ? Les recherches sont encore en cours mais, si l'on en croit certaines découvertes récentes, ce n'est pas impossible. Une chose est sûre, en tout cas, phéromones ou pas, l'industrie cosmétique a trouvé un filon !

On appelle le sens du goût la « gustation ». Le goût est un sens chimique qui implique l'intervention de récepteurs chimiques situés sur la langue : les « papilles gustatives ». Tous les goûts sont des variations autour de quatre saveurs : sucrée, salée, acide et amère. Nous avons approximativement dix mille papilles gustatives. Celles-ci réagissent aux molécules d'aliments. Là encore, l'énergie chimique est convertie en énergie neurale et un signal est envoyé à la zone du cerveau chargée du traitement de l'information gustative.

Le produit fini : la perception

Il va sans dire que le monde avec lequel nous sommes en contact par l'intermédiaire de nos sens est beaucoup plus complexe qu'un simple ensemble de sons, d'odeurs, de goûts et autres sensations. Nous entendons des symphonies, pas uniquement des notes. Nous voyons des feux d'artifice, pas de simples photons de lumière. Nous régalons nos papilles gustatives de repas délicieux, pas seulement de saveurs sucrées, salées, acides et amères. Tous ces plaisirs nous sont accessibles grâce à la perception.

La « perception » est un processus qui consiste à organiser et à analyser les diverses sensations dont nous sommes bombardés tous les jours pour leur donner un sens. Si la sensation nous fournit la matière première, la perception est le produit fini.

Il existe deux visions de ce processus complexe :

- **La vision écologique** : cette vision consiste à dire que notre environnement nous fournit toutes les informations dont nous avons besoin pour appréhender le monde ; très peu d'interprétation ou de construction est nécessaire. Par exemple, lorsque vous percevez un arbre, ce n'est pas parce que vous en avez construit une perception dans votre mental. Vous le percevez parce qu'il vous fournit toutes les informations nécessaires pour le percevoir tel qu'il est.

» **La vision constructionniste** : dans ce cas, on considère que le processus de perception nécessite une connaissance préalable permettant de construire la réalité à partir de fragments de sensations. Nous ne recevons pas l'information sensorielle de façon passive. Nous construisons activement ce que vous voyons, entendons, etc.

Écologique ou constructionniste, le processus de perception est soumis à certaines règles de fonctionnement. Si la sensation est un processus de détection des différents types d'énergie de notre environnement, comment distinguons-nous les informations pertinentes, qui méritent d'être détectées, du simple bruit de fond ? De toute façon, nous ne pourrions pas réagir à chaque particule d'énergie sensorielle. Nous serions submergés par le bruit de la circulation, l'agitation des piétons, le souffle du vent et tout ce qui nous entoure. Bonne nouvelle : notre mécanisme de perception est doté d'un système intégré de sélection des informations.

On appelle « seuil absolu » la quantité minimale d'énergie qu'un mécanisme sensoriel peut détecter. Chaque mécanisme sensoriel a son propre seuil absolu, au-dessous duquel l'énergie n'obtient aucune attention perceptuelle.

La détection d'un stimulus dépend également de la « loi de Weber », qui fait référence à l'« échelon différentiel » (ou différence juste perceptible). Chaque mécanisme sensoriel détermine une fraction constante d'intensité pour chaque forme d'énergie, qui représente la plus petite différence détectable entre les intensités d'énergie. Autrement dit, le stimulus doit excéder l'échelon différentiel pour être détectable. Si la différence d'intensité est trop faible, il ne sera pas détecté.

Cela dit, la « théorie de la détection du signal » propose une approche légèrement plus complexe du phénomène. La quantité écrasante d'énergie environnementale qui nous entoure est considérée comme un bruit de fond. Lorsque nous sommes soumis à un stimulus, appelé « signal », celui-ci est analysé en fonction de notre « sensibilité » personnelle et de notre « critère de réponse ». Ainsi, nous pouvons détecter correctement un signal (« détection correcte »), omettre de détecter un signal lorsqu'il y en a un (« omission »), détecter un signal lorsqu'il n'y en a pas (« fausse alerte ») ou ne rapporter aucun signal lorsqu'il n'y en a pas (« rejet correct »).

Nos motivations et nos penchants personnels déterminent notre critère de réponse et jouent un rôle important dans notre aptitude à détecter correctement un signal. Par conséquent, lorsque quelqu'un me dit que je ne l'écoute pas, ce n'est pas de ma faute. Je ne détecte pas ses signaux parce que mon critère de réponse est configuré de telle sorte qu'aucune réponse ne peut être fournie à qui que ce soit à ce moment précis. Je suis la victime innocente de mon processus de perception.

Les principes de la perception

Le mécanisme perceptuel ne repose pas sur un ensemble de règles arbitraires et de processus aléatoires. Au fil du temps, les psychologues et autres chercheurs ont découvert un certain nombre de principes selon lesquels le mécanisme perceptuel organise les informations qui lui sont transmises par les mécanismes sensoriels.

- **Fond et figure** : les informations sont automatiquement réparties dans la catégorie du fond ou dans la catégorie de la figure. En règle générale, les informations figuratives sont plus faciles à déchiffrer, tandis que le fond est moins pertinent.
- Songez aux images en noir et blanc qui peuvent être perçues de deux façons différentes. Par exemple, selon que vous vous concentrez sur la zone blanche ou sur la zone noire, vous pouvez voir un vase ou deux visages qui se regardent. Vous rendez figurative la zone sur laquelle vous vous concentrez.
- **Regroupement** : ce principe consiste à déterminer si un stimulus fait partie d'un groupe constitué de stimuli ayant les mêmes caractéristiques. Les stimuli sont regroupés en fonction des critères suivants :
  - **Proximité** : stimuli situés à proximité les uns des autres dans l'espace.

- Sort commun : stimuli qui se déplacent dans la même direction et au même rythme.
- **Continuité** : stimuli qui créent une forme continue.
- **Similarité** : stimuli similaires.

» **Clôture** : ce principe se base sur notre tendance à reconstituer un stimulus dans son intégralité malgré des informations manquantes.

Aujourd'hui, la plupart des psychologues sont des adeptes de la vision constructionniste (voir plus haut dans ce chapitre la section « Le produit fini : la perception »). Ils considèrent la perception comme un processus de construction à partir de fragments d'information. Nous sommes nés avec quelques règles d'organisation de l'information, mais il existe d'autres facteurs qui peuvent influencer la façon dont nous percevons notre environnement.

Notre expérience a un impact considérable sur notre perception. Nous avons tous un « filtre perceptuel », c'est-à-dire une idée préconçue de ce que nous percevons. Nous utilisons des indices issus du contexte et de notre expérience pour déchiffrer ce que nous voyons. Par exemple, si je vois un individu vêtu d'un uniforme de police debout devant la fenêtre d'une voiture, j'en déduis qu'il arrête la circulation. En réalité, il pourrait aussi bien demander son chemin, mais ce n'est pas ce que me dit mon expérience.

Notre culture influence aussi beaucoup notre perception. Il est facile de s'en rendre compte lorsqu'on demande à un individu de reconstituer une histoire à partir de plusieurs images. Par exemple, vous avez quatre images qui, vues dans un certain ordre, peuvent raconter une histoire. L'histoire que vous allez reconstituer dépend en grande partie de vos influences culturelles. Voici le contenu de chacune de vos images : une femme portant un sac, cette femme en pleurs, un homme qui l'aborde, la femme sans son sac. Que se passe-t-il dans cette scène ? Vous pouvez voir une femme qui pleure parce qu'elle a laissé tomber son sac et un homme qui vient l'aider. Ou une femme qui pleure de peur parce qu'un homme va lui voler son sac. Selon votre culture ou votre sous-culture, sans parler de votre expérience, vous pouvez voir deux histoires différentes.

ILLUSIONS ET MAGIE

Les illusions perceptuelles proviennent des principes d'organisation de notre mécanisme perceptuel. Nous pouvons voir un objet qui ne se trouve pas sous nos yeux ou voir un individu bouger alors qu'il est immobile. Les illusionnistes, comme les magiciens, utilisent ces règles d'organisation perceptuelle à nos dépens. Ils ont une connaissance approfondie du fonctionnement de notre mécanisme perceptuel et en tirent parti pour réaliser leurs trucs.

3

Penser et ressentir

« JE NE SAIS PAS, MARIE... PARFOIS, J'AI L'IMPRESSION QUE VOUS AVEZ PEUR DE VOUS RAPPROCHER DES AUTRES. »

DANS CETTE PARTIE...

La troisième partie est consacrée à la pensée humaine, que les psychologues appellent la cognition. Elle décrit à la fois le contenu et le processus de la pensée. Elle comporte également une analyse du concept d'intelligence et des différentes théories sur le sujet. Enfin, elle traite de l'émotion et de la motivation. Si vous vous intéressez aux rouages de l'amour ou de la colère, lisez-la sans hésiter.

Chapitre 5

Se regarder penser

DANS CE CHAPITRE :

- **Penser à la pensée**
- **Allumer votre ordinateur mental**
- **Traiter vos idées**
- **Raisonner comme Spock**

Avant d'entrer dans le domaine complexe de la pensée, je vous suggère de vous livrer à une petite expérience mentale. Imaginez-vous dans votre lit après une bonne nuit de sommeil. Vous tendez le bras pour éteindre votre réveil, vous poussez votre couette sur le côté et vous vous dirigez vers la salle de bains. Une fois dans la salle de bains, vous vous demandez ce que vous faites là. Vous n'en avez aucune idée. La réponse doit être évidente puisque vous y êtes allé directement en sortant du lit, mais vous avez oublié. Vous regardez autour de vous et rien ne vous semble familier. Un monde étrange de formes, d'objets, de sons et de lumière vous entoure. Vous regardez un objet qui vous renvoie l'image de quelque chose, mais vous ne savez pas de quoi il s'agit. Vous êtes désorienté et complètement perdu. Votre mental est vide. Vous ne trouvez même pas quoi dire pour crier à l'aide. Vous êtes planté là. Qu'allez-vous faire ?

Cet exemple peut vous sembler étrange, mais c'est précisément parce que la situation l'est aussi. À quoi ressemblerait votre vie si vous n'aviez pas la capacité de penser ? Vous ne reconnaîtriez pas les objets qui vous entourent. Vous ne pourriez régler aucun problème. Vous ne pourriez pas communiquer. Vous seriez vraiment en mauvaise posture.

Nous sommes rarement conscients de penser. La pensée est une sorte de musique de fond, toujours présente mais jamais manifeste. Automatique, elle ne demande aucun effort de notre part. Je n'ai jamais prêté attention à mon mental jusqu'à ce qu'il parte en vacances. Je suppose que je ne pouvais pas savoir ce que j'avais avant de le perdre. Or, comment le saurais-je aujourd'hui puisque mon mental n'était plus là ? Mais laissons de côté ces considérations philosophiques... Pour les besoins de ce chapitre, partons du principe que nous avons tous un mental et la capacité de penser.

À quoi pensez-vous ?

Qu'est-ce que la pensée ? Un peu plus loin dans ce chapitre, je vous demanderai d'analyser vos propres processus de pensée. Il faut donc que vous sachiez quoi analyser. En psychologie, la pensée ou les processus de pensée (le traitement mental de l'information, notamment la mémorisation, le raisonnement, la résolution de problèmes, la conceptualisation et l'imagination) sont désignés sous le nom de « cognition » ou « processus cognitifs ».

L'étude de la pensée est une tâche difficile. En effet, la pensée est immatérielle. Si j'ouvrais votre crâne pour regarder à l'intérieur, y verrais-je vos pensées ? Non. Je verrais une masse organique ridée de couleur gris-rose : votre cerveau. Lors des premières études sur la pensée, les psychologues ont demandé aux participants de se livrer à une « introspection ». L'introspection est l'observation et la description de sa propre expérience intérieure. Les psychologues ont donné aux participants un simple problème de mathématique à résoudre et leur ont demandé de faire leurs calculs à haute voix. Ces exercices avaient pour but d'identifier les étapes du processus de pensée.

Essayez ! Prenez une feuille et un crayon. Effectuez l'opération suivante en notant une par une toutes les étapes de votre raisonnement :

47 876 + 23 989

Vous devez avoir trouvé le résultat suivant : 71 865. Si vous vous êtes trompé, ne vous inquiétez pas : nous avons tous nos faiblesses. Dans ce cas, la technique de l'introspection va vous aider à identifier votre erreur. Revoyez chacune des étapes de votre raisonnement.

Voilà ! Vous venez de participer à une expérience psychologique. Ce n'était pas si terrible, n'est-ce pas ? La technique de l'introspection a dû vous permettre de comprendre votre processus de pensée dans le cadre d'une résolution de problème relativement simple.

Maintenant, imaginez à quel point il serait difficile d'utiliser l'introspection pour analyser toutes vos pensées. Ce serait pratiquement impossible. Les psychologues n'ont donc plus recours à cette méthode trop simpliste pour étudier des processus de pensée complexes. Aujourd'hui, ils utilisent des techniques de modélisation informatique et autres outils beaucoup plus élaborés. Si l'introspection a été abandonnée, c'est aussi parce que certains des aspects les plus importants de la pensée – ceux dont nous ne nous rendons pas compte – ne peuvent pas être auto-évalués. L'introspection la plus profonde ne nous permettra jamais de remonter aux pensées racines. Nous n'avons accès qu'aux produits finis.

Le modèle computationnel

Avec l'avènement de l'informatique, les psychologues et autres chercheurs ont commencé à étudier les opérations réalisées par un ordinateur pour les comparer aux processus de pensée de l'être humain. La théorie dite du « cognitivisme computationnel » a représenté une véritable avancée dans l'étude de la pensée. Le principe est à la fois simple et profond : les processus cognitifs, comme la perception ou la résolution de problèmes, sont des procédures de traitement de l'information qui peuvent être réduites à un algorithme. Autrement dit, le mental est un outil de traitement de l'information.

Le traitement de l'information

Le mental passe par quatre étapes de traitement de l'information :

1. L'information (stimulus) captée par les sens arrive au cerveau. (Vous voyez Michael Jackson faire du moonwalk pour la première fois.)
2. Le sens de cette information est analysé. (Votre cerveau se dit : « Génial, ce pas de danse ! »)
3. Différentes réponses possibles sont générées. (Votre cerveau essaie de comprendre comment on danse le moonwalking.)
4. Une réponse est exécutée et analysée pour correction. (Vous jetez vos chaussures et vous essayez de danser sur le carrelage de votre cuisine.)

La pensée est donc un processus qui implique l'analyse de l'information. Mais qu'est-ce que l'information ? La pensée a toujours un objet. Lorsque vous pensez, vous pensez à quelque chose : à une voiture, à une personne, à un événement, etc. Quels sont les objets du processus de calcul d'un ordinateur ? Prenons une calculatrice, l'un des outils de traitement de l'information les plus utilisés. Quels sont ses objets ? Ce sont des chiffres ou des symboles. On peut dire que la pensée implique le traitement de symboles mentaux. Ces symboles sont les représentations mentales d'objets de notre monde.

Laissez-vous aller sur le dossier de votre fauteuil, installez-vous confortablement et visualisez une rose rose. Concentrez-vous jusqu'à ce que vous voyiez clairement tous les éléments de cette rose : tige et feuilles vertes, pétales roses, épines, etc. Essayez d'imaginer la rose en détail. Si quelqu'un entrait pendant cet exercice de visualisation et vous demandait s'il y a une rose dans la pièce, que répondriez-vous ? S'il n'y en a pas en réalité, vous répondriez par la négative. Mais peut-être y en a-t-il une dans la pièce puisqu'il y en a une dans votre tête ! Alors, si j'ouvrais votre crâne pour regarder dans votre tête, y verrais-je une rose rose ? Bien sûr que non ! Cette rose n'existe que de façon symbolique ou représentative dans votre esprit. Lorsque vous lisez le mot « porte », vous avez l'image d'une porte à l'esprit. Il s'agit d'une représentation symbolique. Le mot « porte » est le symbole mental et linguistique de la planche rectangulaire qui donne accès à votre maison.

La pensée se compose de symboles représentant les objets de notre monde et consiste à manipuler ces symboles. Cette manipulation mentale est basée sur la combinaison, la décomposition et la recombinaison de ces symboles en vue de créer des systèmes symboliques pourvus de sens. Prenons cette fois le mot « niche ». Il se compose de plusieurs lettres, dont la combinaison évoque l'image d'un objet appelé « niche ». Mais, combinées différemment, ces lettres pourraient composer le mot « chien », qui fait référence à tout autre chose et évoque donc une pensée différente. Même un système simple comme l'alphabet peut donner naissance à un ensemble quasiment infini de symboles ou de représentations.

D'où viennent tous ces symboles ? Ils sont issus du processus de sensation. Lorsque vous voyez une rose, vous avez à l'esprit une représentation symbolique de cette rose.

LE DÉFI DE TURING

L'Américain Alan Turing est le créateur du « test de Turing ». Ce test se base sur un jeu populaire dans les salons à une certaine époque : il s'agissait de placer un homme et une femme derrière deux portes différentes. Les invités devaient communiquer avec eux par des notes tapées à la machine. Le but était de deviner qui était l'homme et qui était la femme d'après leurs réponses à des questions. Turing a adapté ce jeu en remplaçant les deux inconnues par un ordinateur et un être humain. S'il s'avérait impossible de distinguer l'un de l'autre, l'ordinateur devait être considéré comme intelligent.

La conceptualisation

À quand remonte la dernière fois où vous êtes sorti avec un ami simplement pour bavarder ? Êtes-vous allés dans un café ? Avez-vous parlé de vos dernières liaisons ou de vos problèmes de couple ? De la politique ou du temps ? Peu importe votre sujet de conversation, vous avez parlé d'un concept.

Un « concept » est une pensée ou une idée qui représente un ensemble d'idées ayant un rapport les unes avec les autres. Les « relations amoureuses » constituent un concept, tout comme la politique et le temps. Souvenez-vous que ces concepts sont représentés sous forme de symboles dans votre système de traitement de l'information. Comment y arrivent-ils ? Nous les apprenons, tout simplement. Lorsque différents objets ont les mêmes caractéristiques, ils représentent le même concept. Certains concepts sont bien définis et d'autres non.

Voici un ensemble de mots :

> Queue – Poils – Crocs– Quadrupède

Qu'est-ce que ces mots évoquent ? Un chien ? Un chat ? Un ours ? Ils ne suffisent pas à définir un seul et unique concept. Il faut davantage d'informations pour se faire une idée précise.

Voici un autre ensemble de mots :

> Queue – Poils – Crocs – Quadrupède – Aboyer

Pouvez-vous déterminer le concept décrit, maintenant ? Oui, il s'agit d'un chien. Comment le savez-vous ? Les chats et les ours n'aboient pas. Le mot « aboyer » définit à lui seul le concept de « chien ». Il s'agit de l'« attribut déterminant » du concept. Cet attribut est indispensable à la classification de l'objet en tant qu'exemple du concept.

Voici encore une liste de mots :

> Plumes – Bec – Œuf – Voler

Qu'est-ce que ces mots évoquent ? Un oiseau ? Attendez : n'y a-t-il pas au moins deux oiseaux qui ne volent pas ? Pensez aux pingouins et aux autruches ? Ils ne volent pas. Et pourtant, ce sont des oiseaux. Par conséquent, « voler » n'est pas l'attribut déterminant des oiseaux, car il n'est pas indispensable pour les animaux d'avoir cet attribut pour être considérés comme des oiseaux. Cependant, étant donné que la plupart des oiseaux volent, « voler » reste ce qu'on appelle un « attribut caractéristique », un attribut que la plupart des éléments d'un concept possèdent mais pas tous.

Visualisez une chaise et essayez de la décrire. La chaise que vous imaginez se compose probablement de bois, de quatre pieds, d'un siège carré ou rectangulaire et d'un dossier constitué de deux supports verticaux de part et d'autre du siège, reliés par quelques lattes horizontales.

Il s'agit de la chaise classique. On peut la considérer comme un « prototype », c'est-à-dire l'exemple type du concept représenté.

Aux premiers stades de notre développement, nous combinons les attributs d'un concept de façon progressive en partant de caractéristiques simples pour ensuite composer des unités plus complexes jusqu'à ce que notre réseau conceptuel d'informations acquière une capacité immense. Notre pensée est beaucoup plus complexe que la compréhension d'un seul mot. Au bout d'un certain temps, nous combinons les mots en phrases, les phrases en paragraphes, etc. Prenons un exemple :

« La guerre est un enfer » est une phrase qui combine deux concepts : « guerre » et « enfer ».

- Nous construisons des « modèles mentaux » en regroupant plusieurs propositions pour comprendre comment les concepts sont reliés entre eux :

  « La guerre est un enfer. »

  « La deuxième guerre mondiale était une guerre. »

  « La deuxième guerre mondiale était un enfer. »

- Les « schémas » sont des unités de compréhension qui représentent le monde et résultent de l'organisation de modèles mentaux en groupes plus vastes : « Pendant la deuxième guerre mondiale, beaucoup de soldats ont subi un traumatisme psychologique. Leurs camarades pensent que ce traumatisme est dû à la nature même de la guerre. Certains ont même dit que la guerre était un enfer. »

Les attributs sont combinés en concepts, les concepts en propositions, les propositions en modèles mentaux, et les modèles mentaux en schémas, lesquels constituent les unités de base de la compréhension et de la représentation du monde dans le langage de la pensée.

Si vous partez du concept « livre », vous pouvez le combiner avec un autre, comme « lire ». Ces deux concepts peuvent encore être combinés avec un autre, comme « bibliothèque ». Vous avez donc trois concepts reliés entre eux, qui peuvent composer une proposition relative à l'étude (par opposition à la lecture pour le plaisir). Cette proposition peut ensuite être intégrée à un schéma, celui de l'école, par exemple.

Les rouages de la pensée

Notre pensée repose sur la compréhension et la représentation conceptuelles du monde dans lequel nous vivons. Mais, une fois que nous avons tous ces concepts dans la tête, qu'en faisons-nous ?

Tous les jours, un événement aussi prévisible que les marées ou les phases de la Lune survient dans toutes les universités du pays. À chaque cours, chaque étudiant entre dans un amphithéâtre, regarde devant lui, prend une feuille et un stylo, et attend que le professeur commence à parler pour prendre des notes. Ce processus répétitif ou cette séquence d'événements montre que chaque étudiant connaît le schéma qui correspond au concept « être étudiant » ou « être en cours ».

Comment notre pensée utilise-t-elle les concepts (comme « être étudiant ») pour naviguer dans le monde et résoudre les problèmes auxquels nous sommes confrontés tous les jours ? Si la pensée est une sorte d'algorithme et le mental un ordinateur puissant, comment les calculs sont-ils effectués ? Nous savons que la substance du langage de notre mental se compose de concepts, de propositions, de modèles mentaux et de schémas, mais comment ces ensembles organisés de concepts guident-ils notre pensée et notre comportement ?

La plupart du temps, la pensée est organisée et orientée vers un but. Certains disent même qu'elle est logique et rationnelle. La pensée organisée est soumise à des règles et fondée sur un objectif qui consiste à résoudre les nombreux problèmes auxquels nous sommes confrontés. Quel est le premier problème auquel nous sommes confrontés ? Notre survie. La pensée a un but et oriente nos actions en fonction de nos différents objectifs, dont le premier est de rester en vie !

Imaginez que vous soyez un bébé. Lorsque vous avez faim, vous vous mettez instinctivement à pleurer. Quelqu'un vient vous donner un biberon. À cet instant, votre pensée joue un rôle très important. Vous faites le lien entre le comportement qui consiste à pleurer et la possibilité d'obtenir un biberon. Vous pensez : « Lorsque je pleure, quelqu'un me donne un biberon. » Pour vous, il s'agit désormais d'une règle basée sur la simple logique : A entraîne B ; A et B entraînent C.

A (pleurer) + B (obtenir un biberon) = C (faim assouvie)

Dans les sections suivantes, vous allez découvrir les mécanismes fondamentaux de la pensée, c'est-à-dire l'« architecture de la pensée ». Outre la représentation du monde sous forme de concepts, la pensée requiert les outils suivants pour fonctionner :

- **Stimuli** : informations sensorielles provenant de l'environnement ou du mental lui-même.
- **Mémoire** : système de stockage de la connaissance. L'information (les noms, les dates d'anniversaire, etc.) est stockée dans la mémoire.
- **Opérations** : règles qui déterminent la façon dont l'information stockée dans la mémoire est utilisée (raisonnement, résolution de problèmes et analyse logique). Par exemple, si vous avez cent chiffres stockés dans votre mémoire et si vous devez résoudre un problème arithmétique, ce problème sera résolu à l'aide de certaines opérations.
- **Réaction** : programme destiné à dire au reste du mental et au corps ce qu'ils doivent faire une fois les opérations de pensée effectuées.

Stimuli

En réalité, les *stimuli* ne font pas partie du processus cognitif, mais de la perception. À ce stade, l'information arrive au cerveau pour que le mécanisme de pensée puisse se mettre en marche. Comment arrive-t-elle au cerveau ? Grâce aux sens : la vision, l'ouïe, le toucher, l'odorat et le goût. Les sens captent les *stimuli*, qui constituent la substance de la pensée. Tout ce que nous voyons, entendons, touchons, sentons et goûtons devient alors partie intégrante du processus de pensée. Pour en savoir plus sur la perception, reportez-vous au **chapitre 3**.

Mémoire

La pensée implique la manipulation de symboles mentaux stockés sous forme de concepts, représentations d'objets de notre environnement. Où ces symboles mentaux sont-ils stockés ? Dans la mémoire !

Il existe trois différents systèmes de stockage : la « mémoire sensorielle », la « mémoire à court terme » et la « mémoire à long terme ».

Pour comprendre le fonctionnement de la mémoire, comparons celle-ci à une banque. Vous avez probablement un compte courant dans une banque, mais peut-être aussi d'autres types de comptes. Chacun de ces comptes vous permet de gérer votre argent d'une façon bien précise. Les comptes courants sont destinés à un usage de tous les jours ou à court terme. Les comptes d'épargne, en revanche, sont destinés à un stockage à long terme. La mémoire possède elle aussi différents niveaux de stockage.

Stockage sensoriel

La « mémoire sensorielle » est un système de mémorisation très éphémère qui stocke l'information captée par les sens. Avez-vous déjà regardé le Soleil puis fermé les yeux ? Que s'est-il passé ? Vous avez continué à voir une forme de soleil dans votre tête.

Mémoire à court terme

La « mémoire à court terme » (MCT) comporte les informations actuellement actives dans votre conscience, tout ce dont vous êtes conscient. La lumière qui éclaire la page de ce livre, les mots que vous lisez, le gargouillis de votre estomac et le bruit de la circulation de l'autre côté de votre fenêtre font partie de votre conscience consciente et sont stockés dans votre MCT. Ce dont vous n'êtes pas conscient est orienté vers votre mémoire à long terme ou tout simplement oublié.

Quelle est la capacité de stockage de la MCT ? D'après les experts, sept éléments en moyenne, avec une marge de plus ou moins deux éléments, peuvent être stockés dans la MCT.

Est-ce que cela signifie que vous ne pouvez stocker que sept mots ou sept chiffres dans votre MCT ? Non. Grâce à un processus de « morcellement », vous pouvez en stocker beaucoup plus. Certaines méthodes mnémotechniques, comme les acronymes, se basent sur ce processus.

Si vous avez plusieurs mots à mémoriser, vous pouvez aussi les classer dans un certain ordre, de façon à composer une phrase facile à retenir. Par exemple, à l'école primaire, les conjonctions de coordination sont présentées aux élèves dans l'ordre suivant : mais, ou, et, donc, or, ni, car.

La durée de mémorisation de l'information au sein de la MCT est d'environ dix-huit secondes. Mais vous pouvez l'augmenter grâce à la « répétition », c'est-à-dire en répétant l'information, mentalement ou à voix haute, afin de ne pas l'oublier.

Mémoire à long terme

Si l'information stockée dans la MCT est répétée suffisamment longtemps, elle finit par intégrer la mémoire à long terme (MLT). Il existe deux moyens de stocker des informations dans la MLT :

- **Répétition d'entretien** : à force d'être répétée pour ne pas être oubliée, l'information stockée dans la MCT est transférée dans la MLT.

- **Répétition élaboratrice** : le mental joue un rôle élaborateur à partir de l'information en intégrant celle-ci dans les souvenirs déjà présents. Lorsque l'information est pertinente et fait référence à quelque chose que vous connaissez, il vous est plus facile de la mémoriser que de l'oublier.

La MLT se divise en trois parties :

- **Mémoire épisodique** : événements et situations spécifiques de votre vécu (mariage, anniversaire, diplôme, accident de voiture, etc.).
- **Mémoire sémantique** : informations factuelles, comme les jours fériés, le nom du premier président de la Ve République ou votre numéro de sécurité sociale.
- **Mémoire procédurale** : informations concernant des procédures, comme faire de la bicyclette, résoudre un problème arithmétique ou lacer vos chaussures.

Théoriquement, la capacité de la MLT est infinie car les chercheurs n'en ont toujours pas trouvé les limites. Cela peut paraître étrange si l'on considère la quantité d'informations que nous semblons oublier. Si l'information est là, quelque part, pourquoi l'oublions-nous ?

L'oubli de l'information stockée dans la MLT provient d'une incapacité à accéder à l'information et non à l'absence d'information dans le système de stockage. Ce problème d'accès est dû à deux types d'obstacles, tous deux liés à l'interférence d'autres informations.

- **Interférence rétroactive** : vous avez des difficultés à vous souvenir d'informations anciennes en raison de l'interférence d'informations récentes.
- **Interférence proactive** : vous avez des difficultés à vous souvenir d'informations récentes en raison de l'interférence d'informations anciennes.

La prochaine fois que vous regarderez une sitcom à la télévision, essayez de vous souvenir des détails des dix premières minutes, des dix minutes du milieu et des dix dernières minutes. Ou, si vous assistez à une conférence, essayez de vous souvenir de ce qui a été dit au début, au milieu et à la fin de la présentation. Résultat : vous vous souvenez sans doute plus facilement du début et de la fin que du milieu. Pourquoi ?

L'information du début est généralement stockée dans la mémoire à long terme en raison du temps qui s'est écoulé. L'information de la fin est encore fraîche et donc stockée dans la mémoire à court terme. Quant à l'information du milieu, elle a tout simplement été oubliée.

OUBLIE ÇA !

Est-ce qu'on vous a déjà demandé d'oublier quelque chose ? Essayez : oubliez le fromage. Est-ce que ça a marché ? Avez-vous oublié le fromage ou plutôt pensé au fromage ? Lorsque vous pensez à quelque chose que quelqu'un vous demande d'oublier, il vous est impossible de l'oublier. C'est l'ironie du sort... Par conséquent, « Oublie ça ! » est un conseil bidon. Mieux vaut ne rien dire du tout !

Opérations

La troisième étape du processus de pensée implique la mise en œuvre d'opérations ou activités mentales. La « résolution de problèmes » et le « raisonnement » sont deux types d'opérations mentales courantes.

Résolution de problèmes

La résolution de problèmes est une opération qui semble relativement directe : vous avez un problème ? Vous le réglez ! Vous vous souvenez de la série télévisée MacGyver ? MacGyver pouvait résoudre n'importe quel problème auquel il était confronté. Il pouvait transformer un cure-dent en jet-ski ou en lance-roquette. Je le regardais faire avec étonnement, puis je sortais ma bonne vieille caisse à outils et je démontais le toaster pour essayer de le transformer en récepteur satellite. Quatre heures plus tard, je me retrouvais avec une pile de pièces détachées et je ne pouvais même plus me faire un toast. Je suppose que MacGyver avait davantage d'aptitudes que moi en matière de résolution de problèmes.

Newel et Simon sont en quelque sorte les parrains de la psychologie de la résolution de problèmes. Quasiment toutes les études réalisées sur le sujet citent leurs travaux. Ils ont identifié, en 1972, les différentes étapes du processus de résolution de problèmes :

1. Reconnaître l'existence du problème. Vous ne pouvez pas régler un problème de toxicomanie ou d'alcoolisme avant d'avoir admis que vous en avez un.
2. Construire une représentation du problème comprenant une vision du point de départ et de l'objectif visé.
3. Générer et évaluer les solutions possibles.
4. Sélectionner une solution possible.
5. Exécuter la solution et déterminer si elle a été efficace.

Bransford et Stein, en 1993, désignent les étapes de ce processus par un acronyme : IDEAL.

I : identifier le problème.

D : définir et représenter le problème.

E : explorer les stratégies possibles.

A : agir.

L : laisser reposer et évaluer les effets.

Il existe probablement autant de stratégies de résolution de problèmes que de personnes confrontées à un même problème, bien que, en général, chacun de nous utilise toujours la même. Nous procédons par tâtonnements, en apprenant de nos erreurs. C'est ce que font les jeunes enfants lorsqu'ils essaient de mettre des formes dans leurs trous respectifs. Ils prennent un cube et ils essaient tous les trous jusqu'à ce qu'ils trouvent le bon. Cette stratégie n'est pas très efficace, mais c'est parfois le seul moyen dont nous disposons. Elle peut être utilisée lorsque le problème n'a pas été clairement défini, c'est-à-dire lorsqu'une partie du problème consiste précisément à identifier le problème.

Voici quelques autres techniques de résolution de problèmes :

- **Décomposition du problème** : cette stratégie consiste à décomposer le problème en plusieurs sous-problèmes à résoudre pour aboutir progressivement au résultat final.
- **Recul** : cette méthode consiste à regarder le problème avec une certaine distance pour comprendre comment il est apparu et comment il s'est construit.
- **Brainstorming** : cette technique consiste à générer un maximum de solutions possibles sans aucune barrière. Peu importe que ces solutions semblent peu plausibles, irréalisables, idiotes ou ridicules. Vous vous contentez de les écrire et vous effectuez un tri uniquement à la fin de la séance. Par exemple, pour stopper le réchauffement de la planète, vous pouvez suggérer d'avoir recours au souffle super froid de Superman.
- **Analogies et métaphores** : cette stratégie consiste à faire le parallèle avec un autre problème, déjà résolu, pour s'inspirer des solutions qui y ont été apportées.

Raisonnement et logique

On considère que le raisonnement et la capacité à résoudre des problèmes de façon logique sont les deux principales aptitudes qui distinguent les êtres humains des animaux. En effet, les animaux ne raisonnent pas. Je sais que de nombreuses personnes sont persuadées du contraire et pensent que leur chien peut résoudre des problèmes arithmétiques et aboyer les réponses, mais c'est la vérité. Vous vous souvenez du Dr Spock, dans *Star Trek* ? Il était très logique, mais c'est pourtant le capitaine Kirk qui l'emportait toujours avec ses solutions passionnées basées uniquement sur ses émotions. Tant pis pour la logique et le raisonnement ! Mais ce n'était qu'une série télévisée...

Le « raisonnement » est un processus cognitif qui consiste à tirer des conclusions à partir de prémisses avérées. Prenons, par exemple, les prémisses suivantes : « Tous les camions de pompiers sont rouges » et « Mon père conduit un camion de pompiers. » La conclusion logique est la suivante : « Mon père conduit un camion rouge. » Le raisonnement nous permet de vérifier la validité et la logique de nos conclusions.

Autrement dit, si vos arguments sont logiques, votre raisonnement est bon. Mais si vous dites : « Tous les camions de pompiers sont rouges », « Mon père conduit un camion rouge » donc « Mon père conduit un camion de pompiers », ce n'est pas logique ! La première hypothèse ne dit pas que tous les camions sont rouges, mais simplement que les camions de pompiers sont rouges. Par conséquent, d'autres camions peuvent être rouges. Votre père ne conduit donc pas nécessairement un camion de pompiers. La logique est le baromètre de la validité du raisonnement.

Tous les problèmes de raisonnement ont deux composantes de base :

» **Les prémisses** : propositions admises concernant un objet ou un événement, à partir desquelles des conclusions vont pouvoir être tirées.

» **Les conclusions** : propositions dérivées des prémisses, qui ne sont valides que si elles sont logiques.

Il existe deux principaux types de raisonnement :

» **Raisonnement inductif** : ce type de raisonnement consiste à faire des observations (prémisses) afin de recueillir des informations susceptibles de confirmer ou d'infirmer (validation) un résultat ou une situation hypothétique (conclusion). Par exemple :

  - Lundi, il a plu.
  - Mardi, il a plu.
  - Par conséquent, j'en conclus qu'il pleuvra mercredi.

  Deux observations ou prémisses servent de base à la prévision d'un résultat. Par moments, on se demande si les météorologues n'utilisent pas un raisonnement inductif pour faire leurs prévisions plutôt que la technologie de pointe dont ils disposent...

» **Raisonnement déductif** : ce type de raisonnement s'appuie sur des prémisses qui constituent des preuves de la validité de la conclusion. Une conclusion basée sur un raisonnement déductif est nécessairement valide puisqu'elle repose sur des prémisses valides.

Le processus de déduction va souvent de la généralité au cas particulier. Par exemple :

- Tous les hommes doivent être libres.
- Je suis un homme.
- Donc, je dois être libre.

La conclusion est tirée logiquement à partir des deux prémisses. Elle est logique donc valide. Voici maintenant un exemple de mauvaise conclusion :

- Toutes les poules pondent des œufs.
- Mon oiseau a pondu un œuf.
- Donc, mon oiseau est une poule.

Qu'est-ce qui cloche ? La première prémisse fait référence à un sous-ensemble d'une catégorie : les oiseaux. La seconde prémisse concerne l'ensemble de cette catégorie et fait donc référence à un événement qui n'est pas traité dans la première prémisse. Si vous inversons les deux prémisses, la conclusion est valide :

- Tous les oiseaux pondent des œufs.
- Ma poule a pondu un œuf.
- Donc, ma poule est un oiseau.

Réaction

Jusqu'ici, le processus de pensée est le suivant :

» Stimuli ➔ Mémoire ➔ Réalisation d'opérations

Que reste-t-il ? Le processus de pensée se termine par une phase de réaction. Si vous devez résoudre un problème arithmétique à partir de plusieurs chiffres, vous accédez au concept de soustraction, par exemple, stocké dans votre mémoire, vous effectuez l'opération mentalement, et votre cerveau dit à votre main d'écrire la solution sur le papier. Ce résultat est parfois désigné sous le nom de « programme moteur », car il implique le mouvement de muscles. Le résultat de la soustraction peut d'abord être donné mentalement, puis verbalisé par les muscles de la bouche sous l'action d'un programme moteur.

L'intelligence

Les psychologues essaient de définir l'intelligence depuis longtemps. Il existe de nombreux exemples de manque d'intelligence. Il suffit de regarder Vidéo Gag pour voir un homme oublier de couper l'électricité avant de refaire l'installation électrique d'une pièce ou une femme manquer de se faire manger par un ours polaire en essayant de le nourrir. Si ces mésaventures nous font rire, c'est peut-être parce que ces personnes n'auraient pas pu faire preuve de moins d'intelligence. À moins que nous nous réjouissions simplement de ne pas avoir été à leur place…

Nous sommes tous différents en ce qui concerne nos capacités à résoudre les problèmes, apprendre, penser logiquement, parler correctement, comprendre et acquérir des concepts, gérer l'abstraction, intégrer des idées, atteindre des objectifs, etc. Cette liste impressionnante d'aptitudes constitue, en partie, ce que nous appelons l'« intelligence ».

Si on veut la définir de façon plus concrète, l'intelligence est un ensemble d'aptitudes permettant à un individu d'expérimenter, de penser, d'apprendre et de s'adapter au monde. Cette définition est assez vaste pour inclure des concepts tels que le bon sens, une qualité qui manquerait aux psychothérapeutes d'après un bon nombre de leurs patients.

La théorie des deux facteurs

Malheureusement, tout n'est pas aussi simple. Depuis le début de leurs études sur l'intelligence, les psychologues utilisent des tests psychologiques. Ces tests ont permis de dégager une théorie de l'intelligence basée sur deux facteurs :

» **Facteur général** : les psychologues soumettent à leurs patients un ensemble de tests d'aptitudes mentales. Une fois les résultats obtenus, ils effectuent une moyenne entre toutes les aptitudes et déterminent le facteur d'intelligence général. Le facteur général représente l'intelligence globale de l'individu en fonction de ce type de tests. Ce concept correspond à ce qu'on appelle la « théorie psychométrique » de l'intelligence. « Psycho » signifie psychologique et « métrique » fait référence à une évaluation par un test.

- **Facteurs spécifiques** : les résultats de chaque test représentent les facteurs spécifiques, c'est-à-dire les aptitudes d'un individu dans chaque domaine testé. L'ensemble des facteurs spécifiques constitue le facteur général. Les facteurs d'intelligence spécifiques les plus couramment testés sont la mémoire, l'attention et la concentration, la compréhension verbale, le vocabulaire, les aptitudes spatiales et le raisonnement abstrait.

D'après la théorie psychométrique, l'intelligence est donc le résultat d'un test d'intelligence. Comment est-ce possible ? Chaque test se compose de plusieurs sous-ensembles de tests. En général, les individus qui ont de bons résultats à un test réussissent également les autres tests. Autrement dit, il existe un lien entre les aptitudes évaluées par les différents tests.

Thurston a élaboré une théorie de l'intelligence similaire, qui porte sur les « aptitudes mentales fondamentales » et rejoint le concept des facteurs spécifiques. Pour Thurston, l'intelligence d'un individu peut être représentée par ses différents niveaux de performance dans les sept domaines suivants : compréhension verbale, élocution, manipulation des chiffres, mémoire, aptitudes spatiales, vitesse de perception et raisonnement. Cependant, cette théorie présente plusieurs problèmes. Elle n'a pas fait l'objet d'études approfondies et quelques psychologues ont élaboré des listes de plus de cent aptitudes mentales fondamentales. Il a donc été décidé d'avoir recours à une méthode plus simple.

La théorie triarchique de l'intelligence de Sternberg

Robert Sternberg a mis au point la « théorie triarchique » de l'intelligence en partie dans le but de prendre en compte le bon sens. Un mythe urbain dit qu'Albert Einstein était extrêmement intelligent et doué en mathématiques et en physique, mais qu'il ne savait pas lacer ses chaussures. Je ne sais pas si c'est vrai ou non, mais Sternberg a, en tout cas, considéré que le bon sens ou l'intelligence pratique était un aspect important de l'intelligence. Les trois axes de sa théorie sont les suivants :

- **Intelligence componentielle** : intelligence regroupant essentiellement les facteurs spécifiques évalués par les tests d'intelligence traditionnels (mémoire, élocution, etc.). D'après Sternberg, ces aptitudes sont souvent déconnectées des questions et des problèmes de la vie de tous les jours. Einstein semblait avoir ce type d'intelligence.
- **Intelligence expériencielle** : intelligence relative à l'aptitude de gérer deux différents types de problèmes : les nouveaux problèmes et les problèmes routiniers. Cette intelligence requiert la capacité à distinguer les nouveaux problèmes des problèmes de tous les jours, à chercher et à générer des solutions et à mettre en œuvre ces solutions.
- **Intelligence contextuelle** : intelligence pratique qui permet à un individu de vivre sa vie quotidienne sans traverser la route devant les voitures ni laisser les ordures s'amonceler jusqu'au plafond. Il s'agit du fameux bon sens dont, nous, psychologues, semblons manquer cruellement aux dires de nos clients.

Intelligences multiples

Ne vous êtes-vous jamais demandé ce qui fait de Michael Jordan un si bon basketteur ? Et *quid* de Mozart ? Il a composé plusieurs opéras à la fois sans les noter. Impressionnant, non ? D'après Howard Gardener, ces deux hommes possèdent un type d'intelligence spécifique, qui n'est généralement pas considéré comme de l'intelligence mais plutôt comme du talent.

En 1983, Gardener a mis au point une théorie connue sous le nom d'« intelligences multiples » à partir de l'observation d'individus extrêmement doués et talentueux. Il a identifié sept types d'intelligence, traditionnellement ignorés :

- **Aptitudes physiques-kinesthésiques** : Michael Jordan semble avoir beaucoup d'aptitudes dans ce domaine. Les individus qui sont dans ce cas ont une bonne coordination, un bon sens de l'équilibre, une compréhension et un contrôle de leur corps supérieurs à la moyenne au cours d'activités physiques.
- **Aptitudes musicales** : si vous pouvez taper des pieds et des mains au même rythme, vous avez déjà quelques aptitudes musicales. Les individus particulièrement doués dans ce domaine peuvent lire, composer et jouer de la musique avec une facilité exceptionnelle.
- **Aptitudes spatiales** : vous êtes-vous déjà perdu dans votre propre jardin ? Si oui, vos aptitudes spatiales ne sont probablement pas très développées. Ce type d'intelligence fait référence à la capacité à se situer ou à se déplacer dans l'espace et à visualiser des scènes en trois dimensions.
- **Aptitudes linguistiques** : aptitudes à lire, à écrire et à parler correctement. Les personnes qui s'expriment bien, ainsi que les poètes, les écrivains et les orateurs de talent ont beaucoup d'aptitudes dans ce domaine.
- **Aptitudes logiques-mathématiques** : ce type d'intelligence comprend la capacité à résoudre des problèmes mathématiques de base et complexes.
- **Aptitudes interpersonnelles** : le bagou du vendeur de voitures d'occasion est un bon exemple d'intelligence interpersonnelle. Un individu doué dans ce domaine sait mener une conversation et avoir de bonnes interactions avec les autres.
- **Aptitudes intrapersonnelles** : vous connaissez-vous bien ? L'intelligence intrapersonnelle fait référence à votre capacité à comprendre vos propres motivations, émotions et autres aspects de votre personnalité.

Chaque individu a des degrés d'intelligence variables selon les domaines. Par exemple, peut-être suis-je excellent en sport, en chant et en maths, mais peut-être suis-je aussi susceptible de me perdre dans mon propre jardin, incapable de faire une conversation et le dernier à me rendre compte de mes émotions.

Chapitre 6

Que ressentez-vous ?

DANS CE CHAPITRE :

- **Découvrir pourquoi vous faites ce que vous faites**
- **Vous sentir important**
- **Avoir des hauts et des bas**
- **Connaître le fonctionnement des émotions**
- **Penser avant d'agir**
- **Analyser l'amour et la guerre**

Pourquoi vous levez-vous et allez-vous travailler tous les matins ? Pourquoi ma nièce s'est-elle fait faire un piercing dans le nombril ? Pourquoi votre voisine va-t-elle à la gym ? À quoi servirait la psychologie si nous ne nous posions pas toutes ces questions intéressantes ?

Les raisons pour lesquelles nous faisons ce que nous faisons ne sont pas toujours mystérieuses. Par exemple, nous travaillons pour gagner notre vie. Nous mangeons pour rester en vie. Nous payons nos impôts pour ne pas aller en prison. Tout cela a un sens pour nous et nous n'y pensons pas vraiment. Mais lorsque quelqu'un fait une chose extraordinaire, extrêmement difficile ou horrible, nous nous demandons : « Pourquoi ? »

Nous cherchons souvent les raisons des expériences traumatisantes que nous vivons, surtout si le traumatisme est le fait d'une autre personne. Le traumatisme nous désoriente et nous pousse à chercher des réponses. Ces réponses peuvent nous aider à mettre un terme à ce que nous ressentons. Nous nous interrogeons souvent sur les raisons qui poussent un être humain à agir de telle ou telle façon avec un autre être humain. Mais notre quête de réponses n'est pas nécessairement orientée négativement. Prenons l'exemple de mère Teresa.

Elle a consacré la majeure partie de sa vie à travailler pour les pauvres et les malades d'Inde. Elle a vécu dans la plus grande pauvreté, sacrifiant son confort aux nécessiteux et aux laissés pour compte. Pourquoi a-t-elle fait tout cela ? Le dévouement de mère Teresa était sans limites. Elle a enduré les pires conditions et n'a jamais renoncé. A-t-elle agi par amour de son prochain ? Ses motivations, quelles qu'elles aient été, étaient fortes et inébranlables.

Ce chapitre présente l'approche psychologique de la motivation. Les rouages de la pensée et de l'action ne suffisent pas à expliquer les comportements. Il faut aussi comprendre pourquoi les êtres humains font ce qu'ils font ou, pour le moins, pourquoi ils pensent le faire.

Outre les différentes théories de la motivation, nous allons nous intéresser aux émotions, qui constituent, d'après certains psychologues, les principaux facteurs de motivation. En effet, les émotions jouent un rôle central dans le comportement et les processus mentaux humains. Les raisons pour lesquelles nous faisons ce que nous faisons sont souvent liées à ce que nous ressentons.

Pourquoi les psychologues demandent-ils toujours à leurs patients ce qu'ils ressentent ? Qu'est-ce qu'une émotion ? Le fait d'avoir faim ou d'être fatigué, par exemple, peut être déterminant. Mais attendez une minute. La faim est-elle une émotion ? Et la fatigue ? Il semble que certaines personnes ne reconnaîtraient pas une émotion même si celle-ci tombait du ciel pour s'écraser sur leurs chaussures. D'autres, en revanche, sont trop à l'écoute de leurs émotions. La faim et la fatigue ne sont pas considérées comme des émotions. Mais comme l'alimentation et le sommeil, les émotions sont essentielles à notre survie psychologique.

La motivation

Il est difficile d'imaginer la vie sans la motivation. Sans motivation, vous regarderiez peut-être la télévision toute la journée en mangeant des chips, affalé sur votre divan. Après tout, tout le monde n'a pas envie de sauver le monde ou de trouver un traitement au cancer ! Quoi que nous fassions, notre motivation dépend d'un certain processus psychologique.

Faire confiance à votre instinct

Une plante pousse-t-elle du côté de la lumière parce qu'elle le veut ? Une plante un peu rebelle pousserait-elle du côté de l'ombre juste pour être différente ? Non. Elle ne le pourrait pas, même si elle le voulait. Les plantes poussent du côté de la lumière, parce qu'elles ne peuvent pas s'en empêcher. Elles ont besoin de lumière pour survivre. Par conséquent, elles suivent leur instinct.

Un « instinct » est un comportement automatique et involontaire qui n'a pas fait l'objet d'un apprentissage et survient en réaction à un *stimulus* spécifique. L'être humain a plusieurs types d'instinct, comme l'instinct de survie ou l'instinct maternel. Nos instincts nous motivent, dans le sens où nous faisons ce que nous faisons parce que nous devons le faire. Nous le faisons de façon automatique et involontaire.

James McDougall propose un classement de nos instincts en fonction de leurs objectifs respectifs. Chaque instinct oriente notre comportement en vue de la réalisation d'un objectif précis – comme la survie ! McDougall a identifié de nombreux instincts en identifiant d'abord leurs objectifs, notamment ceux qui consistent à élever un enfant, à chercher de la nourriture et à s'accoupler.

De nombreuses études concernant l'instinct ont été réalisées sur des animaux. Pourquoi les oies sauvages volent-elles vers le sud avant l'hiver ? Parce que leur instinct leur dit de le faire. Konrad Lorenz a longuement observé les comportements instinctifs des animaux. Il a une « approche éthologique » de la motivation et, d'après Petri, un éthologiste, tout comportement instinctif est une réaction à un « *stimulus-clé* ». Passer devant une terrasse de café est un *stimulus-clé* chez moi. La caféine a dû largement contribuer à la survie de mes ancêtres ! Chez l'animal, un *stimulus-clé* peut provenir de l'environnement ou d'autres membres du groupe (« phéromones de déclenchement »).

Les comportements provoqués par un *stimulus-clé* sont des « formes spécifiques de conduite », invariables et automatiques. Parmi ces formes spécifiques de conduite, Konrad Lorenz a identifié ce qu'il a appelé l'« empreinte », c'est-à-dire l'instinct qui lie un jeune animal à celui qu'il reconnaît comme parent. Vous vous souvenez de ce dessin animé dans lequel un bébé canard sort de son œuf et se met à suivre le premier animal qu'il voit bien que ce ne soit pas un canard ?

UN PEU D'ADRÉNALINE AVEC CET OURS ?

Nous pouvons remercier l'évolution pour tous les instincts que nous avons. Au cours de l'évolution de l'humanité, certains comportements ont été naturellement sélectionnés, car ils contribuaient à la survivance de l'espèce. Prenons un exemple : un groupe d'individus vit dans une forêt abritant également des loups, des ours et autres bêtes dangereuses. Parmi les individus de ce groupe, trois hommes et trois femmes rencontrent un loup. Un homme et une femme se sauvent en courant dès qu'ils voient l'ours. Un autre homme et une autre femme sont pétrifiés sur place. Le dernier couple essaie de lutter contre l'ours avec des bâtons et des pierres, mais en vain.

Si l'homme et la femme qui sont partis en courant décident d'avoir un enfant, il y a des chances pour que cet enfant se sauve dès qu'il verra un ours. Les autres couples sont morts, ils ne peuvent donc pas avoir d'enfants. Voilà une illustration assez crue de la façon dont les comportements de survie ont été sélectionnés au cours de l'évolution. Ce sont ceux qui survivent qui se reproduisent. Et cet instinct de survie reste gravé dans le patrimoine génétique de l'espèce.

Satisfaire vos besoins

Nous avons tous appris à vivre en fonction de notre budget. Nous mettons de l'argent de côté pour rembourser nos emprunts et, s'il en reste, nous en gardons un peu pour nos loisirs. Lorsque j'ai commencé à devoir gérer moi-même mon argent, il m'est arrivé quelque chose d'étrange : je me suis demandé si j'avais vraiment besoin du CD ou de la paire de chaussures qui me plaisait. Je me suis mis à évaluer mes besoins et à les classer par ordre de priorité.

Nous dépensons tous notre argent en fonction de nos besoins. Ceux-ci déterminent nos comportements. Ou, plus exactement, c'est la satisfaction de nos besoins qui les détermine, qui nous motive.

Clark Hull a élaboré une théorie de la motivation basée sur la satisfaction des besoins. Les besoins sont générés par deux facteurs : l'« homéostasie » et la « restauration de l'équilibre ». En cas d'homéostasie, les besoins de l'individu sont satisfaits et l'équilibre est atteint. Lorsque les besoins de l'individu ne sont pas satisfaits, celui-ci est déséquilibré et motivé pour restaurer l'équilibre par la satisfaction de ses besoins.

La théorie de Hull est désignée sous le nom de « théorie pulsionnelle », car l'individu est soumis à une pulsion qui le pousse à satisfaire ses besoins. Les « pulsions » sont des motivations orientées vers la satisfaction et l'homéostasie. Il existe deux sortes de pulsions :

» Les besoins biologiques dont la satisfaction est nécessaire à la survie constituent les « pulsions primaires ». La faim, la fatigue et la soif sont des pulsions primaires. Celles-ci jouent un rôle très important dans notre vie de tous les jours. Une grande partie de notre vie est consacrée à la satisfaction de notre faim et de notre besoin de repos.

» Toutes les autres pulsions sont des « pulsions secondaires ». La plupart résultent d'un apprentissage effectué auprès de la famille, de la société et de la culture dans lesquelles nous vivons. Ces pulsions secondaires acquièrent de l'importance lorsqu'elles sont associées aux pulsions primaires. Par exemple, nous allons à l'école et obtenons un diplôme pour avoir une vie aisée et pouvoir subvenir à nos besoins et à ceux de notre future famille. Autrement dit, une pulsion secondaire n'a aucune valeur en soi. Elle ne se justifie que dans la mesure où elle est reliée à une pulsion primaire.

La théorie pulsionnelle a des limites en ce sens qu'elle ne prend pas en compte les besoins qui peuvent sembler périphériques par rapport à notre survie biologique. Est-ce qu'aller faire du surf restaure votre équilibre homéostatique ? Quel besoin primaire le surf satisfait-il ? En y réfléchissant un peu, vous pouvez toujours dire que, si vous n'allez pas surfer, vous serez déprimé, vous ne pourrez plus travailler et vous ne pourrez plus subvenir à vos besoins. Dans ce cas, le surf est une pulsion secondaire située tout au bout d'une longue chaîne d'autres pulsions secondaires. En général, nous ne réduisons pas, du moins pas consciemment, toutes nos activités au plus petit dénominateur commun de notre survie biologique.

Bien qu'il ne s'agisse pas exactement d'une théorie sur l'instinct, la théorie de la motivation d'Abraham Maslow affirme que nos motivations proviennent d'un ensemble de besoins que nous essayons naturellement de satisfaire. D'après Maslow, il existe des besoins plus importants que d'autres. Par exemple, il est plus important de manger que d'avoir une bonne note à un examen.

Maslow a classé les besoins par ordre de priorité dans une pyramide qu'il a appelée la « hiérarchie des besoins » :

- Premier niveau (base de la pyramide) : *besoins physiologiques*, qui concernent la nourriture, l'eau et le sommeil. Ces besoins orientent notre comportement tant qu'ils ne sont pas satisfaits.
- Deuxième niveau : *besoin de sécurité*. Nous avons besoin d'un abri et de protection.
- Troisième niveau : *besoin d'appartenance*.
- Quatrième niveau : *besoin d'estime*. Nous nous mettons dans des situations qui renforcent l'estime que nous nous portons.
- Cinquième niveau (sommet de la pyramide) : *besoin d'accomplissement*, qui fait référence au besoin de se dépasser et de vivre avec un niveau de conscience de soi élevé. Lorsque nous arrivons au sommet de la pyramide, nous faisons une « expérience culminante » : nous ressentons une émotion qui indique notre culmination au plus haut niveau de motivation.

Pourquoi manger un hamburger quand on peut manger une côte de bœuf ?

La « théorie de l'excitation maximisée » est une version améliorée de la théorie pulsionnelle. Au lieu d'être poussés à réduire nos besoins physiologiques au minimum, nous sommes motivés pour atteindre le plus haut niveau de satisfaction possible. Par exemple, lorsque votre corps a besoin d'énergie, vous avez faim et vous êtes motivé pour manger quelque chose. Si l'on s'en tient à la théorie pulsionnelle, un simple hamburger fera l'affaire. Mais pourquoi manger un hamburger quand on peut manger une côte de bœuf ? Vous pouvez satisfaire votre besoin et vous faire plaisir en même temps.

Yerkes et Dodson ont constaté que l'excitation ne doit pas nécessairement être maximale mais optimale, c'est-à-dire adaptée à l'optimisation de nos performances. Si l'excitation est trop importante, nous risquons de perdre nos moyens. D'après la « loi de Yerkes-Dodson », nous devons être ni trop détendus ni trop excités.

Avez-vous déjà fait une présentation devant un groupe ? Étiez-vous nerveux ? À quel point ? Au point de tomber dans les pommes ? Si c'est le cas, vous savez que cette excitation extrême ne contribue absolument pas à l'optimisation des performances. Si vous étiez trop détendu, vous n'avez peut-être pas fait l'effort de bien préparer votre présentation. Dans ce cas, votre performance a pu être tout aussi mauvaise. Il faut un juste milieu.

Téléphoner moins cher : une motivation toute relative

Lorsque j'ouvre ma boîte aux lettres, le soir, en rentrant du travail, j'ai toujours l'espoir de trouver, au milieu des prospectus, une lettre d'un ami que je n'ai pas vu depuis longtemps. Mais non. Très souvent, il s'agit d'un courrier d'un opérateur téléphonique me proposant ses services.

De nombreuses opérations de marketing sont basées sur la « théorie de l'attente », selon laquelle nos motivations dépendent de la récompense potentielle issue d'un certain comportement. Les opérateurs téléphoniques souhaitent que j'associe leurs services à l'attente d'une récompense. C'est un moyen direct mais efficace de me motiver en tant que consommateur.

La « théorie de l'incitation », étroitement liée à la théorie de l'attente, affirme que nous sommes motivés non seulement par l'espoir d'une récompense mais par la possibilité d'éviter des expériences négatives. Personnellement, il me semble plus pénible de changer sans arrêt d'opérateur et de calculer ce qui me coûtera le moins cher que de payer un peu plus cher mon service actuel. Par conséquent, lorsque je reçois un courrier d'un opérateur téléphonique, je le jette directement à la corbeille.

Assumer vos contradictions

Parfois, nous sommes motivés pour faire des choses qui ne sont pas très drôles, comme faire de l'exercice – pour moi, en tout cas, ce n'est pas drôle. Nous nous engageons dans un comportement qui semble, en surface, plus pénible qu'agréable. Cela ne signifie pas que nous ayons un instinct ou un besoin masochiste. Ce genre de motivation peut être expliqué par la théorie des processus opposants.

De nombreuses personnes aiment les plats épicés. Personnellement, j'aime savourer ce que je mange, mais pas vingt minutes après avoir avalé une bouchée. Enfin, chacun ses goûts ! D'après la « théorie des processus opposants », nous ne sommes pas motivés par la réponse immédiate d'un comportement, mais par la réaction qui survient après cette réponse initiale.

À chaque réponse est associée une réaction opposée. Après avoir été exposée à un stimulus pendant un certain temps, la réponse initiale diminue et la réaction opposée se développe. Dans le cas des plats épicés, ce sont les « endorphines » qui provoquent la réaction opposée. Les endorphines sont des analgésiques naturels, libérés par le corps pour combattre la douleur. Les épices brûlent chimiquement la langue et le corps combat cette sensation de brûlure. L'intervention des endorphines apporte une sensation d'apaisement. Ainsi, les personnes qui aiment les plats épicés pensent aimer les épices, mais, d'après la théorie des processus opposants, ce sont des accros des endorphines qui se brûlent la langue simplement pour bénéficier de la réaction opposée.

Les émotions

Jusqu'à présent, aucune des théories de la motivation n'a pris en compte le pouvoir des émotions à provoquer l'action. Pourtant, l'émotion et la motivation sont étroitement liées. Lorsque nous avons un besoin, nous sommes motivés pour le satisfaire. Lorsque notre estomac gargouille, nous prenons conscience de notre besoin : nous savons que nous avons faim.

Mais comment sommes-nous conscients de nos besoins psychologiques, comme l'estime ? Ce sont nos émotions qui nous disent que nos objectifs motivationnels sont insatisfaits (la déception, par exemple) ou satisfaits (la joie, par exemple).

Une « émotion » est un phénomène complexe qui se compose de trois éléments liés entre eux :

- **Expérience subjective** : votre expérience de la tristesse consiste peut-être à pleurer et à manquer d'énergie ou de motivation. C'est votre expérience de la tristesse ; elle est subjective.
- **Réponse physiologique** : toutes les émotions donnent lieu à des réponses issues du cerveau et du système nerveux. Lorsque nous sommes en colère, notre cœur bat plus vite et notre respiration s'accélère. Lorsque nous sommes tristes, nous nous sentons fatigués.
- **Composante expressive** : chaque émotion est exprimée et communiquée de façon unique. Les expressions faciales, le langage corporel, la position, les mots, les locutions, les gestes et beaucoup d'autres moyens d'expression accompagnent et communiquent l'expérience d'une émotion.

LES ÉMOTIONS NOUS AIDENT À FONCTIONNER

Les émotions nous permettent de savoir si nous avons atteint nos objectifs ou non, mais elles jouent aussi d'autres rôles. Par exemple, elles peuvent nous avertir du danger. Gavin De Becker fait l'éloge de cette fonction dans son livre intitulé *La Peur qui vous sauve*. En effet, la peur peut nous sauver la vie. Cette émotion nous prévient de la présence d'un danger dont nous n'étions peut-être pas conscients. De Becker nous invite à être davantage à l'écoute de cette petite voix, car c'est un outil de survie.

Les émotions positives peuvent aussi nous apporter un soulagement après les épreuves que nous traversons. Le bonheur est une émotion agréable. À quoi ressemblerait notre vie si nous n'étions jamais heureux ? Elle n'aurait aucun sens. Il est plus facile d'avoir de bonnes relations avec quelqu'un qui est heureux. Le bonheur peut conduire à une vie sociale agréable, à une histoire d'amour, à la naissance d'enfants, et à la transmission des gènes du procréateur heureux. Les émotions font de nous des partenaires plus attrayants et nous permettent de nous intégrer socialement.

La « psychologie évolutionniste » prend en compte les émotions. Les adeptes de cette approche considèrent les comportements et les processus mentaux comme des réponses d'adaptation qui se sont développées au cours de la sélection naturelle. Et ils pensent que les émotions font partie de ce processus d'adaptation.

Cosmides et Tooby affirment que nous possédons un vaste ensemble de programmes comportementaux et mentaux (comme des programmes informatiques) qui nous permettent de relever les défis de la survie. Chaque programme fonctionne indépendamment des autres, ce qui représente un véritable cauchemar logistique. Si vous pensez que se préparer pour aller faire du camping est une tâche difficile du point de vue logistique, vous n'avez encore rien vu ! Essayez de coordonner tous les processus comportementaux et mentaux que nous possédons et vous verrez… C'est là que les émotions entrent en jeu. Cosmides et Tooby considèrent nos émotions comme des « programmes maîtres », dont la fonction est d'organiser et d'intégrer tous ces comportements et ces pensées. Nos émotions ont donc un rôle régulateur. Elles nous permettent de savoir ce que nous devons faire dans une certaine situation et nous disent si nous avons atteint ou non un objectif déterminé.

Qui intervient le premier : le corps ou le mental ?

Si les émotions se composent de trois éléments (expérience subjective, réponse physiologique et composante expressive), lequel de ces éléments intervient en premier ? Est-ce que vous vous sentez en colère avant que vos muscles ne se crispent ? Est-ce que vous affirmez que vous êtes en colère avant de vous en rendre réellement compte ? Il est difficile d'être conscient du processus émotionnel – c'est un peu comme l'histoire de l'œuf et de la poule. Il existe trois grandes théories sur l'ordre d'intervention des différents éléments d'une émotion.

- D'après la « théorie de James-Lange », lorsque nous sommes soumis à un stimulus qui conduit à une réaction émotionnelle, notre corps est le premier à réagir. Nous avons tous un ensemble de réactions physiques automatiques face aux stimuli émotionnels. Nos mécanismes sensoriels réagissent en envoyant des signaux aux centres émotionnels de notre cerveau, ce qui crée une excitation. Après cette réaction physiologique, notre cerveau analyse ce qui se passe. Enfin, après les phases d'excitation et d'évaluation, l'expérience subjective de l'émotion a lieu. Notre cerveau reconnaît la peur, par exemple, après avoir interprété une longue chaîne de réactions physiologiques. Une fois que nous avons reconnu notre expérience de l'émotion, nous sommes capables d'exprimer cette expérience.

  D'abord, vous voyez l'ours. Ensuite, votre cœur se met à battre la chamade et d'autres réactions physiologiques liées à la peur surviennent. L'analyse est la suivante : « Mon cœur bat la chamade... Je me sauve en courant... Je dois avoir peur. » Ce n'est qu'après l'analyse que vous êtes capables de communiquer : « J'ai peur ! »

- La « théorie de Cannon-Bard » est une variante de la théorie de James-Lange. Elle affirme également que nous réagissons physiologiquement aux stimuli avant de faire l'expérience subjective de l'émotion. En revanche, elle ne reprend pas l'idée que l'activation musculaire et les actions consécutives (comme se sauver en courant) sont les premiers processus physiologiques à intervenir.

Certaines parties du cerveau, considérées comme les moins élaborées, sont activées les premières. Ensuite, ces parties envoient simultanément des signaux aux trois zones les plus élaborées du cerveau : la zone d'excitation, la zone d'évaluation et la zone d'expérience. Contrairement à la théorie de James-Lange, la théorie de Cannon-Bard considère que l'excitation, l'analyse, l'expérience et l'expression ont lieu simultanément, mais seulement après l'activation de zones du cerveau plus primaires. Ainsi, vous voyez l'ours, les zones primaires de votre cerveau s'activent, et vous fuyez, analysez votre fuite, prenez conscience de votre peur et criez : « À l'aide ! » dans le même temps. (Pour en savoir plus sur le cerveau, reportez-vous au **chapitre 2**).

» Comme si tout cela n'était pas déjà assez compliqué, Schacter et Singer ont élaboré une troisième théorie concernant le processus émotionnel. La « théorie de Schacter & Singer » reprend des éléments des deux théories précédentes mais apporte encore une petite variante. Au lieu d'une réaction initiale du corps ou des zones primaires du cerveau précédant le processus d'évaluation, les réactions physiologiques et l'évaluation cognitive sont simultanées. Elles créent une boucle de réactions en chaîne et coproduisent l'expérience subjective de l'émotion. Les informations relatives à la situation et à l'environnement sont utilisées dans le processus d'évaluation. L'excitation émotionnelle est considérée comme « générique » (et non spécifique d'une certaine émotion) jusqu'à ce que l'évaluation soit terminée.

L'expression

Lorsqu'un homme sourit, est-il content ? Et lorsqu'une femme vous regarde fixement, gonfle la poitrine et se met à rougir, pouvez-vous deviner l'émotion qu'elle ressent ? Bien sûr que oui ! Toutes les émotions ont un aspect expressif et communicatif qui se compose de signaux verbaux, d'expressions faciales, de regards et autres mouvements corporels et expressions non verbales.

Certains experts pensent que la composante expressive des émotions est innée. Notre capacité à discerner ce qu'un individu ressent en observant ses expressions l'est aussi. Certaines expressions émotionnelles semblent être universelles, comme sourire lorsqu'on est content et froncer les sourcils lorsqu'on est contrarié.

Notre culture joue aussi un rôle important dans la façon dont nous exprimons nos émotions et dans la pertinence de l'expression de nos émotions. Certaines situations empêchent traditionnellement l'expression de certaines émotions. Par exemple, nous ne rions pas aux enterrements et nous ne nous mettons pas en colère contre quelqu'un qui vient de nous offrir un cadeau.

Notre façon de parler exprime nos émotions de différentes manières :

- **Débit** : notre débit peut s'accélérer ou ralentir selon ce que nous ressentons.
- **Ton** : le ton de notre voix en dit long sur les émotions qui nous traversent.
- **Volume** : le volume de notre voix varie selon nos émotions. Par exemple, lorsque nous sommes en colère ou excités, nous parlons plus fort.

Si vous voulez paraître calme lorsque vous êtes en colère, faites l'effort de parler lentement, bas et sur un ton doux. Si vous cherchez à intimider quelqu'un, parlez rapidement, fort et sur un ton agressif. Cette façon de parler montrera que vous êtes en colère.

Les êtres humains ressentent toutes sortes d'émotions : la peur, la tristesse, l'allégresse et le dégoût, pour n'en nommer que quelques-unes. Réfléchissez à votre vie : quelles sont les émotions que vous ressentez le plus souvent ? En tant que thérapeute, j'ai vu toute la gamme des émotions humaines, mais l'amour et la colère sont les plus courantes. Mes patients veulent connaître l'amour, obtenir l'amour de quelqu'un, donner leur amour, etc. Et ils veulent aussi exprimer leur colère dans un lieu où ils ne sont exposés à aucune riposte.

Les deux principales émotions : l'amour et la colère

C'est l'amour qui fait tourner le monde. À moins que ce ne soit l'argent… Quoi qu'il en soit, il exerce un grand pouvoir sur la plupart des êtres humains. Nous voulons connaître l'amour, que nous l'admettions ou non. C'est si bon d'aimer et d'être aimé… Je pense que nous aurions du mal à soutenir qu'il y a bien trop d'amour dans ce monde !

Si vous pensez que l'amour est magique, j'espère ne pas faire éclater votre bulle avec l'analyse psychologique que je vais en faire. Hatfield et Rapson ont identifié deux types d'amour :

- **Amour passionnel** : amour intense à connotation sexuelle ou sentimentale. C'est le genre d'amour que Roméo portait à Juliette (et vice versa) et non celui que vous éprouvez pour votre grand-mère.
- **Amour compassionnel** : amour que vous portez à vos amis et aux membres de votre famille. Il n'y a pas de passion dans cet amour mais un fort degré d'attachement, d'engagement et d'intimité.

Robert Sternberg, quant à lui, a identifié six formes d'amour. Ces formes se distinguent les unes des autres en fonction du degré de « passion » (fort désir de l'autre et espoir d'une vie sexuelle épanouissante), d'« engagement » (conviction que l'autre sera toujours là quoi qu'il arrive) et d'« intimité » (possibilité de partager ses sentiments les plus profonds et ses pensées les plus secrètes avec l'autre).

Les six formes d'amour basées sur ces différents niveaux de passion, d'engagement et d'intimité sont les suivantes :

- **Relation** : de l'intimité, mais pas de passion ni d'engagement. La relation d'un individu avec son thérapeute est un bon exemple de cette forme d'amour. Vous pouvez faire part de vos pensées et de vos émotions à votre thérapeute sans qu'il existe aucune passion ni aucun engagement entre vous.

DRÔLE D'INJECTION

Wallace et Goldstein ont réalisé l'expérience suivante : les sujets ont reçu une injection d'adrénaline destinée à activer leur système nerveux sympathique. Certains connaissaient les effets de l'injection, d'autres avaient reçu de fausses informations, et d'autres encore ne disposaient d'aucune information. Les sujets ont ensuite été répartis en deux groupes : un groupe en situation de colère et un groupe en situation d'euphorie. Le premier groupe a dû remplir un questionnaire insultant, conçu pour mettre les sujets en colère. Le deuxième groupe a été placé dans une pièce occupée par un chercheur qui riait, souriait et s'amusait beaucoup.

Les deux groupes ont reçu la même injection. Par conséquent, les corps de tous les sujets ont produit la même réaction physiologique et le même type d'excitation. Mais tous les sujets ont-ils perçu cette excitation comme étant la même émotion ? Qu'en pensez-vous ? Les sujets du groupe en situation de colère ont affirmé être en colère, et les sujets du groupe en situation d'euphorie ont affirmé être joyeux. N'oubliez pas que les deux groupes étaient soumis à la même excitation physiologique. Par conséquent, leur expérience de l'émotion s'est basée uniquement sur les signes environnementaux appliqués à l'expérience générique de l'excitation du système nerveux autonome. Comme le suggère la théorie de Schacter & Singer, les sujets ont apparemment interprété leur excitation physiologique en fonction de l'évaluation de la situation ou du contexte.

- **Toquade** : de la passion, mais pas d'intimité ni d'engagement. Cette forme d'amour s'apparente à la luxure. C'est l'amour d'une seule nuit.
- **Amour vide** : un engagement mais pas de passion ni d'intimité. Certains couples mariés ont un engagement l'un vers l'autre, par nécessité ou par commodité, et restent ensemble malgré le manque de passion et d'intimité.
- **Amour indigent** : un fort degré d'engagement et de passion mais très peu d'intimité. C'est le genre d'amour que semblaient partager Roméo et Juliette. Je ne vois pas comment ils auraient pu être intimes, alors qu'ils n'ont jamais vraiment eu la possibilité de se parler.

- **Amour compassionnel** : un engagement et de l'intimité mais pas de passion. Cette forme d'amour incarne une amitié authentique et profonde.
- **Amour accompli** : une passion dévorante, un engagement solide et une profonde intimité – la totale !

L'amour trouve-t-il ses fondements dans l'enfance ? Certains psychologues pensent que nos relations amoureuses découlent de nos attachements d'enfants. Les enfants qui vivent un attachement sain auront des relations amoureuses plus matures, basées sur un fort degré d'intimité et de confiance, et ne redouteront pas l'interdépendance. En revanche, les enfants qui vouent un attachement ambivalent ou angoissé à leurs parents pourront « tomber amoureux » trop facilement, c'est-à-dire rechercher dès le départ une proximité extrême et réagir intensément aux risques, réels ou non, d'abandon. Le personnage de Glenn Close dans Liaison fatale doit avoir eu un problème d'attachement au cours de son enfance. Enfin, les enfants qui évitent les interactions sociales auront sans doute des difficultés à avoir des relations intimes à l'âge adulte.

Hatfield et Rapson pensent que nous possédons tous des modèles d'amour sous la forme de schémas mentaux. Ces modèles se forment très tôt et sont révisés et consolidés au fil des ans, au fur et à mesure de nos relations avec les autres. Ils déterminent notre façon de voir l'amour et nos attentes dans le cadre d'une relation amoureuse.

Voici six schémas d'amour s'appliquant aux relations sentimentales. Ces schémas se distinguent les uns des autres en fonction du degré d'indépendance ou d'intimité recherché et de l'impatience de l'individu à vivre une relation amoureuse.

- **Amour de passage** : pas d'attaches. Vous recherchez une relation sans contrainte. Vous pouvez toujours rêver !
- **Amour de l'infirmière** : vous recherchez l'intimité (un peu trop) et redoutez l'indépendance. Infirmière, êtes-vous là ?
- **Amour volage** : mal à l'aise aussi bien avec l'intimité qu'avec l'indépendance, vous ne savez pas choisir. Tirez à pile ou face !

- » **Amour serein** : vous êtes à l'aise aussi bien avec l'intimité qu'avec l'indépendance. Vous ne précipitez pas les choses...
- » **Amour frivole** : vous redoutez l'excès d'intimité et recherchez avant tout l'indépendance. Ne fuyez pas !
- » **Pas intéressé** : les relations amoureuses, ce n'est pas votre truc.

Tout le monde a une opinion sur chacun de ces schémas d'amour. Mais on ne peut pas juger les individus en fonction du schéma qu'ils préfèrent. Chaque schéma semble s'appliquer à une certaine période de la vie et, au bout du compte, nous recherchons tous le schéma de l'amour serein. Lorsqu'un individu a le sentiment que son schéma lui cause des problèmes, la psychothérapie peut l'aider.

La colère est aussi une émotion qui mérite toute notre attention. En général, nous n'exprimons pas notre colère de façon saine. Nous l'exprimons de façon inappropriée et extrême. Mais c'est une émotion naturelle qui joue un rôle aussi important que l'amour dans nos relations avec les autres.

D'où vient la colère ? Il existe de nombreuses théories à ce sujet. La première affirme que la colère est une conséquence des émotions négatives ou douloureuses. Toutes sortes de choses peuvent conduire à des émotions négatives : des conditions physiques pénibles, la douleur physique, la limitation des mouvements et même le bruit. Selon les experts, nous pouvons nous mettre en colère dans les situations suivantes :

- » Dépression. Les personnes dépressives sont davantage exposées à la colère. Même la tristesse et le chagrin peuvent conduire à la colère. Il n'est pas rare de voir un individu se mettre très en colère lorsqu'il apprend qu'un de ses proches est décédé.
- » Impossibilité de mener à bien un projet. Sroufe suggère l'existence d'un « système de colère ». Ce système fonctionne comme une cocotte-minute. Plus nous réfrénons notre colère, plus elle augmente. Résultat : nous finissons par exploser. Cette théorie ne précise pas où se situe le point de non-retour.

- Séparation d'avec la personne à laquelle nous sommes attachés. Cette théorie se base sur l'observation des réactions de jeunes enfants séparés de leurs mères. Cela dit, elle s'applique aussi aux adultes. En effet, une personne adulte peut se mettre en colère lorsque son (sa) partenaire la quitte.

Bien qu'elle puisse être destructrice, la colère est une émotion importante et bien fondée qui peut avoir des côtés positifs. Elle contribue à l'autodéfense en empêchant un individu d'agir agressivement envers un autre. Par exemple, si une personne vous menace, votre colère peut la décourager. Cela dit, n'oubliez pas que certaines personnes réagissent à la colère en faisant preuve d'encore plus de colère. Cette émotion peut mobiliser beaucoup d'énergie physique en très peu de temps. En outre, elle peut développer l'ambition.

La colère n'est pas nécessairement destructrice si elle s'exprime de façon appropriée et constructive. Des études montrent que les enfants qui expriment correctement leur colère ont moins de problèmes émotionnels et sociaux une fois adultes. Les nourrissons utilisent cette émotion pour montrer qu'ils ont besoin de quelque chose, de manger, par exemple.

4

La psychologie sociale

« COMMENT PEUX-TU NE PAS AVOIR CONFIANCE EN TOI ? TU PORTES DES LUNETTES DE SOLEIL VERSACE, UN SWEAT-SHIRT TOMMY HILFIGER, UN JEAN CALVIN KLEIN ET LES BASKETS DE MICHAEL JORDAN. ALLEZ, SORS ET SOIS TOI-MÊME ! »

DANS CETTE PARTIE...

La quatrième partie présente la psychanalyse et les travaux de Sigmund Freud. Elle commence par la structure de base du psychisme et se poursuit avec la théorie freudienne du développement psychosexuel et une description des mécanismes de défense, comme la dénégation et le refoulement.

Vous découvrirez ensuite la théorie de la personnalité et les types de personnalité les plus courants. Divers aspects sociaux, comme l'indique le titre de cette partie, sont aussi abordés, notamment la connaissance de soi, la construction de l'identité, la formation de relations et la communication. Vous comprendrez l'influence que les autres exercent sur notre comportement, notamment en groupe. Enfin, vous aurez un aperçu de la psychologie du développement, avec un panorama du développement de l'individu, de la conception à l'adolescence.

Chapitre 7

Se mettre dans l'ambiance avec Freud

DANS CE CHAPITRE :

- **Construire la structure de la personnalité**
- **Explorer la psyché**
- **Atteindre la maturité sexuelle**
- **Se défendre**

À qui pensez-vous en premier lorsqu'on vous parle de psychologie ? Certainement à Sigmund Freud ! Est-ce parce qu'il était aussi séduisant que Sean Connery ? Non, pas exactement. C'est plutôt parce que ses idées sont encore omniprésentes. Elles sont reprises partout : dans les films, dans l'art, parfois même dans la conversation courante. Freud s'est, par exemple, beaucoup intéressé aux lapsus ! Nous en faisons tous de temps à autre ; certains sont plus graves que d'autres. Avez-vous déjà appelé quelqu'un par le prénom d'une autre personne justement parce que vous étiez en train de penser à celle-ci (je ne vous recommande pas de le faire si vous êtes marié) ?

Bref, bien qu'il ne soit pas aussi connu que Coca-Cola ou Nike, le nom de Freud nous est quand même familier. Vous avez certainement vu et entendu les divagations anxieuses de Woody Allen. C'est une parfaite illustration des idées de Freud sur les mécanismes de défense psychologiques et sur l'angoisse psychique. Et je suis sûr que vous avez déjà eu affaire à un chef « anal » qui vous stressait au plus haut point en se focalisant sur la moindre erreur dans votre travail. La découverte de Freud est considérable. Mais de quoi parle-t-il exactement ?

Avoir de la personnalité

Freud a mis au point l'une des théories les plus complètes sur la personnalité humaine. La profondeur de son analyse et l'éventail de ses idées n'ont pas encore été égalés. Mais qu'est-ce que la personnalité, au fond ? Nous parlons constamment de celle des autres. Vous avez certainement entendu des gens dire à propos d'un individu : « C'est une forte personnalité ! » La « personnalité », c'est en fait l'organisation des composantes psychologiques et physiques d'un individu qui créent et déterminent ses traits et ses comportements uniques.

Voici quelques points importants à retenir :

- La personnalité est aussi bien physique que psychologique. C'est une partie de notre esprit et de notre cerveau.
  - Nous savons tous que les mauvais traitements psychologiques ou mentaux sont aussi graves que la maltraitance physique et qu'ils peuvent avoir une influence sur notre personnalité, puisqu'ils touchent notre esprit et notre vie mentale.
  - Pour ce qui est de l'aspect physique de notre personnalité, prenons l'exemple d'un accidenté de la route. Si son cerveau a été touché, sa personnalité risque également de changer. Il peut se montrer plus grognon qu'avant ou plus spontané et insouciant.
- Notre personnalité détermine ce que nous faisons. C'est ce qui se passe dans notre esprit et dans notre cerveau qui définit notre façon d'agir, de parler, de ressentir et de percevoir le monde.
- Votre personnalité, c'est ce qui vous rend unique. Des dizaines ou des milliers de personnes dans le monde portent peut-être le même nom que vous ou vous ressemblent physiquement, mais aucune n'a une personnalité identique à la vôtre. Si, en sortant du travail, vous allez à une fête, serez-vous la même personne qu'au bureau ? Oui, même si vous vous comportez un peu différemment ! C'est parce que votre personnalité, cet ensemble unique de composantes psychologiques et physiques, détermine qui vous êtes.

Dans ce chapitre, nous passerons en revue les idées de Freud sur la mémoire, les instincts et les fameux mécanismes de défense (travaux de sa fille, Anna Freud). Et nous verrons comment tous ces phénomènes contribuent à faire de nous ce que nous sommes, c'est-à-dire les détenteurs d'une personnalité unique en son genre. Évidemment, nous ne pouvons pas parler de Freud sans évoquer sa théorie sur le développement psychosexuel et ses idées concernant Œdipe et le sexe.

Vos souvenirs uniques

Quel type de personnalité auriez-vous si quelqu'un effaçait tous vos souvenirs ? Votre premier anniversaire, votre premier jour à l'école, votre mariage ? Vous seriez sans doute juste bon à dormir, manger et errer. Freud a bien senti que nos souvenirs et leur organisation dans notre esprit étaient des composantes essentielles de notre personnalité. Il a distingué trois niveaux fondamentaux de notre mémoire selon notre degré de conscience du contenu de chaque partie : le conscient, le préconscient et l'inconscient.

Le conscient et le préconscient

Le conscient correspond à la conscience active. Ici, je suis conscient de tout ce qui constitue l'instant présent, comme le livre posé sur mon bureau, sa couverture jaune, le clavier et ses rangées de caractères, et les gargouillis de mon ventre parce que je n'ai rien mangé depuis six heures. Ma « conscience active » est dominée par ce que j'entends, ce que je vois et ce que je ressens (mon mal de tête, par exemple, même si j'essaie de l'ignorer).

Le « préconscient » est constitué de souvenirs ordinaires tels que les anniversaires, les fêtes, mais aussi l'art de faire du vélo. Nous sommes rarement conscients des souvenirs dans notre préconscient, sauf si nous les activons délibérément. Cependant, ils jouent un rôle important dans le façonnement de notre personnalité.

L'inconscient

L'« inconscient » contient les souvenirs et les expériences dont nous ne sommes pas conscients. Ils sont enfouis tout au fond de notre esprit et ne sont pas facilement accessibles. La prochaine fois que vous ne saurez pas répondre à une question, dites tout simplement que la réponse est bloquée dans les profondeurs de votre inconscient ! Il y a des milliers voire des millions de choses qui pénètrent dans votre esprit et dont vous n'êtes pas conscient.

En fait, selon Freud, l'inconscient est rempli de pensées, idées et souvenirs trop troublants ou dérangeants pour rester dans la conscience active. C'est donc là que vous gardez vos sentiments les plus sincères, qui n'ont pas été filtrés ou modifiés par les arrangements de la vie quotidienne. Votre inconscient ne ment pas. La prochaine fois que quelqu'un vous demande ce que vous pensez de sa coiffure, dites-lui ce que votre inconscient vous dicte. C'est dans votre inconscient que résident vos désirs et vos conflits les plus profonds et les plus élémentaires. C'est le royaume de secrets tellement enfouis que vous n'en êtes même pas conscient.

En fonction de vos souvenirs et de leur organisation dans vos niveaux de conscience, vous risquez d'être une personnalité complètement différente de ce que vous pensez. Vous êtes peut-être le type qui est assis en face de vous au café, qui sait ? Ne vous inquiétez pas, vous n'êtes pas un robot anonyme. Vos souvenirs conscients, préconscients et inconscients contribuent à faire de vous un être unique. Ils vous donnent cette personnalité spéciale que tout le monde – tout du moins votre mère – apprécie.

Le Ça, le Moi et le Surmoi

Freud aurait été un parfait scénariste pour Hollywood. Son histoire de la personnalité rassemble tous les ingrédients nécessaires à un bon scénario : le désir, le pouvoir, le contrôle et la liberté. L'intrigue est complexe et les personnages sont rivaux. Notre personnalité représente une sorte de pièce de théâtre qui se joue dans notre esprit. Nous sommes le produit de l'interaction entre les forces et les structures de notre mental. Les Grecs pensaient que chaque individu était un acteur du scénario écrit par les dieux de l'Olympe. Pour Freud, nous sommes simplement les acteurs du scénario de notre esprit, poussés par le désir, freinés par la conscience. Sous la surface, notre personnalité représente les luttes de pouvoir qui se livrent au plus profond de nous. Trois acteurs principaux jouent cette pièce de théâtre :

» **Le Ça** : le siège de nos pulsions.

» **Le Moi** : il négocie avec le Ça et fait plaisir au Surmoi.

» **Le Surmoi** : il nous maintient sur le droit chemin.

Chacun de ces personnages a une idée bien précise du dénouement de l'histoire. Leurs luttes sont alimentées par des motifs puissants et chacun défend sa part.

Je veux donc je suis

La composante structurelle initiale de la personnalité selon Freud, c'est le « Ça ». Avez-vous déjà été submergé par une pulsion ou un désir si fort qu'il devait être satisfait immédiatement ? Une nouvelle voiture, un désir sexuel, le job rêvé ? Bien sûr. Mais d'où vient ce désir ? D'après Freud, il vient de cette partie de notre personnalité appelée le Ça, qui est situé dans les profondeurs de notre esprit. Regardez autour de vous avec attention. Observez vos collègues, votre chef : le Ça est en chacun de nous, et la vieille dame qui attend si tranquillement son bus n'échappe pas à la règle. Sous ses airs de grand-mère paisible se cache un être bouillonnant de désirs.

Le Ça comprend toutes nos pulsions animales et primitives qui ne demandent qu'à être satisfaites. C'est notre côté Mr. Hyde qui prend parfois le dessus sur un docteur Jekyll plus mesuré. C'est le petit diable qui s'assoit sur notre épaule et nous incite à succomber à la tentation. Chaque fois que je vois un enfant égoïste et trop gâté piquer une crise dans un magasin pour avoir un jouet, je sais que son Ça est à l'œuvre.

Le Ça est une sorte de conteneur qui rassemble nos désirs. Poussé implacablement par une force que Freud appelle la « libido » – l'énergie collective des instincts de vie et de la volonté de survivre – le Ça doit être satisfait. Nous sommes tous nés avec un Ça vigoureux. Il est indifférent et insensible aux contraintes extérieures à notre esprit. Lorsqu'un bébé a faim, vraiment faim, va-t-il attendre sagement que quelqu'un daigne le nourrir ? Tous ceux qui ont été tirés du lit au milieu de la nuit par les pleurs de leurs enfants connaissent bien la réponse.

Mais je ne veux pas m'acharner sur le Ça. Qui serions-nous sans nos désirs ? Ce sont eux qui nous poussent à avancer et à chercher ce dont nous avons besoin pour survivre. C'est ce que le Ça fait pour nous. Sans lui, nous mourrions ou du moins nous nous ennuierions. Alors, n'oubliez pas qu'une grande partie de votre personnalité est constituée par vos désirs et vos tentatives pour les assouvir.

Bienvenue dans le Moi

Vous aimeriez bien avoir tout ce que vous voulez, quand et comment vous le voulez ? Malheureusement, vous savez à quel point il est frustrant de ne pas pouvoir assouvir un désir ou de le réprimer. Vous pouvez rejeter la responsabilité sur votre « Moi ». Le Moi est le deuxième mécanisme mental de la personnalité. Sa fonction principale est de faire l'intermédiaire entre les demandes du Ça et le monde extérieur, la réalité, en d'autres termes.

De là à penser que, sans la réalité, nous serions tous beaucoup plus satisfaits, il n'y a qu'un pas. Pourtant, même si le Moi est en conflit avec le Ça, il ne renonce pas pour autant à toute satisfaction. Il s'apparente à un coach chargé de la carrière d'un sportif de haut niveau. Si celui-ci exige des millions, le coach est là pour lui rappeler qu'à demander trop cher, il risque de perdre un contrat. Ainsi, le Moi négocie avec le Ça afin de le satisfaire sans que cela revienne trop cher à long terme. Le Moi effectue un travail important pour convertir et transformer les forces puissantes du Ça en modes de satisfaction plus utiles et réalistes. Il essaie de neutraliser le pouvoir du Ça en le régulant, afin d'obtenir une certaine satisfaction tout en tenant compte des limites imposées par la réalité.

Le jugement dernier

Comme si ce n'était pas assez difficile de servir d'arbitre entre le Ça et la réalité, le Moi est en plus constamment observé par un juge impitoyable, le « Surmoi ». Pendant que le Moi négocie avec le Ça pour éviter une autre crise, le Surmoi juge sa performance. Il attend de notre Moi qu'il soit assez fort et efficace pour lutter contre la libido.

En général, notre conscience nous vient de nos parents. Lorsque nous grandissons, nous intériorisons leurs valeurs, ces mêmes valeurs qui font que nous nous sentons coupables lorsque nous mentons ou fraudons. Mais est-ce que tout le monde est doté d'une conscience ? Certains personnages de l'histoire ont commis de tels actes de barbarie que nous nous demandons parfois s'ils en avaient une. Comment les tueurs en série peuvent-ils commettre de tels crimes ? On suppose qu'ils n'ont pas la capacité de se sentir coupables. Ainsi, rien ne les empêche de donner vie à leurs fantasmes les plus violents. Un psychiatre célèbre a dit qu'un homme diabolique fait ce qu'un homme bon rêve de faire.

Tout tourne autour du sexe !

Cela pourrait presque faire les gros titres dans la presse : « Le plaisir sexuel alimente le développement de la personnalité ! » C'est du moins ce que pensait Freud, qui a placé le plaisir au centre de sa théorie sur la sexualité. Qu'est-ce qui rend notre personnalité si différente des autres ? Freud a découvert que c'est dans l'enfance et la petite enfance qu'il faut chercher la réponse. Eurêka ! L'enfance, c'est la destinée ! La personnalité avec laquelle vous vivez, celle qui fait du charme pour obtenir un rendez-vous, remplit des listes, ne laisse rien faire aux autres et veille à ce que la salle de bains soit toujours étincelante, a été façonnée pendant l'enfance et la petite enfance. En fait, selon Freud, vous étiez déjà un produit fini et unique au moment de la puberté.

Mais qu'est-ce qui fait de vous un être unique ? Avez-vous déjà remarqué à quel point les petites annonces de la rubrique

« Rencontres » des journaux sont vagues ? « Jeune femme célibataire cherche compagnon, non-fumeur de préférence, pour promenades sur la plage et bons moments à partager. » Je ne sais pas ce que vous en pensez, mais je me demande toujours ce qui se cache derrière de telles généralités. Qui est vraiment cette femme ? Sera-t-elle encore attrayante après les premiers rendez-vous ? Quels sont ses petits côtés à elle ? S'étrangle-t-elle en riant ? Passe-t-elle trop de temps à parler d'elle ? L'ordre qui règne dans son appartement ressemble-t-il à celui d'une caserne ? Derrière le masque générique que nous portons tous, il y a ce qui nous distingue, nos petits côtés à nous !

D'après Freud, notre caractère unique et nos traits distinctifs sont le produit du développement de notre personnalité pendant l'enfance. Enfants et même adolescents, nous passons par une série de stades qui nous font grandir et mûrir :

- **Le stade oral** : de la naissance à 18 mois.
- **Le stade anal** : de 18 mois à 3 ans.
- **Le stade phallique** : de 3 ans à 7-8 ans.
- **La période de latence** : de 7-8 ans à la puberté.
- **Le stade génital** : de la puberté à l'âge adulte.

C'est comme si cinq personnalités miniatures, durant quelques années, se succédaient en nous jusqu'à ce que nous atteignions la maturité. À chaque stade, nous devons relever un défi et, si nous y parvenons, nous acquérons une personnalité mature. Cependant, si nous échouons à l'un des stades, nous y resterons bloqués. C'est de là que vient notre caractère unique – de notre fixation sur un stade particulier du développement de notre personnalité.

À chaque stade, nous sommes concentrés sur une partie précise de notre corps appelée « zone érogène ». C'est comme si nous focalisions sur notre torse musclé à vingt-huit ans et sur nos poignées d'amour à trente-huit. Chacun marque une période différente de notre vie. Le plaisir recherché par nos instincts innés se focalise sur le désir sexuel et sur son assouvissement à travers une stimulation adéquate de chaque zone érogène.

Ainsi, si chacune est stimulée correctement, nous progressons pour atteindre la maturité sexuelle et psychique, le sommet psychosexuel, selon Freud. Sinon, nous sommes concentrés sur cette zone particulière et restons bloqués à ce stade précis du développement de notre personnalité.

Ouvrir la bouche ou ouvrir sa gueule ?

Le « stade oral » correspond à la première étape du développement de la personnalité. De la naissance à environ 18 mois, l'enfant se focalise sur sa bouche. Je me souviens avoir regardé mon copain d'école avec dégoût lorsqu'il tendait à son petit frère un tas de choses à se mettre à la bouche : des boîtes de Coca-Cola, les clés de la voiture de son père, etc. Cela paraissait sale et dégoûtant, mais le petit frère ne pouvait pas s'empêcher de tout porter à la bouche. L'objectif principal de ce stade est de satisfaire le désir oral en stimulant la zone érogène de la bouche. Vous avez certainement remarqué que les enfants orientent instinctivement la tête vers le sein de leur mère pour téter. Ils naissent avec un sens du goût très développé et leur bouche est l'outil le plus sophistiqué dont ils disposent pour explorer leur monde. Elle est bien plus efficace que leurs mains pour saisir l'environnement qui les entoure.

C'est d'abord les seins de la mère qui procurent à l'enfant une satisfaction orale. Ils sont à la fois une source de satisfaction et un lien avec la mère. Est-ce que cela peut devenir problématique ? Quand est-ce que vous avez vu pour la dernière fois un enfant de dix ans téter ? Au bout du compte, tous les enfants doivent être sevrés. Le sevrage les confronte au premier conflit entre leur désir et la réalité. Si un enfant n'est pas sevré ou l'est trop durement ou incomplètement, il restera fixé sur le stade oral. Il développera un « caractère oral » et sera dominé par des sentiments de dépendance et d'impuissance. Les enfants ne sont pas capables d'accéder à la satisfaction par eux-mêmes. Tant qu'ils n'ont pas dépassé le stade oral, ils dépendent complètement de leur mère ou des autres.

Finalement, une fois que nous avons surmonté avec succès l'épreuve du sevrage et que nous sommes capables de contrôler et de satisfaire nos désirs oraux, nous passons au stade suivant du développement de la personnalité. Mais ceux d'entre nous qui restent bloqués à ce stade risquent de se tourner vers tout ce qui passe par la bouche : parler, manger, boire, fumer. Ils auront toujours besoin d'une stimulation orale. Autrement dit, le type à la grande gueule, à l'arbre de Noël du bureau, c'est juste un grand bébé qui n'a pas digéré le fait de ne plus pouvoir téter. Mais je ne m'aventurerai pas à le lui dire...

Repensez à votre enfance. En général, les souvenirs les plus anciens remontent à l'âge de 2 ou 3 ans. Aviez-vous une sucette ? Si oui, pendant combien de temps ? Suciez-vous votre pouce ? Jusqu'à quel point étiez-vous « oral » ? Mordillez-vous encore vos crayons ? Êtes-vous sarcastique et caustique ? Freud serait tenté de dire que vous êtes resté bloqué au stade oral.

Apprendre la propreté

Tous les bébés finissent par grandir. Ils se focalisent alors sur une autre zone érogène : ils passent au « stade anal », le deuxième stade du développement de la personnalité. Difficile d'imaginer que le plaisir et la libido puissent être associés à la défécation. Et pourtant, d'après Freud, la principale source de plaisir entre 18 mois et 3 ans, c'est le contrôle de la défécation. Le conflit central des tout-petits, c'est le contrôle. Les enfants, à ce stade, veulent pouvoir faire leurs besoins où ils veulent et quand ils veulent. Par exemple, dans leur culotte. Mais ils doivent apprendre à se retenir et cela rappelle ces longs trajets en voiture : « Papa, on est bientôt arrivés ? J'ai très envie ! »

Mais qu'est-ce qui nous empêche d'assouvir ce désir de faire nos besoins quand ça nous plaît ? Nos parents et les contraintes de la réalité (pour en savoir plus sur les contraintes de la réalité, reportez-vous un peu plus haut dans ce chapitre à la section « Le Ça, le Moi et le Surmoi »). En fait, certains de nos traits de caractère sont peut-être directement liés à notre apprentissage de la propreté et à la façon dont nos parents s'y sont pris. Notre créativité et notre productivité indiquent si nous avons traversé avec succès le stade anal.

Êtes-vous resté bloqué au stade anal ? Si c'est le cas, vous êtes dominé par la satisfaction anale. Elle peut se manifester de deux façons :

» Si vous êtes désordonné, négligé et peu soigneux, cela témoigne d'une rébellion expulsive contre l'autorité des parents.

» Si vous êtes obsédé par la propreté et l'ordre, vous avez appris le contrôle en réaction à votre apprentissage de la propreté.

Dans les deux cas, vous contrôlez la situation. La maturité et le succès, dans le stade anal, se traduisent par votre capacité à vous contrôler. Alors, allez-y, mais assurez-vous que vous le faites au bon endroit et au bon moment !

LA MÈRE

La toute première personne que nous rencontrons à la naissance, c'est, bien sûr, pour la plupart d'entre nous, notre mère. C'est elle que nous voyons en premier (même si dans la salle d'accouchement, il y a aussi l'obstétricien et les sages-femmes). Nous dépendons d'elle pour tout jusqu'à ce que nous devenions autonomes, ce qui dure un certain temps. Elle est le centre de notre monde. Les mères sont vénérées dans le monde entier ou presque. Il paraît qu'aux États-Unis le tatouage le plus répandu représente un cœur portant l'inscription « maman » en son centre. Nous aimons notre mère parce qu'il n'y en a pas d'autres comme elle.

Épouser sa mère

Vous pensiez que tous vos traits de caractère avaient été passés en revue ? Eh bien, non ! Bienvenue au troisième stade du développement de la personnalité : le « stade phallique ». Vous savez désormais que votre collègue de bureau qui passe son temps à mâcher du chewing-gum est resté bloqué au stade oral. Et la pile de vêtements qui s'amoncellent sur le sol de votre chambre ne sera plus jamais la même depuis que vous savez tout sur le stade anal. Mais je vous avais promis du sexe et il est temps de dévoiler de quel type de sexe il s'agit.

L'enfant de 3 à 5 ans se focalise sur la stimulation érogène des parties génitales, le pénis et le clitoris, en particulier. C'est le « stade phallique ». L'assouvissement du désir commence par l'autoérotisme, en clair, la masturbation. Mais bientôt notre besoin de satisfaction se tourne vers nos parents, le parent du sexe opposé. Alors que notre plaisir sexuel évolue, nous entrons dans le royaume du complexe d'Œdipe, l'une des contributions de Freud les plus étranges et les plus controversées.

Une fois adultes, nous sommes pour la plupart horrifiés à l'idée d'épouser notre mère ou notre père, encore plus à l'idée d'avoir des relations sexuelles avec eux, mais nous connaissons tous une petite fille ou un petit garçon qui, quand ils seront grands, aimeraient épouser papa ou maman. Il y a juste un problème : dans presque toutes les civilisations, la sexualité entre les parents et leurs enfants est un tabou. Freud a observé que les enfants qui se trouvent au stade phallique passent de l'auto-assouvissement du désir à la recherche de l'assouvissement par le parent du sexe opposé. Mais le tabou n'est pas le seul obstacle auquel l'enfant est confronté. Il y a aussi l'autre parent. Que ressentirait votre père si vous essayiez de vous approcher de votre mère ou vice versa ? Sachez que la libido ne connaît aucune limite et doit être satisfaite. On dirait que le parent du sexe opposé est le parfait objet du désir. Pourquoi ?

C'est là que Freud devient un peu compliqué. À la base, tous les enfants sont attirés par leur mère parce qu'elle est la première à s'occuper d'eux. Elle est leur principale source de plaisir et de satisfaction. Ensuite, les enfants évoluent différemment selon leur sexe.

Les garçons

Pour les garçons, le sentiment d'attirance vers la mère continue à se développer et devient ce que Freud appelle le « complexe d'Œdipe ». Le père constitue alors un obstacle entre le garçon et la mère, ce qui peut être vraiment frustrant pour l'enfant. Cette frustration peut se transformer à la longue en véritable haine envers le père. Vous serez peut-être tenté de dire, comme les oracles dans Œdipe roi, que cette haine envers le père peut devenir meurtrière.

Ce complexe est source de conflits lorsque les garçons commencent à avoir peur de leur père puisqu'ils veulent leur mère pour eux tout seuls. Freud appelle cette peur l'« angoisse de castration ». Les garçons ont peur que leur père leur coupe les organes génitaux. En raison de cette peur, ils vont choisir une autre route. Puisqu'ils ne peuvent pas vaincre leur père, ils vont le rejoindre. Ils vont alors apprendre à s'identifier à lui, à adopter sa masculinité et vont chercher leur propre « mère » en quelque sorte. Ils ne peuvent pas avoir de relations sexuelles avec leur mère, mais peuvent « les vivre » par procuration à travers leur père. Ainsi, ils peuvent accéder symboliquement à leur mère, ce qui satisfait leur désir libidinal.

ŒDIPE ROI

Pour étayer sa théorie sur le désir sexuel de l'enfant tourné vers l'un des parents, Freud s'est appuyé sur une célèbre tragédie grecque, Œdipe roi. Dans cette histoire, un roi apprend en consultant les oracles que son fils le tuera un jour et épousera la reine. Pour empêcher que la prédiction ne se réalise, le roi emmène son fils dans la forêt pour le laisser mourir. Cependant, l'enfant est découvert par des promeneurs qui se chargent de son éducation. Une fois adulte, il retourne dans la cité pour faire fortune, mais, sur la route, il rencontre le roi. Tous deux ignorent le lien qui les unit. Ils se battent et le roi est tué. Lorsque le fils arrive dans la cité, il fait rapidement fortune et atteint les hautes sphères de la société. Il attire bientôt l'attention de la reine en deuil et finit par l'épouser, accomplissant ainsi la prophétie.

Les filles

On a reproché à Freud d'avoir négligé la sexualité féminine. C'est pourquoi, il a de nouveau consulté les Grecs et fini par trouver une histoire similaire à celle d'Œdipe, l'histoire d'une femme appelée Electra. Electra charge quelqu'un de tuer sa mère pour venger la mort de son père.

Pour les filles, l'attirance se reporte sur leur père parce qu'elles commencent à ne plus admettre leur mère pour une étrange raison : l'idée révoltante que le pénis masculin ne leur a pas été donné (« complexe de castration »). Selon Freud, les petites filles arrêtent de désirer leur mère parce qu'elles réalisent qu'elles n'ont pas de pénis comme leur papa. Comment pourraient-elles avoir une relation sexuelle avec leur mère sans pénis ? Les petites filles ne peuvent pas s'identifier à leur père puisqu'elles n'ont pas de pénis. Alors, que doivent-elles faire ? Passer le reste de leur vie à chercher un pénis. En fait, elles passent plutôt le reste de leur vie à chercher un homme pour se sentir complètes.

La plupart des idées de Freud ont été vivement critiquées. Peut-être pensez-vous également qu'il va trop loin. Pour tirer le meilleur parti de ses théories et aller au-delà de leur côté dérangeant – souhaiter avoir des relations sexuelles avec sa mère et vouloir tuer son père – pensez en termes de métaphore. Il faut chercher le symbole derrière les idées de Freud. Par exemple, essayez de vous représenter Œdipe sous les traits d'un petit garçon frustré qui doit partager sa mère avec son père. Papa représente un obstacle, il faut l'éliminer.

Il y a beaucoup à apprendre de cette théorie, même si celle-ci paraît un peu bizarre. Quel est le rapport avec la personnalité ? Si le garçon parvient à se mesurer à son père, le conflit se transforme en une forte aspiration au succès et à la supériorité dans la société. Le jeune homme part alors à la conquête des femmes, du monde des affaires et devient capitaine d'une équipe de football. Voilà une réponse réussie à l'angoisse de castration au niveau du stade phallique. Malheureusement, tous les hommes n'atteignent pas ce stade et sont alors châtrés. Ils sont incapables de réussir dans la vie en raison de leur culpabilité infirmante engendrée par leur lutte avec le père pour attirer l'attention de la mère.

Si une fille parvient à surmonter son complexe d'Electra, elle pourra gérer au mieux sa vie sexuelle et intime une fois adulte. Elle transforme son complexe de castration en quête du bon mari et « père ». En revanche, si elle échoue, elle reste bloquée à ce stade et ne cherche alors qu'à séduire et à flirter. Je sais, la libération des femmes est survenue bien après Freud.

Faire une pause

Une fois que les enfants ont réussi à résoudre tous les conflits des stades précédents, ils entrent dans une phase plus calme du développement psychosexuel, la période de latence. La libido relâche son étreinte sur la personnalité et les pulsions cessent de dominer. Les enfants ont alors plus de liberté pour appliquer et développer ce qu'ils ont appris au cours de chaque stade. La période de latence dure d'environ 6 ans à la puberté. Les choses se calment pour ainsi dire. Il n'y a plus de rivalité avec le parent du sexe opposé. Il n'y a plus de lutte non plus pour contrôler l'assouvissement du désir. C'est une période de socialisation, l'enfant se fait une bande de copains. Cette période correspond sans doute mieux à la vision que chacun se fait de l'enfance que les stades précédents décrits par Freud. Cela semble moins trouble et moins dominé par les conflits.

Atteindre la maturité sexuelle

Avec la puberté, tout s'accélère ! C'en est fini du calme de la période de latence. Les flammes des anciens conflits sont ravivées. Le désir revient sur le devant de la scène mais cette fois-ci d'une manière différente. Il ne s'agit plus, comme aux stades précédents, de rechercher à assouvir un désir centré sur notre seule personne. La prise en compte du plaisir des autres commence à annoncer la maturité psychosexuelle. L'enfant est désormais prêt à apprendre comment s'engager dans une relation amoureuse fondée sur le plaisir mutuel. Freud n'a jamais dit que tout le monde parvenait à atteindre ce stade de pleine maturité. C'est plutôt un idéal vers lequel nous tendons, le projet d'une vie. Cependant, si un individu ne prend pas ce chemin, il risque de retomber facilement dans le phallisme égoïste. On pense immédiatement au dragueur égoïste qui ne se préoccupe pas du plaisir de sa partenaire : le principal, c'est qu'il obtienne ce qu'il veut. Mais les Don Juan n'ont aucune chance, à terme, face à ceux qui prennent en compte le plaisir de l'autre.

Moi, sur la défensive ? Pas du tout !

Supposons que vous marchiez sur votre sentier favori dans les montagnes et qu'un ours surgisse tout à coup, se dresse sur ses pattes arrière et semble avoir très faim. Que faites-vous ? Vous le combattez ou vous prenez la fuite ? Si cette situation représente une menace, vous devrez vous défendre. Mais sommes-nous uniquement sur la défensive lorsque nous sommes confrontés à une menace physique ? Il nous est arrivé à tous de devoir défendre notre réputation. Nous devons tous nous défendre ou nous protéger psychologiquement. C'est un aspect important de notre personnalité.

LA FILLE DE FREUD

Anna Freud était la fille de Sigmund Freud. Elle a suivi les traces de son père et apporté une contribution non négligeable à sa théorie sur la personnalité. Tous deux ont insisté sur l'angoisse et la protection dans leurs travaux sur la personnalité. Vous vous demandez dans quel genre de foyer Anna a grandi ? Moi, j'imagine très bien. Anna rapporte une mauvaise note de l'école. Pour son examen de psychologie, elle a mal répondu à la question sur le Ça, le Moi et le Surmoi ! Comment est-ce possible ? Peut-être était-elle trop occupée à penser aux mécanismes de défense ! Anna a repris beaucoup des théories de son père et les a appliquées aux problèmes des enfants pour les aider pendant leur thérapie. Ces apports ont à la fois appuyé et élargi les travaux de son père. La plupart des gens n'ont jamais entendu parler d'elle, mais ne vous y trompez pas : Anna semble avoir hérité des dons de son père pour comprendre la personnalité humaine.

C'est Anna Freud (la fille de Sigmund !) qui a introduit le concept de mécanismes de défense. Tout peut nous effrayer : les ours, les brutes ou les commérages. Notre comportement impulsif peut nous causer des problèmes ou mécontenter la personne que nous aimons. Vous êtes-vous déjà fait peur ? Nous pouvons craindre le courroux de notre propre conscience ou son outil préféré, la culpabilité. On vous a certainement déjà dit d'arrêter d'être sur la défensive, mais, ne vous inquiétez pas, nous le sommes tous. Freud pensait que nos façons bien particulières de nous défendre contre les angoisses influencent fortement notre personnalité. Comment vous défendez-vous psychologiquement ? Comment vous protégez-vous contre les pensées, les pulsions et les désirs douloureux ?

La famille Freud a proposé plusieurs mécanismes de défense importants :

» **Le refoulement** : il consiste à maintenir hors de notre conscience une pensée, un sentiment ou le souvenir d'une expérience. Beaucoup de choses peuvent faire l'objet d'un refoulement : les pulsions et les désirs interdits ou une situation douloureuse et difficile sur le plan émotionnel. Vous n'avez pas l'impression de refouler quoi que ce soit ? Eh bien, essayez donc d'imaginer vos parents en train de faire l'amour. Vous y êtes ? Qu'est-ce que vous faites lorsque, dans une réunion de famille ou une fête, quelqu'un ressort une situation embarrassante de votre passé : « Tu te souviens quand... » ?

» **L'annulation (rétroactive)** : c'est le refus d'admettre que quelque chose existe ou se soit passé. Ce phénomène peut aussi impliquer la modification de la signification d'un événement de sorte que son effet est détourné. Si quelque chose d'important pour vous ne marche pas comme vous le souhaitez, vous pouvez vous dire : « Après tout, ça n'a aucune importance ! » C'est une réaction typique de dépit. Cela me rappelle mon année de bizut à l'université, lorsque j'essayais lamentablement et en vain de sortir avec des filles plus âgées : « De toute façon, je ne l'aimais pas ! » Je ne voulais pas admettre mon découragement. Le refoulement aurait été pas si mal, mais en cas de doute, il vaut mieux nier. L'annulation est un mécanisme de défense que la plupart des gens peuvent comprendre et qu'ils utilisent fréquemment. N'essayez pas de le nier !

» **La projection** : elle consiste à attribuer une pulsion, un désir ou un aspect menaçant de soi-même à quelqu'un d'autre. La mauvaise conscience transforme la défense de l'amant jaloux. Toute pulsion inacceptable peut être projetée. Au lieu de reconnaître que vous êtes fou de quelqu'un, vous pouvez l'accuser d'être fou de vous.

Lorsque quelqu'un a des pulsions agressives, il utilise souvent la projection. Il attribue son agressivité à quelqu'un d'autre et a alors peur des attaques potentielles des autres. Alors, la prochaine fois qu'on vous traite de paranoïaque, demandez-vous contre qui vous êtes en colère.

- **La rationalisation** : il s'agit d'une tendance à inventer une explication acceptable mais incorrecte à une situation. Je connaissais un voleur multirécidiviste qui ne dévalisait que les grands magasins ou les entreprises. Il ne se serait jamais attaqué aux petits commerçants, mais gare aux supermarchés ! Il prétendait que les grandes entreprises s'enrichissaient sur le dos des gens et qu'il ne faisait que rétablir l'équilibre. Une sorte de Robin des Bois des temps modernes. Malheureusement pour lui, le juge auquel il a eu affaire ne croyait pas aux contes de fées.
- **L'intellectualisation** : c'est le fait de penser à quelque chose logiquement ou froidement, sans émotion.
- **Le thérapeute** : « M. Durand, votre femme vous a quitté et vous venez de perdre votre travail... Comment vous sentez-vous ? »
- **Le patient** : « Je trouve que ma maison est bien mieux rangée maintenant. Ses effets personnels prenaient trop de place. Pour ce qui est de mon travail, je m'y attendais. Les affaires ne marchaient pas très bien depuis un certain temps. »
- **La formation réactionnelle (ou surcompensation)** : elle consiste à adopter une attitude radicalement opposée à ce que nous aimerions réellement faire. N'avez-vous jamais fait un effort pour être gentil avec quelqu'un que vous détestiez vraiment ? Je sais, je sais... Aime ton ennemi... Mais si être amical n'est qu'une formation réactionnelle, je préfère un mécanisme de défense qui me donne l'air moins ridicule. Je crois que je préférerais projeter plutôt que de lécher les bottes de quelqu'un que je n'aime vraiment pas.

- **La régression** : elle consiste à retourner à une situation antérieure. Le stress physique et psychologique nous amène parfois à abandonner nos mécanismes de défense plus matures. Si vous avez recours aux larmes pour demander une augmentation à votre chef, vous êtes en pleine phase de régression.

Nos interactions avec le monde qui nous entoure peuvent être sources de conflits et d'angoisse. Partager son bureau ou sa chambre avec quelqu'un, avoir affaire à un percepteur obstiné sont quelques exemples de conflits quotidiens auxquels nous sommes confrontés. Grâce à la contribution des Freud, nous pouvons mieux comprendre aujourd'hui comment nos façons caractéristiques de faire face constituent notre personnalité. Ce serait une erreur de penser que le fait de se défendre psychologiquement est un mauvais comportement. C'est au contraire essentiel à notre survie. Nos défenses nous protègent et nous évitent d'être submergés. Sans elles, nous finirions tous par faire une dépression nerveuse.

Chapitre 8

Prendre le premier bateau pour quitter l'île déserte

DANS CE CHAPITRE :

- **Se connaître**
- **Établir des liens avec les autres**
- **Être heureux en famille**
- **Passer de bons moments avec des amis**

L'un des aspects qui distinguent la psychologie des autres sciences sociales, c'est la cible de ses recherches et de ses applications. Bien que les psychologues se concentrent parfois sur des groupes, leur principal objet d'investigation reste tout de même l'individu. La thérapie, par exemple, est une affaire individuelle, même lorsqu'il s'agit d'une thérapie de groupe.

Les gens aiment l'individu classique et le cinéma regorge de héros solitaires. John Wayne a chevauché seul les plaines du Far West pendant des années. Rambo est venu à bout à lui tout seul de troupes ennemies entières. Ces types ont toujours volé de leurs propres ailes. Ils ont résisté à la pression de se mêler à la foule. Ils semblaient savoir qui ils étaient et n'avaient pas du tout l'intention de faire des compromis sur ce point. C'est ce qu'on appelle parfois l'intégrité. Ce mot désigne quelqu'un d'entier comme l'étaient ces hommes. Ils avaient de forts caractères et des personnalités dominantes. Ils savaient qui ils étaient et personne ne pouvait les contredire.

Cependant, pour les psychologues, et vous l'avez peut-être déjà remarqué, rien n'est jamais acquis. Si John Wayne suivait une thérapie chez moi, il adopterait certainement une attitude macho du genre : « Je sais qui je suis et je ne suis pas près de changer ! » Dans ce cas-là, je mordrais à l'hameçon et je lui dirais : « D'accord, qui êtes-vous donc ? » Il est facile de considérer ce fait – savoir qui nous sommes – comme allant de soi. Tant que personne ne pose la question, la plupart d'entre nous considèrent qu'ils savent qui ils sont. C'est la question séculaire du « soi ». Qu'est-ce que le soi, et comment pouvons-nous savoir si nous en avons un ? Quelle est notre identité ? Qui sommes-nous ?

Avoir la conscience de soi

Vous avez déjà vu un chien planté devant un miroir ? Soit il aboie devant sa propre image, soit il considère la scène d'un air perplexe. Croyez-moi si vous voulez, la capacité de se regarder dans un miroir marque un niveau de développement avancé, et il reste à prouver que les chiens en soient capables. Certains psychologues affirment que c'est une aptitude exclusivement humaine. Pourtant, il existe au moins une étude qui a démontré que les jeunes chimpanzés peuvent se reconnaître dans un miroir.

Une fois que nous avons développé un sens de la perception de soi, nous avons atteint le stade de la conscience de soi. Pourquoi utiliser le terme « développé » ? N'avons-nous pas conscience de nous-mêmes à la naissance ? En réalité, il faut bien compter cinq ou six mois avant que nous développions un sentiment qui ressemble de loin à la conscience de soi.

La technique du miroir est l'un des outils utilisés par les psychologues pour tester le niveau de conscience de soi des nourrissons et des enfants. Le test, sous sa forme la plus simple, consiste à placer un enfant devant un miroir et à observer sa réponse. Certains chercheurs ont démontré que les bébés de 5 à 6 mois étendent le bras pour toucher l'image renvoyée par le miroir suggérant que, pour eux, il s'agit d'un autre bébé ou que l'image ne leur correspond pas.

En 1979, Michael Lewis et Jeanne Brooks-Gunn ont mis au point une version plus élaborée du test du miroir. Ils ont mis un peu de poudre à maquillage sur le nez de deux groupes d'enfants séparés selon leur âge, les 15-17 mois et les 18-24 mois. L'idée derrière tout ça : si l'enfant voit la poudre sur son nez, il va toucher son nez et essayer d'enlever la poudre. Mais pour ça, il faut que l'enfant réalise que lui et la personne dans le miroir ne font qu'un. Alors, que s'est-il passé ? Seule une minorité des 15-17 mois a touché son nez, en revanche la majorité des 18-24 mois l'a fait. Ces enfants s'étaient reconnus dans le miroir.

La conscience de soi et la perception de soi ne font qu'un. Être conscient de soi, c'est se percevoir soi-même. Cependant, il ne faut pas devenir conscient de son image au point de ne voir que ses défauts. Ce n'est pas le type de conscience de soi que je vais traiter dans cette section.

- La conscience du corps.
- La conscience de soi privée.
- La conscience de soi publique.

S'EXHIBER À POIL !

J'avais un rêve récurrent dans lequel je me retrouvais nu dans un lieu public. Dans l'un de ces rêves, j'étais à l'école primaire et je portais un manteau de fourrure sans rien dessous. Je me suis demandé avec quelque inquiétude ce que ce rêve pouvait bien signifier. Est-ce que j'étais un fétichiste des manteaux de fourrure ou est-ce que j'étais juste un exhibitionniste ? J'ai été vraiment soulagé d'apprendre que ces rêves avaient un rapport avec la conscience de soi. Nous avons tous connu des situations qui illustrent ce sentiment d'extrême conscience de soi ou d'exposition. Pour certains, c'est le fait de parler devant les autres, pour d'autres, c'est celui de danser en boîte.

Prendre conscience de son corps

La conscience du corps commence par une question simple : où commençons-nous et où finissons-nous physiquement ?

Avez-vous vu le film *Malice* avec Bill Pullman, Nicole Kidman et Alec Baldwin ? Dans une scène, Bill et Alec sont assis dans un bar et Alec demande à Bill de désigner la partie de son corps qui lui est le moins utile. En d'autres termes, Alec veut que Bill choisisse la partie du corps qu'il pourrait perdre sans que ça porte un coup trop dur à sa conscience de soi. Si vous avez vu le film, vous savez pourquoi il a posé cette question... terrifiante. C'est de mauvais augure !

Quelle est la partie de votre corps qui est la plus importante pour votre conscience de vous-même ? Cela peut paraître bizarre, mais la capacité à faire la différence entre son corps et le corps de quelqu'un d'autre est fondamentale pour la conscience de soi. Pensez aux nouveau-nés. Le lien physique entre l'enfant et la mère, qui donne le sein, est indéniable, et l'enfant ne réalise que progressivement la différence et la séparation entre son corps et celui de sa mère.

Tout garder pour soi

Avez-vous l'impression de bien vous connaître ? Essayez-vous constamment de vous représenter vous-même ? La « conscience de soi privée » correspond à notre sentiment de soi : nous nous concentrons sur nos pensées, nos sentiments, nos motivations. Lorsque vous regardez à l'intérieur de vous, vous avez cette conscience-là. Mais ne passez quand même pas votre temps à vous regarder le nombril.

Faire l'intéressant

Un matin, alors que je m'apprêtais à partir au travail et que je me dirigeais vers ma voiture, je me suis aperçu que j'avais oublié quelque chose. Je me suis frappé sur le front, j'ai fait demi-tour et je suis retourné chez moi. Pourquoi avons-nous ce type de comportement lorsque nous oublions quelque chose ? Pourquoi est-ce que j'ai fait ces gestes ? Si je n'avais pas agi ainsi, j'aurais vraiment eu l'air bête de me diriger comme ça vers ma voiture et puis de retourner d'un coup à la maison sans raison apparente. Pourquoi est-ce que j'avais besoin de montrer qu'il y avait une raison ? C'est que... quelqu'un était en train de me regarder.

Il s'agit du phénomène de l'« audience invisible », le sentiment que nous sommes sur scène lorsque nous sommes en public et que des gens nous regardent. Les adolescents ont toujours l'air d'être sur scène. Lorsqu'ils trébuchent sur le trottoir, ils deviennent tout rouges et partent en gloussant. C'est un exemple de notre « conscience de soi publique », le sentiment que nous avons de nous-mêmes en présence des autres, notre image publique.

L'aspect le plus marquant de notre conscience de soi publique se traduit par notre focalisation sur les apparences. Nous ne dépensons pas des milliers d'euros par an en vêtements, régimes et abonnements au club de sport du coin pour rien. Notre conscience de soi publique constitue une grande partie de notre identité.

Décliner son identité

Pour déterminer qui nous sommes, il suffit parfois de le demander aux autres. Notre identité est souvent profondément liée à la façon dont les gens nous voient. Lorsque vous vous regardez dans le miroir, que voyez-vous ? Vous êtes-vous déjà demandé comment les autres personnes vous perçoivent ? Voient-elles la même image que celle qui vous est renvoyée par votre miroir ? Après tout, nous sommes des créatures sociales et nous pouvons difficilement nier qu'au moins une partie de notre concept de soi dépend de l'avis des autres.

La théorie de Daniel Stern sur le concept de soi nous permet de bien comprendre comment nous commençons à nous identifier comme étant un « soi » unique. À partir de ses études sur les enfants, il a suggéré que nous sommes tous nés avec une aptitude innée à prendre conscience de nous-mêmes par une série d'expériences.

VOUS ÊTES CE QUE VOUS FAITES

La façon dont nous nous définissons change au fur et à mesure que nous grandissons et c'est là l'un des aspects les plus intéressants de notre identité. Les enfants, à l'école primaire, se définissent souvent par rapport à ce qu'ils font. Certains enfants peuvent se présenter en disant : « Je cours, je joue, je fais du vélo. » Une fois adolescents, ils ne se définissent plus de la même façon. Ils utilisent des concepts plus psychologiques comme les croyances, les motivations, les désirs et les sentiments. « Je veux aller en boîte ! » ou « Je me sens très triste aujourd'hui... » Comment les adultes se définissent-ils ? Sûrement en combinant les deux types d'identification, les activités et les concepts psychologiques : « Je suis un pauvre psychologue qui ne sais pas jouer au golf. »

Notre « soi émergent » nous suit depuis la naissance et comprend à la base nos expériences subjectives de joie, de chagrin, de colère et de surprise. En bref, les émotions ! Notre « soi nucléaire » apparaît entre 2 et 4 mois quand nos souvenirs commencent à se former, alors que nous développons un sens de nos capacités physiques. Ensuite, vient le « soi suggestif », qui naît lorsque l'enfant s'aperçoit qu'il peut partager ses expériences avec d'autres personnes. Le soi suggestif est à l'œuvre lorsqu'un enfant essaie de vous donner un peu du contenu de son biberon avant de commencer à le boire. Pour finir, le « soi verbal » se développe lorsque nous utilisons le langage pour organiser notre sentiment d'identité.

Arnold Buss nous donne une bonne définition de l'« identité ». Deux éléments la composent :

- » L'identité personnelle.
- » L'identité sociale.

Se forger une identité personnelle

Notre « identité personnelle » comprend tout ce qui nous fait sortir du lot, comme nos gros biceps ou notre physique d'Apollon. En fait, je pense à quelque chose d'un peu plus psychologique, même si l'apparence physique compose une partie de notre personnalité. Selon Buss, notre identité personnelle est constituée d'un « soi public » et d'un « soi privé », chacun doté de ses propres composantes.

Trois éléments importants forment notre soi public :

- **L'apparence** : comme je l'ai déjà évoqué dans la section « Faire l'intéressant », la conscience de notre apparence constitue une grande part de notre identité. Ce n'est pas une conception uniquement occidentale. Les civilisations du monde entier s'engagent dans des tentatives élaborées pour améliorer l'apparence et la beauté personnelle selon les critères définis par chaque culture. Certains philosophes considèrent qu'un sens de l'esthétique est nécessaire pour mener une vie satisfaisante et que c'est un aspect central de notre concept de soi.
- **Le style** : James Dean avait du style ! La façon dont il parlait, les mouvements de son corps et les expressions de son visage portaient indéniablement sa marque. Chacun de nous a une façon particulière de parler et de bouger. Notre écriture est unique. Ce sont ces éléments qui nous donnent un style. Ne vous laissez pas perturber par l'exemple de James Dean. Avoir du style ne veut pas forcément dire être cool. Notre style est unique qu'il soit cool ou non. Le mien, c'est le style « Docteur Cash », et peu importe ce que pensent les autres, je le trouve plutôt sympa.
- **La personnalité** : les théories de la personnalité tentent d'expliquer notre individualité à partir des différences entre nos personnalités. Si quelqu'un plaçait votre personnalité dans le corps d'un autre, les autres vous reconnaîtraient-ils ? Peut-être pas tout de suite, mais ils finiraient peut-être par remarquer quelque chose car votre personnalité est unique. Elle vous permet d'être identifiable en tant qu'individu. Votre personnalité est stable et ne change pas facilement. En raison de cette constance et de cette stabilité, elle représente très bien ce que vous êtes, même si vous n'agissez pas toujours de la même façon.

Le soi privé est constitué des éléments que les autres peuvent difficilement voir et observer. Lorsqu'un patient commence une psychothérapie, il est difficile pour le psychologue de l'aider s'il refuse de parler de son soi privé, de ses pensées, de ses émotions, de ses rêveries et de ses fantasmes.

» **Les pensées** : il est difficile de savoir ce qu'un individu pense, excepté s'il nous le dit. On dit que certaines personnes sont capables de lire dans les pensées. En fait, elles ne font que les deviner. Nos pensées sont uniques.

» **Les émotions** : les professionnels de la santé mentale évaluent souvent les nouveaux patients de l'hôpital psychiatrique à l'aide de ce qu'on appelle l'« examen d'état mental ». Ils observent les patients, en particulier pour savoir comment ils se sentent. L'aspect visible des émotions d'une personne est ce qu'on appelle l'« affect ». Mais que penser de ce qu'elle dit ? Je vois rarement la dépression d'un patient, même si celui-ci me dit qu'il est très triste. Il s'agit de l'« humeur », l'expérience personnelle des émotions d'un individu. Lorsque mes patients me disent comment ils se sentent, je dois les croire sur parole. C'est plutôt difficile de soutenir à quelqu'un qu'il n'est pas triste s'il vous dit qu'il l'est.

» **Les rêveries/les fantasmes** : qui seriez-vous sans vos rêveries et vos fantasmes ? Nos fantasmes sont personnels, en particulier les fantasmes sexuels. Ils nous définissent.

Se forger une identité sociale

Quel est votre nom ? D'où venez-vous ? Quelle est votre religion ? Chacune de ces questions constitue un aspect de notre « identité sociale », ces éléments qui nous permettent de nous identifier à une catégorie sociale particulière. L'« affiliation au groupe » comprend les vocations et tout ce que nous faisons pour nous détendre. Notre identité sociale se compose des facteurs suivants qui, une fois rassemblés, correspondent au soi social.

La parenté

Nous sommes pour la plupart conscients de l'importance que tient la parenté dans notre identité sociale. Notre famille constitue notre parenté et nous donne souvent son nom. En France, les noms de famille permettent d'identifier les individus. Bien sûr, certains noms sont très répandus, mais il ne s'agit que d'une minorité. Dans les civilisations arabes, le nom de famille n'est pas le meilleur moyen d'identifier la parenté de quelqu'un. Socialement, une personne est identifiée par son père, lui même identifié par son fils aîné. Au lieu d'être M. Youcef Khoury, il sera Père de Youcef ou « Abu Youcef ». Le fils Youcef Khoury sera Fils de Youcef (le père) ou « Ben Youcef » ou encore Youcef Youcef. Pour en savoir plus sur la famille, reportez-vous plus loin dans ce chapitre à la section « Être heureux en famille et entre amis ».

L'appartenance ethnique et la nationalité

L'« appartenance ethnique » est un autre aspect important de notre identité sociale. Certains préfèrent ne pas souligner les différences ethniques entre les gens parce qu'ils craignent la discrimination. Mais l'appartenance ethnique contient beaucoup d'informations et fait partie de notre identité et de la culture que nous utilisons pour structurer notre vie.

La « nationalité » ne signifie pas la même chose que l'appartenance ethnique. Vous pouvez être un citoyen français né et élevé dans ce pays avec une éthnicité japonaise. L'appartenance ethnique et la nationalité sont des éléments d'information importants. En effet, un citoyen péruvien d'origine japonaise sera différent d'un citoyen français d'origine japonaise.

Les appartenances religieuses et communautaires

L'« appartenance religieuse » est aussi un aspect très important de l'identité d'un individu. En Israël, par exemple, la plupart des habitants de Nazareth sont arabes mais appartiennent à deux groupes religieux distincts : les musulmans et les chrétiens. Leur identité religieuse est un élément déterminant. Les Américains, eux aussi, s'identifient souvent par leur appartenance religieuse : catholiques, luthériens, musulmans, juifs, hindous, etc.

« L'appartenance à un groupe » fait référence à nos professions et aux clubs ou aux associations auxquels nous appartenons. Nous nous identifions souvent par le type de métier que nous exerçons : « Je suis pompier ! », « Je suis policier ! » Moi, je suis psychologue. Pour certains, il est très important d'appartenir à un club ou à une association : les associations d'anciens élèves, les clubs sportifs, etc.

L'estime de soi

Malheureusement, l'image que nous renvoient les autres peut parfois s'avérer négative. Tant que les autres voient nos qualités, tout va bien. Cependant, ce n'est pas souvent le cas. Les enfants sont parfois rabaissés, dépréciés ou maltraités verbalement par leurs parents. Certains parents n'ont pas beaucoup d'estime pour leurs enfants et c'est souvent parce qu'ils ne s'estiment pas vraiment non plus.

Désolé pour cette introduction un peu déprimante mais la plupart d'entre nous ont compris le concept d'« estime de soi » – l'évaluation individuelle de sa propre valeur ou son absence de valeur. Nous sommes souvent les premiers à faire remarquer qu'une personne de notre entourage n'a pas une très grande estime d'elle-même. Avez-vous déjà prêté attention à la place occupée par les ouvrages consacrés à l'estime de soi dans les librairies ? Personnellement, je cherche encore le rayon « Vous êtes déjà quelqu'un de bien ! »

Arnold Buss recense six sources principales d'estime de soi :

- **L'apparence** : en général, nous nous sentons mieux lorsque nous avons l'impression d'être séduisants. Un grand nombre d'études en psychologie sociale ont démontré que les personnes jugées séduisantes ont le droit a plus de sollicitude et sont préférées aux autres pour les interactions sociales. Ah ! Être beau et se sentir bien !
- **Les capacités et la performance** : nous nous sentons mieux lorsque nous avons de bonnes notes, lorsque nous obtenons de bons résultats au travail et, d'une manière

générale, lorsque nous sommes capables de réaliser quelque chose avec succès. Plus une personne parviendra à se réaliser, plus elle se sentira bien.

» **Le pouvoir** : lorsque nous avons l'impression de maîtriser notre vie, nous sommes plus enclins à nous sentir bien. Il y a au moins trois sous-catégories dans cette source : la domination, le statut et l'argent. La domination peut être atteinte par la contrainte, la compétition ou la position hiérarchique. Le statut et l'argent parlent d'eux-mêmes. Je ne suis pas en train de dire que les gens pauvres et inconnus se sentent mal, mais ils se sentiraient sûrement mieux s'ils avaient un statut plus élevé et un compte en banque plus fourni.

» **Les récompenses sociales** : trois types de récompenses sociales améliorent l'estime de soi :

- L'affection : lorsqu'on nous apprécie.
- Les éloges : lorsqu'on nous dit que nous travaillons bien.
- Le respect : lorsqu'on estime notre opinion, nos pensées, nos actions.

» **Les sources indirectes** : il s'agit de se sentir bien à cause d'éléments extérieurs plutôt qu'intérieurs. Les « retombées de la gloire » nous procurent un sentiment de bien-être. Nous profitons ainsi de la gloire de personnes puissantes ou populaires qui nous entourent. Il s'agit de la forme « Je connais des gens célèbres » d'estime de soi. Nos possessions matérielles peuvent aussi nous permettre de nous sentir bien.

» **La moralité** : il s'agit d'être quelqu'un de bien et de vivre en fonction des règles du comportement social. Cela ne peut pas faire de mal à notre estime de soi. La moralité est souvent un terme relatif. Mais lorsque quelqu'un sent qu'il a eu une grande valeur morale (même si c'est lui qui la définit) dans une situation, il est probable qu'il aura une meilleure estime de soi.

En plus de toutes ces sources, certaines recherches suggèrent que plusieurs aspects de notre personnalité peuvent avoir un effet sur notre estime de soi. La timidité et l'isolement social sont associés à une faible estime de soi. À l'inverse, les personnes plus optimistes et plus sociables se sentent mieux. On dirait donc qu'il est important d'être sociable et d'avoir de bonnes relations pour se sentir bien avec soi-même. Ce qui nous amène au thème suivant : les relations... Et nous laissons derrière nous le royaume du soi isolé.

S'attacher

Les humains sont incontestablement des créatures sociales. Certains d'entre nous sont très sociables, d'autres moins, mais la plupart désirent avoir au moins quelques relations. En effet, si une personne ne s'intéresse absolument pas aux interactions sociales, elle peut souffrir d'une maladie mentale appelée « trouble de la personnalité schizoïde » (« schizoïdie »). Les troubles de la personnalité seront abordés en détail au **chapitre 12**.

La relation la plus élémentaire s'établit entre deux personnes, le mari et la femme, le frère et la sœur, deux amis... Comment franchissons-nous la ligne de partage entre notre soi isolé et les gens qui nous entourent ? Les psychologues ont abordé ce problème en observant ce qui constitue notre première relation, la relation mère-enfant. Cependant, il ne s'agit pas de la première relation pour tout le monde. Certains d'entre nous sont élevés par leurs grands-parents ou par leurs parents adoptifs. Ainsi, c'est avec la personne maternante que nous établissons nos premières relations, qu'il s'agisse de notre mère ou non.

Même les singes ont le blues

Pour analyser la relation qui existe entre la personne maternante et l'enfant, les chercheurs utilisent souvent le concept d'« attachement ». John Bowlby est l'un des précurseurs dans ce domaine. Selon Bowlby, les nourrissons dépendent avant tout de leur entourage pour ce qui est des nécessités de la vie (la nourriture, un abri, la stimulation, l'amour, etc.). Les nouveau-nés sont en grande partie impuissants. La seule chose dont ils sont capables, c'est de s'attacher à la personne maternante et d'établir une relation avec elle. Ce lien ou cet attachement permet de garantir que les besoins de l'enfant seront satisfaits. Lorsqu'un nourrisson se trouve dans une situation menaçante, il essaie de se rattacher à sa mère ou à celle qui en tient lieu, c'est ce qu'on appelle la « conduite d'attachement ». Ce terme désigne tout ce que l'enfant va entreprendre pour créer ou maintenir une relation étroite avec une personne qu'il estime plus à même d'affronter le monde. La personne maternante est considérée comme une « figure d'attachement ». Si nous savons que nos figures d'attachement sont disponibles lorsque nous avons besoin d'elles, nous nous sentons plus en sécurité.

Selon Bowlby, l'attachement est essentiel pour mener une vie constructive et saine sur le plan psychologique. En effet, en l'absence d'attachement, les enfants en bas âge souffrent souvent de dépression, d'anxiété et, d'une façon générale, de mal-être psychologique. Dans les années 1950, par exemple, les professionnels de la santé ont commencé à étudier les effets de l'hospitalisation à long terme et de la vie en établissements spécialisés. Ils ont recensé de graves problèmes. Les effets négatifs de l'inadéquation ou de l'absence de soins pendant la petite enfance sont indéniables. Les enfants ont besoin d'avoir un contact avec des parents qu'ils connaissent et avec qui ils ont un lien.

En 1959, H. Harlow a réalisé une expérience intéressante avec les singes. Il a enfermé des bébés singes dans une cage avec deux fausses mamans singes différentes (des mannequins). L'un des mannequins était en tissu doux mais n'avait pas de nourriture, l'autre était en fil de fer mais possédait de la nourriture pour les bébés. Ceux-ci ont préféré le contact avec le mannequin doux montrant ainsi que la recherche de proximité avec la mère primait sur la nourriture. Harlow a fait ensuite une autre expérience : il a privé de jeunes singes rhésus de tout contact social avec d'autres singes pendant six mois. Lorsque ces singes étaient de nouveau placés avec les autres, ils avaient un comportement proche de celui d'un humain déprimé et angoissé, avec des manifestations graves de rejet, de violence exercée sur eux-mêmes (comme le fait de se mordre) et de nervosité.

Les styles d'attachement

Il est indéniable que l'attachement représente une relation essentielle pour chacun de nous, mais nous savons tous que l'idéal et la réalité sont souvent différents, même dans le domaine de l'attachement. Certains d'entre nous suivent une thérapie aujourd'hui à cause de la relation qu'ils ont eue avec leur mère ou leur personne maternante. Si Bowlby nous a présenté la situation idéale, il existe d'autres cas de figure.

Les théories sur les différents « styles d'attachement » abordent les variantes à la relation idéale décrite par Bowlby. Elles utilisent la technique de la « situation étrange » pour déterminer la nature et l'étendue de l'attachement des enfants. Dans le cadre d'une situation étrange, l'enfant et la personne maternante sont emmenés dans une pièce avec des jouets pour s'amuser. Ensuite, la personne maternante se lève et quitte la pièce. Les chercheurs observent la réaction de l'enfant. Quelques instants plus tard, un inconnu entre dans la pièce et on observe de nouveau la réaction de l'enfant. Finalement, la personne maternante revient dans la pièce et le comportement de l'enfant est observé une dernière fois.

Les chercheurs ont mis au point cette situation étrange pour répondre aux questions suivantes :

- » L'enfant utilise-t-il la personne maternante comme une « base sûre » à partir de laquelle il peut commencer son exploration du monde en toute sécurité ?
- » Lorsque la personne maternante quitte la pièce, l'enfant s'agite-t-il ou proteste-t-il ?
- » S'il proteste, est-ce parce qu'il préfère être en compagnie de la personne maternante ou parce qu'il a peur que celle-ci ne revienne pas ?
- » Lorsque la personne maternante revient, l'enfant l'accueille-t-il avec joie ou réagit-il d'une manière plus distante voire avec ressentiment ?

La réponse à ces questions conduit à distinguer trois sortes d'attachement élémentaires :

» **Sécurisant** : l'enfant ayant ce type d'attachement adopte le comportement suivant :

- Il utilise la personne maternante comme une base sûre à partir de laquelle il peut explorer ce qui l'entoure.
- Il proteste un peu lorsque la personne maternante quitte la pièce mais finit par se calmer et ne semble pas douter de son retour.
- En présence d'un inconnu ou d'un autre adulte, il est aimable mais sans plus.
- Au moment des retrouvailles, il va vers la personne maternante et cherche le contact.

» **Angoissé/ambivalent** : l'enfant ayant ce type d'attachement agit de la façon suivante :

- Il n'utilise pas la personne maternante comme une base sûre à partir de laquelle il peut explorer ce qui l'entoure.
- Il montre parfois quelque résistance à établir le contact initial avec la personne maternante mais résiste d'autant plus si quelqu'un tente de rompre ce contact.
- Il a un comportement d'évitement ou parfois d'agressivité en présence de l'inconnu.
- Il pleure excessivement pendant la séparation et est difficile à consoler.

» **Évitant** : l'enfant ayant ce type d'attachement se comporte de la façon suivante :

- Il semble ne pas chercher beaucoup le contact avec la personne maternante.
- Il est indifférent lorsqu'on le laisse seul ou pleure uniquement parce qu'il est seul et non parce que la personne maternante lui manque.
- Lorsque la personne maternante revient, il l'évite ou l'ignore.

Avant que vous ne tentiez l'expérience à la maison et que vous ne cherchiez à déterminer à quel point vos enfants vous aiment, laissez-moi vous parler de la « concordance affective ». Cette expression fait référence à la façon dont l'enfant et la personne maternante s'accordent au niveau du tempérament et de la personnalité. Cette concordance affective a une influence sur le type d'attachement. Alors, avant de considérer que vous êtes un mauvais parent ou que votre enfant est peu attachant, prenez ce critère en compte.

La personne maternante et le nourrisson semblent parfois être en harmonie complète. D'autres fois, ils ont l'air de s'être levés tous les deux du pied gauche. Une mère très énergique ne s'y prendra peut-être pas bien avec un enfant calme et vice versa. N'oubliez pas que le type d'interaction et son degré d'harmonie sont essentiels pour établir un attachement sécurisant. Alors, si vous avez des problèmes et si vous pensez que votre enfant n'est pas très attaché, observez le style d'interaction que vous avez avec lui et essayez de voir s'il n'est pas possible de parvenir à une relation plus harmonieuse.

Être heureux en famille et entre amis

Vous êtes-vous déjà demandé pourquoi tant de gens sont déprimés pendant les vacances ? Est-ce à l'idée de dépenser beaucoup d'argent pour rapporter des souvenirs ? Les vacances rappellent peut-être aussi à certains individus à quel point ils sont seuls. Cependant, j'ai une autre explication à proposer : un certain nombre d'entre nous partent en vacances avec leur famille. Rien de tel qu'une famille pour nous embarrasser devant nos nouvelles conquêtes. En général, les membres de notre famille se font une joie de faire remarquer nos défauts ou nos faiblesses : notre poids, notre calvitie naissante ou notre salaire misérable. Il y a de quoi déprimer. Heureusement, la famille a aussi ses bons côtés.

Une « famille » se compose d'au moins deux personnes apparentées par le sang, le mariage ou l'adoption. Certes, les familles ont beaucoup évolué ces vingt dernières années et de nombreux mariages se terminent par un divorce. Les enfants apprennent à avoir deux couples de parents, des demi-frères et sœurs et à partager leurs vacances. Même si la physionomie de la famille a changé, la plupart de ses fonctions élémentaires sont restées les mêmes.

Le « modèle de fonctionnement de la famille » de Mc Master recense six composantes majeures :

- **La résolution de problèmes** : la capacité de la famille à résoudre les problèmes et à maintenir un bon fonctionnement.
- **La communication** : la clarté et la franchise des échanges d'informations au sein de la famille.
- **Les rôles** : les différents comportements des membres de la famille et les responsabilités de ceux-ci dans la satisfaction des besoins élémentaires, les tâches ménagères, le soutien affectif et l'alimentation.
- **Les réactions affectives** : la capacité de chaque membre de la famille à exprimer et à éprouver un large éventail d'émotions intenses et positives.

LES ENFANTS DU DIVORCE

Il y a eu beaucoup de discussions sur les effets du divorce chez les enfants. Beaucoup de parents restent ensemble pour le bien de leurs enfants. La plupart des recherches montrent que les enfants ne sont pas obligatoirement affectés négativement par le divorce de leurs parents. Les garçons réagissent cependant un peu moins bien que les filles sur le long terme. C'est la nature du mariage qui permet le mieux de déterminer la façon dont les enfants vont faire face au divorce. Si les parents se disputent constamment et ont une relation tumultueuse dans le cadre du mariage, il est probable que le divorce ne se passera pas bien. Les chercheurs conseillent souvent aux couples de ne pas discuter des problèmes relevant du divorce devant les enfants et d'éviter au maximum les conflits.

- **La réglementation du comportement** : les règles de conduite. Dans ma famille, il était absolument interdit de roter à table.

- **Le fonctionnement général de la famille** : il indique si la famille est capable d'effectuer ses tâches quotidiennes de bout en bout (à travers les cinq composantes ci-dessus). Votre famille obtiendrait-elle une bonne note si vous deviez lui en attribuer une ?

Remplir le rôle de parent avec panache

Un de mes amis a récemment eu un bébé. J'étais sur le point de lui donner quelques conseils d'ordre psychologique sur l'art d'être père, lorsqu'il a commencé à me raconter toutes les recommandations que les gens lui avaient faites et à quel point ça l'ennuyait. J'ai donc gardé mon avis pour moi. « Laissez-les pleurer, ça leur ouvre les poumons ! », « Ne leur donnez pas de sucette ! » Il y a presque autant d'opinions sur la façon d'élever les enfants qu'il y a d'individus sur la planète. Heureusement, les psychologues ont essayé de simplifier les choses.

Baumrind a tenté de donner une vision plus claire sur l'art d'être parent. Elle a distingué trois styles principaux de parents : les « autoritaires », les « autorisants » et les « permissifs ».

- **Les autoritaires** : ces parents sont rigides et tyranniques. Certains enfants se sentent comme des prisonniers dans leur propre famille. Leurs parents sont trop stricts, rigides, et n'écoutent jamais ce qu'ils ont à dire. Ils ressemblent aux sergents instructeurs. Ce qu'ils disent est toujours juste et il n'y a pas à discuter. Malheureusement, cette sévérité ne donne pas de bons résultats. Les enfants élevés par des parents autoritaires ont tendance à être trop passifs ou, au contraire, exagérément rebelles et parfois hostiles. Les parents autoritaires auraient beaucoup à apprendre du style de parents suivant.
- **Les autorisants** : ces parents ont une approche plus démocratique. Ils sont parfois critiqués par les générations précédentes, qui leur reprochent d'essayer de raisonner leurs enfants. « Une bonne fessée, c'est tout ce qu'il leur faut ! » Les parents autorisants écoutent leurs enfants et leur permettent de prendre des initiatives mais maintiennent une autorité et un contrôle parental. Les enfants se développent bien dans un tel environnement.

Ils sont plus sociables, ont davantage confiance en eux et sont plus équilibrés quand ils grandissent.

» **Les permissifs** : il existe deux types de parents permissifs :

- **Les indulgents** : vous avez peut-être eu des copains qui avaient toujours le droit de sortir et de rentrer tard. Ils avaient des parents cool. Les parents indulgents s'impliquent dans l'éducation de leurs enfants mais répugnent à jouer un rôle autoritaire et à inculquer la discipline. Ils permettent parfois à leurs enfants d'avoir un comportement discutable parce qu'ils refusent de les aliéner.
- **Les indifférents** : ces parents sont plutôt négligents. Cette indifférence peut être imputée à différents facteurs : la carrière, la drogue ou le narcissisme. Dans tous les cas, les enfants de parents permissifs ne se sentent pas armés pour affronter l'âge adulte.

Embrasser ses rivaux : les frères et sœurs

Vous êtes-vous déjà demandé à quoi servaient les frères et sœurs ? Ceux d'entre vous qui sont fils ou fille unique ont peut-être souhaité avoir un frère ou une sœur. Mais peut-être pensez-vous que les frères et sœurs ne sont bons qu'à vous embêter et à piquer vos petit(e)s ami(e)s. En réalité, les psychologues ont découvert qu'ils jouaient un rôle plus important que cela.

Les frères et sœurs ont une influence sur notre développement en tant qu'individus. Ils créent un environnement familial qui serait différent sans eux. Ils sont aussi de bonnes sources d'amitié, de camaraderie et d'affection. Parfois, ils peuvent aussi jouer le rôle de modèles. Les frères et sœurs remplissent mutuellement trois types de fonctions :

» **La régulation mutuelle** : ils servent de cobayes pour tester de nouveaux comportements. Grâce à eux, il est possible d'évaluer l'effet d'une lettre de rupture avant de l'envoyer à son (sa) petit(e) ami(e).

- **Les services directs** : ils partagent avec nous les corvées ménagères et nous rendent des services. Ils font le taxi, nous aident à faire nos devoirs, nous donnent des conseils vestimentaires.
- **Les négociations avec les parents** : les frères et sœurs nous aident à former des alliances et des coalitions. Quand les temps sont durs, on se serre les coudes.

Beaucoup de personnes ont connu une sorte de rivalité fraternelle. D'après les études effectuées sur les relations entre frères et sœurs, c'est l'antagonisme et les disputes qui sont cités le plus souvent dans les aspects négatifs. Certaines personnes pensent que les querelles disparaissent avec l'âge. En fait, la nature émotionnelle à la base des relations entre frères et sœurs reste relativement stable. Les interactions peuvent changer, mais les sentiments restent pratiquement les mêmes.

Devenir sociable

Quel est le dicton déjà ? « Les amis sont éternels » ? Ou « les diamants sont éternels » ? Je ne m'en souviens jamais. Je ne possède pas beaucoup de diamants, alors ça n'a pas vraiment d'importance. Tout au long de ce chapitre, j'ai voulu montrer comment nos vies sociales se développent et évoluent. Je suis parti du soi, j'ai abordé la personne maternante, les parents, les frères et sœurs... Il ne manque plus que les amis. L'amitié est en effet très importante.

Les psychologues Willard Hartup et Nan Stevans ont effectué plusieurs études sur l'amitié. Ils définissent l'amitié comme une relation entre des personnes qui s'attirent mutuellement. Elles construisent alors une relation réciproque fondée sur l'échange. Ce qui différencie les relations amicales des autres, c'est l'aspect mutuel du lien. On donne beaucoup, on prend et on redonne.

Les vrais amis nous soutiennent et nous aident à faire face à tous les problèmes de la vie. Ce n'est pas forcément facile de se faire des amis, il faut être plutôt sociable pour y parvenir. Il est bon d'être également adapté socialement (pour en savoir plus, reportez-vous au **chapitre 9**). Pour entretenir une amitié, il faut aussi savoir gérer les conflits lorsqu'ils apparaissent.

Qui sont nos amis ? Le plus souvent des personnes qui nous ressemblent. Les amis ont en général le même âge, le même sexe, les mêmes origines ethniques, les mêmes capacités. La plupart du temps, ils mènent le même genre de vie que nous. Quand nous vieillissons, nos amis sont souvent des gens qui travaillent avec nous, ce qui signifie qu'ils appartiennent à la même catégorie socioprofessionnelle que nous. Aucun ami riche en vue pour vous ?

Pourquoi avons-nous des amis ? Pour leur emprunter de l'argent... Et ensuite ? En fait, il est prouvé que l'amitié a des effets positifs sur notre bien-être psychologique. Les gens qui entretiennent de solides liens d'amitié sont plus sociables, serviables et confiants. Les amis sont bons à la santé. Alors, tâchez de vous en faire quelques-uns !

Chapitre 9

Se connaître soi-même et connaître les autres

DANS CE CHAPITRE :

- » **Développer les aptitudes sociales nécessaires pour payer les factures**
- » **Expliquer le comportement de son voisin**
- » **Apprendre à se connaître**
- » **Communiquer comme un pro**

Une chose est sûre : nous vivons dans un monde plutôt compliqué. L'environnement ressemble à une symphonie interprétée par différents instruments. Chacun joue sa propre partition pour créer un son cohérent. Notre perception de cette mélodie dépend justement en grande partie de nos capacités à percevoir. Si celles-ci ne fonctionnent pas correctement, nous aurons tendance à penser que la mélodie n'est pas juste. Les instruments qui jouent le plus fort dans cette symphonie peuvent être associés aux gens qui nous entourent. Ils semblent dominer la musique et se détachent de l'ensemble. Ils constituent l'aspect central de notre perception de l'environnement.

Qu'y a-t-il de si particulier à percevoir le monde sous une forme organisée ? Vous êtes-vous déjà perdu dans une ville sans avoir de plan sous la main ? Ce n'est pas franchement drôle. D'ailleurs, ce n'est pas le côté agréable d'une situation qui rend si importante notre capacité à organiser nos perceptions. Percevoir l'environnement de façon cohérente est indispensable à notre survie. La survie des humains a d'ailleurs toujours dépendu de leur compréhension de l'environnement dans toute sa complexité.

Les autres constituent une force extrêmement puissante dans notre environnement, beaucoup plus importante que le temps qu'il fait. Les humains sont des créatures sociales. Notre survie dépendrait donc de notre capacité à comprendre notre environnement humain, sans parler du temps. La compréhension sociale est vitale. Les alliances, les adversaires, la répartition des ressources, la division du travail, la communication et la compréhension de soi sont des aspects importants de cette compréhension sociale. Chacun de nous est doté d'un niveau élémentaire d'« aptitude sociale » pour évoluer dans l'environnement humain. Selon Phillips, il s'agit de l'aptitude à communiquer et à interagir avec les autres de façon à satisfaire ses besoins et à atteindre ses objectifs sans toutefois gêner les autres dans la poursuite de leurs buts.

La section suivante aborde quatre aptitudes sociales très importantes : comprendre le comportement des autres, comprendre notre propre comportement, s'entendre avec les autres et les aider et, pour finir, communiquer.

Observer les autres

Comment nous y prenons-nous pour comprendre les gens et nous comprendre nous-mêmes ? Cette question a fait l'objet d'études pour donner naissance à une discipline de la psychologie : la « cognition sociale ». On utilise le terme cognition pour insister sur le processus de pensée particulier mis en œuvre lorsque nous regardons les autres et tirons des conclusions sur leur personnalité à partir de nos observations.

Nous observons toujours les autres. Êtes-vous déjà allé dans un lieu public, comme un parc ou un centre commercial, uniquement pour regarder les gens ? C'est souvent très intéressant. Vous pouvez remarquer leurs vêtements, les sacs qu'ils portent, leurs conversations, etc. Vous notez toutes sortes d'éléments sur eux que vous utilisez pour tirer des conclusions.

Ne dites pas le contraire ! Combien de fois avez-vous qualifié un jeune homme en costume au volant de sa BMW de jeune cadre dynamique ? Ne vous êtes-vous jamais dit que l'adolescent aux cheveux rouges et aux nombreux piercings cherche uniquement à attirer l'attention ? Mais, après tout, qu'en savez-vous ? Le jeune cadre dynamique n'est peut-être qu'un voleur de voitures bien habillé et l'ado aux cheveux rouges est peut-être en train de faire une expérience psychologique ? Vous n'avez pas discuté avec eux, alors comment pouvez-vous le savoir ? En fait, vous n'avez pas besoin de leur parler pour commencer à tirer des conclusions sur eux en fonction de ce que vous voyez, entendez et ressentez.

On appelle « perception de la personne » le fait de tirer des conclusions sur les intentions des individus et sur leurs caractéristiques à partir de simples observations. Nous utilisons tous des suppositions dans ce processus.

- Nous partons du principe que les individus sont des « agents causals », qu'ils prennent une part active dans la production de leur propre comportement. Cette assertion ressemble à une évidence mais supposons-nous que les nuages flottent dans le ciel parce qu'ils l'ont souhaité ainsi ? Les mauvaises herbes poussent-elles dans mon parterre de fleurs parce qu'elles l'ont décidé, rien que pour m'embêter ? J'espère que non ! Sinon, elles seraient vraiment insolentes ! En fait, lorsque nous voyons agir un individu d'une certaine façon, nous supposons souvent qu'il le fait intentionnellement.
- Nous partons également du principe que les autres sont comme nous, qu'ils pensent et qu'ils ressentent comme nous. C'est parce que nous faisons cette supposition que nous pouvons nous servir de notre expérience pour essayer de comprendre les autres. Nous savons que nous pleurons lorsque nous sommes tristes, comme lorsque les Bleus ont été éliminés de la coupe du monde en 2002. Alors, quand nous voyons quelqu'un d'autre pleurer, nous supposons que c'est parce qu'il est triste et qu'il a peut-être lui aussi assisté à la défaite des Bleus.

En tant que spécialiste du comportement et des processus mentaux humains, je sais combien il est parfois difficile de comprendre et d'organiser mes observations sur les autres. Les psychologues ont mis au point des techniques et des instruments spéciaux pour évaluer et organiser leurs observations.

Barker et Wright ont comparé le comportement à une rivière avec son flot continu d'actions associées sans lien apparent. Il serait vraiment difficile d'isoler une partie de la rivière. Alors, comment faisons-nous pour isoler un morceau de l'ensemble du comportement humain – le « flot comportemental ». Selon Newston et Engquist, nous possédons tous l'aptitude à sélectionner des arrêts sur image dans l'ensemble du comportement. Ensuite, nous traitons ceux-ci comme des unités d'information naturelles.

Nous isolons les échantillons du comportement qui semblent former une intention séparée. C'est comme si nous regardions la chevelure de quelqu'un et voyions cette masse bouger à l'unisson. Toutes les mèches bougent en réaction au mouvement de la tête et ne font qu'une. Prenons un autre exemple : lorsque vous regardez un match de foot, est-il plus facile de regarder les joueurs sur la première ligne, qui se déplacent comme une seule masse, ou ceux qui sont à l'arrière, qui se déplacent indépendamment les uns des autres ? Bien sûr, il est plus facile de remarquer les joueurs isolés.

Nous avons également tous une tendance naturelle à discerner les modifications ou les changements brusques de comportement (pour en savoir plus sur ce sujet, reportez-vous au **chapitre 12**). Si quelqu'un s'avance vers nous doucement, en marchant, nous remarquerons moins son déplacement que s'il fait un bond d'un mètre dans notre direction. Il est plus probable que nous remarquions les comportements qui se détachent du lot.

Expliquer le comportement des autres

Il est plutôt difficile d'essayer d'expliquer le comportement des autres. Comme nous ne pouvons pas regarder à l'intérieur de l'esprit, nous ne pouvons que deviner ce qui s'y passe. Cela ne nous empêche pas de tenter d'expliquer les actions des autres.

Juger au premier coup d'œil

Avez-vous déjà eu le coup de foudre ? Je me suis toujours demandé comment cela se passait. Comment pouvons-nous tomber amoureux de quelqu'un uniquement en le regardant ?

Les recherches effectuées dans le domaine des « jugements irréfléchis » peuvent nous aider à répondre à cette question. Les jugements irréfléchis sont des évaluations instantanées, automatiques et inconscientes des autres.

Nous fondons nos jugements irréfléchis sur deux types de signaux.

- » **Les signaux statiques** : ce sont les éléments qui changent très peu chez un individu, tels que son apparence, son sexe, sa corpulence (mais pas les vêtements). Nous utilisons ces informations pour formuler des « jugements d'évaluation » sur une personne. Ces jugements peuvent être justes ou erronés. Quand nous voyons un individu porter un nœud papillon, nous pouvons penser qu'il aime bien s'amuser et qu'il ne s'en fait pas ou au contraire qu'il est conformiste et collet monté. Dans tous les cas, nous utilisons un aspect de son apparence physique pour définir cet individu.
- » **Les signaux dynamiques** : ce sont les éléments qui ont tendance à changer selon la situation, tels que les expressions du visage et les manies. Lorsque nous voyons quelqu'un sourire, nous pouvons considérer que cet individu est heureux en général ou qu'il vient d'entendre une blague. Ainsi, nous utilisons des informations plutôt élémentaires pour faire des évaluations irréfléchies sur la personnalité des individus ou sur leur vie.

Se faire une idée

Les jugements irréfléchis ne sont que le début de nos tentatives pour comprendre les individus. Nous avons tous recours aux jugements irréfléchis même si la plupart du temps nous n'en sommes pas conscients. Dans le processus de « formation d'impression », nous allons au-delà du jugement irréfléchi pour faire des suppositions plus en profondeur sur quelqu'un. Regardez les adjectifs suivants utilisés pour décrire une personne : travailleur, tendu, adroit, froid, industrieux. De quel type de personne s'agit-il ? Quelle que soit notre conclusion, nous avons tendance à associer ces mots selon notre expérience et notre savoir afin de dresser un portrait succinct.

Salomon Asch a mis au point une théorie populaire sur la formation d'impression. Cette théorie se concentre sur l'existence de « traits centraux » qui faussent notre interprétation et minimise l'importance des autres traits. C'est comme si nous avions l'intuition que certains traits vont ensemble. Par exemple, une personne séduisante aura plus de chances de trouver quelqu'un pour l'aider à changer sa roue qu'une personne sans charme. C'est sûrement parce que nous supposons que la beauté est automatiquement liée à la gratitude. Nous n'allons quand même pas aider un laideron ingrat à changer sa roue !

Les théories implicites de la personnalité

Selon Bruner et Tagiuri, les « théories implicites de la personnalité » sont des croyances générales à propos de la fréquence d'un trait, de sa variabilité et de ses liens avec d'autres traits. Nous savons que certains traits sont associés, soit parce qu'on nous l'a dit, soit parce que nous l'avons observé. J'ai entendu des milliers de fois que les personnes bien élevées n'interrompaient jamais les autres. Je suppose donc que je suis plutôt mal élevé, car je passe mon temps à couper les gens. Le fait d'être mal élevé et le fait d'interrompre les autres sont associés dans ma théorie implicite de la personnalité.

En général, les théories implicites de la personnalité correspondent à des stéréotypes. Les stéréotypes sont une conséquence inévitable de nos efforts pour donner un sens à notre monde social. Il s'agit de raccourcis de la pensée en quelque sorte. Nous ne pouvons pas stocker dans nos mémoires des évaluations indépendantes pour chaque personne que nous avons rencontrée. Cela prendrait trop de place ! Alors, nous classons plutôt les gens dans des catégories et cela se traduit parfois par la formation de stéréotypes. Malheureusement, dans notre tentative de simplifier le monde, nous avons tendance à trop généraliser les aspects négatifs des gens, ce qui conduit souvent aux préjugés et au racisme.

Déterminer la cause du comportement des autres

Nous ne formulons pas uniquement des jugements irréfléchis sur les autres à partir d'informations limitées. Nous essayons également de déterminer pourquoi ceux-ci agissent comme ils le font et ce qui les a poussés à adopter un tel comportement. Selon Heider, nous avons tous tendance à considérer que le comportement est provoqué par la personne elle-même (cause interne) ou par l'environnement (cause externe).

La dernière fois que je suis allé à Las Vegas, j'ai vu une femme d'un certain âge gagner en plusieurs fois une somme de 50 000 dollars au jackpot. Lorsque je me suis reculé pour regarder les gens amassés autour d'elle, je l'ai entendu expliquer sa stratégie à son nouveau fan-club. Je n'ai pas pu m'empêcher de rire en pensant que sa stratégie n'avait rien à voir dans tout cela. C'était uniquement de la chance ! Dans ce cas précis, j'ai attribué son succès à une cause environnementale externe – la programmation de la machine à sous qu'elle avait utilisée. Mais cette dame, elle, attribuait son succès à son habilité. Elle devrait peut-être écrire « Les Machines à sous pour les Nuls » !

Lorsque nous attribuons un comportement à une cause, nous nous appuyons sur trois types d'informations importantes.

- **La constance** : les individus se comportent généralement de la même façon dans différentes circonstances. Ce même comportement nous donne une idée de leur constance. Lorsqu'un individu adopte souvent le même comportement, nous attribuons celui-ci à sa personnalité. Un élément qui se trouve à l'intérieur de la personne est à l'origine de ce comportement. Plus la personne est inconstante, plus nous attribuons son comportement aux circonstances. Je ne perds pas à Las Vegas parce que je suis un loser. Je perds à cause des circonstances. Du moins, je l'espère.
- **Le signe distinctif** : je croyais qu'un de mes copains avait un véritable problème avec les femmes. Il s'en plaignait toujours auprès de moi. Ce n'est qu'après avoir vu comment il traitait les gens, y compris les hommes, que j'ai réalisé qu'il était odieux avec tout le monde. Son comportement était caractéristique parce qu'il agissait de la même façon avec tout le monde et non avec un individu en particulier. Comme son comportement ne variait pas en fonction du contexte ou de l'environnement, il s'agissait probablement d'un trait interne.

» **Le consensus** : lorsque mon voisin va au cinéma, il achète du pop-corn, un coca, donne son ticket à l'ouvreuse, cherche une place, s'assoit, ne parle pas et regarde le film. Qu'est-ce que cela nous apprend sur lui ? Absolument rien. Pourquoi ? Probablement parce qu'il a le comportement typique de quelqu'un qui va au cinéma. Il y a consensus : les gens qui vont au cinéma agissent tous de la même façon. Ce qui nous amène à conclure que le comportement de mon voisin est déterminé par la situation. Si celui-ci se levait et se mettait à crier au moment où le film commence, il agirait hors du consensus et nous en apprendrait beaucoup plus sur sa personnalité à travers cet acte unique.

Il existe un grand nombre de combinaisons possibles de ces trois types d'informations : constance élevée, signe distinctif élevé, faible consensus, etc. Logiquement, l'association constance élevée, signe distinctif faible et consensus faible conduit à une *attribution personnelle* (cause ou explication interne pour le comportement). Lorsque nous agissons avec constance dans toute situation, lorsque nous répondons toujours de la même façon aux mêmes stimuli et agissons différemment des autres, c'est bien nous qui sommes à l'origine du comportement. La constance élevée, le signe distinctif élevé et le consensus élevé conduisent à une attribution externe. Si nous agissons toujours de la même façon mais répondons différemment aux mêmes stimuli, et si tout le monde fait de même, c'est la situation ou l'environnement extérieur qui dominent. Alors, à quoi attribueriez-vous ma passion pour la polka ? Tout le monde aime-t-il la polka ?

Faire des erreurs

Mais est-ce que nous tombons toujours juste avec nos attributions ? En fait, nous faisons tous une erreur récurrente : l'« erreur fondamentale d'attribution ». La plupart du temps, nous sous-estimons le rôle des causes externes comme déterminants du comportement humain. Nous avons tendance à considérer que les autres sont entièrement responsables de ce qu'ils font, que ce sont uniquement eux qui sont à l'origine de leur comportement. Si nous raisonnons ainsi, c'est parce qu'il nous manque des informations significatives sur leur comportement face aux différentes situations. Alors, en cas de doute, nous attribuons le comportement à celui qui le produit. Plus nous disposons d'informations, plus notre jugement s'améliore.

Nous avons également tendance à attribuer plus facilement notre comportement que celui des autres à des causes externes (Jones et Nisbett). Comme il s'agit de nous, nous avons accès à plus d'informations. De même, nous attribuons nos succès à des causes internes et nos échecs à des causes externes, et inversement pour les autres personnes. Ainsi, si j'avais gagné 50 000 dollars au jackpot à Las Vegas, j'aurais probablement réagi de la même façon que la vieille femme et je me serais dit : « Si j'ai gagné, c'est parce que je sais vraiment bien manipuler la manette de la machine à sous. » Quant à la vieille femme, elle se serait certainement assise un peu à l'écart et se serait moquée de moi en pensant que ce n'est qu'une question de chance.

S'expliquer

Les gens célèbres qui font de la publicité pour une marque à la télévision utilisent-ils réellement les produits qu'ils vantent ? Michael Jordan porte-t-il vraiment la marque de sous-vêtements pour laquelle il fait de la publicité ? Je ne connais pas Michael Jordan personnellement, je ne peux donc qu'imaginer, deviner. Mais supposons qu'il utilise bien ces produits. Si nous lui demandions pourquoi il fait de la publicité pour cette marque, que dirait-il et que nous apprendraient ses réponses sur lui (se connaît-il bien ou non ?) ?

Festiger et Carlsmith ont réalisé une expérience classique qui nous donne une idée sur la question. Ils ont demandé à des individus d'effectuer une tâche ennuyeuse puis les ont payés pour qu'ils racontent aux autres que ce travail était vraiment intéressant. Les individus étaient divisés en deux groupes. Ceux qui faisaient partie du premier groupe ne recevaient qu'un dollar chacun, les autres vingt dollars. Lorsque ces personnes ont été interrogées sur leur sentiment réel concernant l'intérêt de la tâche à effectuer, celles qui n'avaient touché qu'un dollar estimaient le travail plus intéressant que celles qui en avaient touché vingt. Cette expérience met en évidence le processus de « dissonance cognitive », à savoir la tendance à modifier ses opinions et ses convictions en vue de les adapter à ses actions. Ainsi, lorsque nous adoptons un comportement qui se trouve en contradiction avec nos convictions, nous modifions celles-ci pour qu'elles soient en harmonie avec notre comportement.

Les personnes qui n'avaient été payées qu'un dollar devaient considérer que, si elles s'étaient laissé corrompre pour un misérable dollar, c'est qu'après tout, la tâche ne devait pas être si ennuyeuse. Plus le pot-de-vin est élevé, plus nous percevons la tâche comme contraire à nos convictions profondes. Dans ce cas, l'argent facile constitue l'explication idéale pour notre comportement.

Qu'est-ce que cela nous apprend sur les personnes célèbres qui font de la publicité ? Si elles utilisent les produits qu'elles vantent, c'est peut-être parce qu'elles ne veulent pas admettre qu'elles ne le font que pour l'argent. Michael Jordan ne veut peut-être pas s'avouer qu'il ne trouve pas ces sous-vêtements si confortables parce qu'il ne veut pas reconnaître qu'il aime l'argent qu'on lui donne pour vanter les qualités de cette marque. Alors, il change peut-être son attitude pour la faire correspondre à son comportement. Rappelons que je ne sais pas du tout pourquoi Michael Jordan fait de la publicité pour ces sous-vêtements. C'est juste un exemple.

La dissonance cognitive nous en apprend beaucoup sur nous-mêmes et sur la façon dont nous nous engageons dans le processus d'*auto-attribution*. Selon la théorie sur l'autoperception mise au point par Daryl Bem, nous connaissons nos attitudes par les déductions que nous faisons en observant notre comportement de la même façon que nous observons celui des autres. Lorsqu'il n'y a plus d'adéquation entre notre façon d'agir et nos convictions, nous changeons d'opinions parce que nous utilisons les observations sur notre comportement externe pour savoir ce que nous croyons.

Lorsque nous essayons de nous représenter notre propre comportement et de le juger, nous pratiquons la déformation avec maestria. Il en existe trois formes :

- **L'effet de faux consensus (tendance à surestimer)** : nous pensons à tort que nos opinions et nos comportements, en particulier les plus condamnables, sont partagés par le plus grand nombre : « Tout le monde fait ça ! » Nous avons tendance à voir un consensus en accord avec notre opinion, que celui-ci existe ou non. Une fois, je m'étais acheté des baskets rose bonbon parce que je pensais qu'elles allaient être à la mode. Elles n'ont fait qu'un jour d'école.
- **L'effet de faux caractère unique (tendance à sous-estimer)** : certaines personnes ont tendance à croire que leurs problèmes sont si différents de ceux des autres que personne ne pourra vraiment les comprendre. Il s'agit donc de la tendance à sous-estimer la banalité de nos convictions, en particulier les plus louables. Après avoir jeté mes baskets rose bonbon, je suis allé m'acheter une paire de chaussures, que je croyais unique, à 100 euros. Vous pouvez imaginer ma surprise lorsque j'ai vu tous les autres enfants de l'école porter exactement la même paire !
- **L'auto-handicap** : à l'université, lorsque je devais passer un examen très difficile (le genre d'examen que j'étais pratiquement sûr de rater même en travaillant), je préférais ne pas réviser du tout. Ainsi, en cas d'échec, je pouvais me consoler en me disant que je n'avais rien fait, ce qui m'évitait de remettre mes capacités ou mon intelligence en question. Lorsque nous cherchons des excuses pour expliquer un échec, pour protéger notre estime de soi ou notre image, nous pratiquons l'auto-handicap. Parfois, je me demande si les sportifs de haut niveau ne font pas appel à cette méthode. Lorsqu'ils voient que la victoire leur échappe, ils peuvent feindre de s'écrouler par terre ou d'être blessés. Mais nous ne sommes pas dupes !

Communiquer : plus facile à dire qu'à faire

Ronald Reagan était considéré comme un maître de la communication. À ce qu'on dit, il parvenait très bien à faire passer son message, et les gens réagissaient vraiment à ses discours. Personnellement, je n'ai jamais pris le temps d'analyser ses talents pour la communication. Mais que vous soyez président des États-Unis ou que vous essayiez de commander un hamburger au Mac Drive du coin, l'aptitude à communiquer est vitale pour être reconnu socialement.

Hargie, Saunders et Dickson ont développé un modèle de « communication interpersonnelle » et mis en évidence plusieurs éléments importants du processus de communication. Chaque personne impliquée dans un échange apporte ses thèmes, ses connaissances, ses attitudes, ses qualités et ses défauts, ainsi que ses émotions par rapport à la situation. Tous ces éléments vont influencer le processus de communication. Chaque situation particulière entraîne un style ou un aspect différent de la communication. Nous ne communiquons pas de la même façon en réunion officielle ou lors d'une rencontre informelle. En général, nous évitons de jurer pendant un entretien d'embauche, mais nous ne nous en privons pas devant un match à la télé.

Tous les épisodes de communication sont motivés par un but. Plusieurs objectifs peuvent même être poursuivis simultanément. Une conversation varie en fonction de l'objectif fixé. Dans le cas d'une visite à un vieil ami ou celui d'une évaluation psychologique, je parlerai de choses différentes.

Plusieurs « processus médiateurs » sont à la base de la communication. Tout processus psychologique permettant d'atteindre l'objectif de communication ou l'aboutissement de cette communication peut être considéré comme un processus médiateur. La « focalisation » (ce qui attire notre attention) est l'un de ces processus importants et peut avoir un effet déterminant. Autres aspects essentiels : faire le lien entre la conversation actuelle et les connaissances préalables ou chercher à voir ce qu'il y a derrière l'information communiquée, c'est ce qu'on appelle l'« inférence ».

Le *feed-back* joue aussi un rôle important dans le processus de communication. Les autres vont nous indiquer si nous communiquons efficacement et comment nous le faisons. Nous utilisons ce feed-back pour changer la façon dont nous communiquons afin de mieux atteindre les objectifs de la conversation. Certaines personnes ne font que radoter et ignorent les signaux des autres leur indiquant que le contenu de leur message ne passe pas. Ces individus ne tirent aucune leçon du feed-back. Je vais vous donner un truc : si quelqu'un s'endort pendant que vous êtes en train de parler, c'est un feed-back important !

Pour bien communiquer, il faut maîtriser les techniques de communication suivantes : poser des questions, expliquer et écouter.

Poser des questions

Toute communication efficace passe par le processus de « questionnement » (Hargie, Saunders et Dickson). Les questions sont idéales pour commencer une conversation, rassembler des informations et montrer à la personne que nous nous intéressons à ce qu'elle dit. Il existe différents types de questions : « Où étiez-vous dans la nuit du 12 novembre à 3 heures ? » Un conseil : si la police vous pose cette question, appelez vite un avocat ! Il s'agit d'une question de « rappel » – on vous demande de vous souvenir d'une information élémentaire. D'autres questions exigent que la personne qui répond analyse, évalue ou trouve la solution à un problème. Les questions « fermées » ne requièrent qu'une réponse affirmative ou négative ou encore d'identification. Les questions « ouvertes » nécessitent une description ou une composition.

Bien poser les questions, c'est tout un art. Il est souvent très utile de donner à la personne qui répond un contexte ou une structure pour cadrer la question. Vous pouvez commencer en disant : « J'ai trois questions principales. » Il faut renseigner la personne sur ce que vous allez dire, lui donner une sorte de plan de conversation. Parfois, nous avons besoin d'un signal pour répondre correctement à une question. C'est ce qu'on appelle l'« incitation ». Un ensemble d'affirmations préalables peut également aider la personne qui répond.

Expliquer

Pour savoir parler, il ne suffit pas de poser des questions. Il faut aussi être capable de s'expliquer. Les explications fournissent des informations, des éclaircissements et sont souvent utilisées pour démontrer quelque chose.

Lorsque vous faites une remarque dans une conversation, vous pouvez étayer votre argumentation en fournissant une explication solide à votre prise de position. Les bonnes explications sont claires, ciblées et adaptées aux connaissances de l'interlocuteur. Il est également préférable d'être bref et d'éviter les « euh », les « hum », les « donc », etc. Ces tics de langage ne font qu'entraver la communication. Les personnes qui écoutent risquent de se désintéresser du sujet.

Parfois, il est utile de faire une pause et de reprendre ce qui a été dit, de sorte que l'interlocuteur puisse organiser et intégrer les explications. Il est aussi très important d'utiliser un langage approprié à l'audience. Si vous entrez trop dans les détails techniques ou si, au contraire, vous êtes trop vague, votre public ou votre interlocuteur risque de décrocher.

Écouter

Écouter constitue le troisième aspect fondamental d'une communication réussie. Les conversations à sens unique n'ont pas grand-chose à voir avec la communication. Hargie, Saunders et Dickson donnent quelques conseils pour favoriser l'écoute.

Préparez-vous physiquement et préparez votre environnement. Éteignez la radio, tentez de limiter les bruits extérieurs. Asseyez-vous de façon à bien entendre la personne qui parle.

- Soyez conscient de vos préjugés et de vos idées préconçues et préparez-vous mentalement à être attentif.
- Restez concentré en vous posant des questions intérieurement sur ce que le locuteur est en train de dire.
- N'interrompez pas si ce n'est pas nécessaire.

- » Identifiez mentalement les points principaux de la communication du locuteur et organisez ce qu'il dit en catégories : qui, quand, quoi, pourquoi et comment.
- » N'utilisez pas de « techniques de blocage », comme nier les sentiments de quelqu'un et changer de sujet.
- » Regardez la personne quand elle vous parle.
- » Faites des signes de tête affirmatifs.
- » Tournez votre corps vers le locuteur et maintenez une posture ouverte. Ne croisez pas vos bras et ne vous détournez pas.
- » Ne faites pas autre chose à côté. Si vous remplissez en même temps votre déclaration d'impôts, vous n'êtes, de toute évidence, pas très attentif.

S'affirmer

Ce qui me frappe souvent chez mes patients, c'est leur incapacité à se prendre en charge et à communiquer leurs besoins d'une manière directe et assurée. Lorsque nous nous plaignons de nos collègues arrogants, de nos chefs incompétents et de nos conjoint(e)s grognon(ne)s, c'est que nous ne nous affirmons pas assez. Certaines personnes savent très bien dire ce qu'elles pensent sans pour autant enfoncer les autres.

Il ne s'agit pas d'être agressif, ce qui impliquerait un certain degré d'hostilité et le rejet du droit des autres à l'interaction. Non. Ce dont je veux parler, c'est de l'« assurance », quelque chose d'un peu plus modéré que l'agressivité.

Vous avez de l'assurance lorsque vous défendez vos droits et lorsque vous exprimez vos pensées, vos sentiments et vos convictions d'une façon directe, honnête et appropriée qui respecte les autres. Quelqu'un est-il déjà passé devant vous lorsque vous faisiez la queue à l'épicerie ? Lui avez-vous dit de faire la queue comme tout le monde ou avez-vous gardé vos commentaires pour vous, ce que vous avez regretté une fois qu'il était trop tard ? Que faites-vous lorsque vous commandez un plat au restaurant et que l'on vous amène tout à fait autre chose ? Mangez-vous sans rien dire ou renvoyez-vous le mauvais plat ? En fait, beaucoup de gens n'osent rien dire de peur d'être mal vus ou de blesser les autres.

L'assurance est une aptitude sociale que vous pouvez apprendre. En général, lorsque les individus acquièrent plus d'assurance, la qualité de leurs relations s'améliore aussi. Ils n'ont plus peur de dire ce qu'ils pensent réellement et ne gardent plus les choses pour eux de peur de perdre une amitié. Lorsqu'ils apprennent à communiquer avec assurance, de nouvelles possibilités de communication s'ouvrent à eux.

Alors, un peu plus d'assurance, cela vous tente ? Les « assertions élémentaires » sont des expressions telles que « Non, je n'aime pas ce film ! » ou « Merci, mais j'ai mangé assez de gâteaux ! » Les « assertions emphatiques » sont utilisées pour faire comprendre à quelqu'un que nous avons bien saisi sa position même si nous n'avons pas le même avis : « Je comprends que tu préfères les hamburgers à la cuisine italienne, mais j'ai vraiment envie de spaghettis. » Lorsqu'un individu commence par une assertion élémentaire puis utilise des formulations de plus en plus directes et quasiment sans ambiguïté, on parle d'« escalade des assertions ». Cette technique fait merveille auprès des vendeurs trop empressés ou arrogants, comme le montre l'exemple ci-dessous :

Le vendeur : Que puis-je faire pour vous ?

Le client : Rien, merci, je regarde.

Le vendeur : Il y a de bonnes affaires à faire au rayon Hommes aujourd'hui.

Le client : Vraiment, je ne suis pas intéressé.

Le vendeur : Que pensez-vous de...

Le client : Pour la troisième fois, je vous demande de me laisser tranquille. Je n'ai pas besoin de votre aide !

Pour faire preuve d'assurance, il vaut mieux s'exprimer à la première personne plutôt que de mettre l'accent sur le comportement de l'autre personne en la désignant constamment par « vous/tu ». Ainsi, plutôt que d'affirmer à votre chef qu'il s'acharne sur vous et qu'il commence à vous casser les pieds, dites-lui : « J'ai le sentiment que vous exercez plus de pression sur moi que sur les autres employés. Lorsque je m'en rends compte, cela me met en colère. » Je sais, ce n'est pas évident, mais ça marche plutôt bien. Essayez !

Fry a mis au point une liste de stratégies de défense verbale à utiliser contre les manipulateurs et les insolents :

- **Le disque rayé** : il suffit de répéter sans cesse la même chose : « J'ai dit non ! Vous savez ce que ça veut dire, non ? Alors, non, c'est non ! »
- **Brouiller les pistes** : approuver quelqu'un sans pour autant changer de position : « Vous avez raison, je devrais faire attention à ce que je mange, j'ai pris quelques kilos. » Mais penser au fond de vous-même : « Je mange ce qui me plaît ! »
- **Abstraction** : amener la conversation à un niveau plus abstrait : « Je pense que cela illustre bien la difficulté à faire comprendre quelque chose à quelqu'un. » « Quel est le poids idéal, de toute façon ? Autrefois, la corpulence était un signe de prospérité et de beauté. Je ne suis pas gros. Je suis simplement beau et prospère. »

Chapitre 10

Se contorsionner pour être conforme : la psychologie sociale

DANS CE CHAPITRE :

» **Répondre aux attentes**

» **Faire comme les autres**

» **Faire partie d'un groupe**

» **Persuader par la force**

» **Agir de façon hostile**

» **Aider les autres**

Je n'oublierai jamais le reportage que j'ai vu : deux groupes de moines bouddhistes s'affrontant pour le contrôle d'un monastère. J'étais choqué de voir des individus, que j'avais classés dans la catégorie des pacifiques, agir si violemment. L'image était gênante mais montrait très bien comment un comportement individuel peut être dominé par une situation ou la force d'un groupe. Ces individus qui incarnent d'habitude le calme et la paix étaient visiblement dépassés par la situation. Certains se mettaient à agir d'une façon qu'ils n'auraient en aucun cas pu expliquer.

La psychologie ne serait pas un domaine à part entière si elle ne prenait pas en compte les influences sociales dans la détermination d'un comportement (ce que nous faisons et pourquoi nous agissons d'une certaine façon). Nous sommes entraînés par la dynamique de notre personnalité. Nous agissons instinctivement en fonction de notre patrimoine génétique. Notre comportement varie selon ce que nous pensons. Et nous sommes également l'objet d'influences sociales.

La « psychologie sociale » étudie les causes sociales d'un comportement et leur influence sur celui-ci. Il ne faut pas sous-estimer le pouvoir de ces forces. L'étude de ces influences sociales vient compléter le dernier aspect du modèle biopsychosocial du comportement humain (pour en savoir plus sur le modèle biopsychosocial, reportez-vous au **chapitre 1**). Les psychologues sociaux considèrent depuis longtemps que la clé du comportement humain réside dans la compréhension d'éléments tels que les normes de groupe, les rôles imputés à chaque sexe, la conformité et la pression du groupe. Dans ce chapitre, nous évoquerons certaines influences sociales. Nous verrons aussi l'effet de la présence des individus qui nous entourent sur notre comportement.

Jouer son rôle

À part si vous êtes un ermite qui vit dans une cabane au milieu du désert, vous évoluez dans une « matrice sociale », une configuration à plusieurs niveaux de relations sociales allant des rapports parents-enfants aux relations entre collègues. Imaginez-vous au milieu d'un immense cercle à plusieurs anneaux, chacun représentant un niveau d'organisation sociale.

Chacun de ces anneaux comporte une série de comportements attendus, des règles qui déterminent ce qu'un individu doit faire. Les règles sociales ou les modèles de comportement inhérents à chaque groupe correspondent à des « normes ». Les cultures ont des normes, les familles aussi et même les « subcultures ». Une subculture est souvent constituée d'un petit groupe social parfois organisé autour d'une activité de loisir. Un gang peut être considéré comme un sous-groupe disposant de sa propre subculture. Les gangs ont souvent leur propre langage, leur style vestimentaire, leurs rituels, qui définissent des règles très claires pour le comportement de chaque membre.

En général, nous préférons nous considérer comme des individus purs et durs. Nous répugnons à l'idée de suivre des normes.

Les normes ne sont pourtant pas toutes mauvaises. Elles simplifient des situations sociales complexes et nous évitent de réfléchir à ce que nous devons faire ou dire. Les situations sociales fonctionnent plus facilement lorsque les normes sont claires. Selon Argote, les groupes qui travaillent ensemble sont plus efficaces lorsque des normes ont été définies clairement et approuvées par tous.

Quelle serait votre surprise si vous appreniez qu'il existe une civilisation dans ce monde où, pour saluer quelqu'un, on le frappe au visage. Certaines normes semblent universelles, contrairement à celle de donner un coup de poing à quelqu'un en guise de salut. En 1965, Brown a révélé que, dans presque toutes les cultures, les individus parlent avec plus de respect aux personnes ayant une position sociale supérieure à la leur. Ils s'adresseront avec plus de désinvolture à ceux qui appartiennent à une catégorie sociale inférieure. En français ainsi que dans d'autres langues, cette différenciation se traduit par le vouvoiement ou le tutoiement.

Certes, il y a des normes universelles, mais il existe aussi des variantes. Un chrétien de Palestine qui rend visite à quelqu'un refusera fermement toute offre de nourriture et de boisson et n'acceptera qu'une fois que son hôte aura vraiment insisté. En revanche, les Américains auraient plutôt tendance à demander à boire et à manger sans y réfléchir à deux fois. Autre différence dans les normes culturelles : la façon de faire la queue. Certaines cultures ne semblent guère apprécier le fait de se mettre les uns derrière les autres en ligne pour commander quelque chose à manger ; d'autres si. La norme de l'« espace personnel » (l'espace qui nous entoure) peut également varier selon les cultures. Certains individus semblent avoir besoin de moins d'espace personnel que d'autres.

Un « rôle » est un type de norme spécifique qui définit comment un individu doit agir dans une situation donnée. Chacun de nous joue plusieurs rôles (étudiant, employé, frère, sœur, parent, etc.), qui dictent des comportements différents pour chaque situation. Il faut endosser parfois des rôles très clairs – le rôle de parent, par exemple. Il n'est pas question de détourner ce rôle et d'essayer d'instaurer une relation d'amitié avec ses enfants lorsque ceux-ci atteignent l'âge de l'adolescence. Un parent n'a rien à voir avec un ami, et, lorsque les limites sont effacées, le parent transgresse la norme parentale. Pourquoi un adulte voudrait-il se lier d'amitié avec un adolescent farfelu ?

Autre rôle important qui détermine notre comportement individuel : le « rôle des sexes », les comportements définis pour les hommes et les femmes. Les garçons portent du bleu, les filles du rose. Les garçons sont durs, les filles sont douces. Les filles sont bienveillantes, les garçons égoïstes. Et la liste continue. La société regorge de rôles des sexes qui déterminent les comportements appropriés pour les filles et les garçons. Quand je regarde un vieux film, je suis toujours choqué de voir les femmes assises en amazone sur leur monture. Apparemment, ce n'était pas convenable pour une femme d'enfourcher un cheval. Je suppose qu'il n'y avait à l'époque pas beaucoup de stars féminines du rodéo. Il est plutôt difficile de chevaucher un taureau en amazone !

Au cours des siècles, de nombreux changements se sont produits au niveau de la définition du rôle des sexes. Les hommes ont les oreilles percées et se maquillent. Les femmes portent des pantalons. Quel culot ! Les femmes travaillent souvent hors de leur domicile et j'ai même vu un homme pleurer une ou deux fois. Il devait avoir quelque chose dans l'œil... Quelles que soient les spécificités de chaque rôle, nous sommes encore loin de rôles androgynes endossés aussi bien par les hommes que par les femmes.

Se mettre à plusieurs dans un groupe

Dans un épisode classique de La Quatrième Dimension, tous les adolescents ont recours à la chirurgie esthétique et subissent la même opération, si bien qu'au bout du compte, tout le monde a la même apparence. Ken pour l'homme et Barbie pour la femme. Une seule fille décide de conserver son look naturel. Par la suite, elle est constamment persécutée et ridiculisée pour avoir fait ce choix. Elle subit une pression énorme de la part du groupe, qui la pousse à se conformer et à s'aligner sur les autres. Les groupes exercent toutes sortes de pression sur leurs membres. Certains groupes disposent de règles explicites pour que personne ne dévie de l'attitude à avoir. Dans d'autres cas, les règles sont sous-entendues et les pressions subtiles.

SE LAISSER ENTRAÎNER

La définition des rôles détermine fortement notre comportement. Elle dépasse parfois nos personnalités individuelles et nos préférences. En 1972, Fil Zimbardo a réalisé une expérience célèbre, l'« expérience de la prison de Stamford », qui a illustré le pouvoir des rôles. Des étudiants ont été recrutés pour participer à une mise en situation dans une prison. Chaque étudiant était désigné au hasard pour jouer le rôle de gardien ou de détenu. L'expérience avait lieu dans une prison de fortune installée dans le département de psychologie de l'université de Stamford. Chacun de nous semble savoir naturellement ce que les rôles de détenus et de gardiens impliquent. Zimbardo a dû interrompre son expérience au bout d'une semaine : les étudiants, d'habitude normaux et équilibrés, semblaient prendre leur rôle beaucoup trop au sérieux. Les gardiens traitaient très mal les détenus et les dédaignaient, tandis que les détenus ont commencé à haïr vraiment leurs gardiens et à se concentrer uniquement sur la mise en échec du système carcéral et sur leur survie. En d'autres termes, ils ont vraiment été happés par leurs rôles et ils ont oublié la réalité de la situation.

Se conformer

La conformité est définie comme un changement de comportement entraîné par la pression du groupe, réelle ou ressentie. Nous nous conformons bien plus que nous le pensons. Combien y a-t-il de maisons rouges dans votre quartier ? Pas beaucoup, je suppose.

Dans une étude datant de 1937, Sherif a observé la façon dont un individu modifie son jugement en fonction des réponses données par les autres. Le sujet devait estimer la distance parcourue par la lumière dans une pièce sombre. Lorsque d'autres personnes étaient présentes et proposaient des estimations différentes, le sujet modifiait alors sa réponse pour qu'elle se rapproche de celle des autres. La réponse des autres l'avait influencé. En 1955, Asch est arrivé à la même conclusion après une autre expérience. Il a mis plusieurs individus en groupe et leur a demandé d'estimer la longueur de différentes lignes. Les individus modifiaient leur réponse pour s'aligner sur le groupe. Ces deux expériences montrent bien comment un individu se conforme au groupe sous la pression de celui-ci, même si cette pression est subtile.

L'« obéissance » est une forme extrême de conformité, qui implique souvent le fait d'agir contre son jugement ou ses véritables intentions. Lorsque je pense à l'obéissance, je vois les écoles de dressage pour chiens. Je m'imagine avec un collier autour du cou, en train de sauter en l'air pour avoir ma récompense parce que j'ai eu le comportement requis. Un peu extrême, non ?

Si vous étiez convié à une expérience dans laquelle vous auriez à torturer quelqu'un avec des électrochocs, comment réagiriez-vous ? Vous pensez certainement que vous partiriez en claquant la porte... Eh bien, figurez-vous que cette expérience a déjà été réalisée (voir encadré « Plutôt choquant, non ? »). Le résultat vous intéresse ? Il est éloquent : la majorité des personnes n'a pas arrêté d'appliquer les électrochocs. Pourquoi ? Huit facteurs qui semblent augmenter la conformité et l'obéissance ont été identifiés :

- **La distance émotionnelle par rapport à la victime** : plus nous avons un contact personnel avec un individu, moins nous aurons tendance à agir sans compassion. Il est plus difficile d'être cruel lorsque la victime a un visage.
- **La proximité et la légitimité de l'autorité** : lorsqu'un représentant de l'autorité se trouve à proximité, il est plus probable que nous obéissions. L'autorité doit être aussi perçue comme légitime. Nous obéirons plus facilement à un individu à qui nous reconnaissons une autorité naturelle qu'à un simulateur.
- **L'autorité institutionnelle** : lorsque le représentant de l'autorité fait partie d'une institution reconnue, l'obéissance est plus probable. Il est plus facile de se soumettre aux décisions d'un juge qu'à celles de l'homme assis à côté de nous à l'arrêt de bus. L'autorité institutionnelle reconnue a un effet très important sur l'obéissance.

PLUTÔT CHOQUANT, NON ?

En 1965, Stanley Milgram a réalisé une expérience sur l'obéissance qui touche aux limites de l'extrême. Les sujets étaient installés à un tableau de commandes et devaient actionner un bouton pour soumettre d'autres sujets à des électrochocs. Les autres sujets se trouvaient au-delà d'une paroi vitrée. Ce n'était en fait que des expérimentateurs censés participer réellement à l'expérience. Le principe : les faux sujets doivent subir des électrochocs chaque fois qu'ils donnent une mauvaise réponse. L'intensité des électrochocs augmente à chaque mauvaise réponse (de 75 à 450 volts). À partir d'un certain point, les faux sujets se mettent à hurler et supplient les autres d'arrêter de leur administrer des électrochocs. Un expérimentateur vêtu d'une blouse blanche et équipé d'un bloc-notes se tient près des sujets réels. Il insiste pour que ceux-ci continuent l'expérience et administrent les électrochocs malgré les protestations des autres faux sujets et leur douleur évidente.

En fait, les faux sujets ne recevaient aucun électrochoc, bien sûr. Ils ne faisaient que simuler. Alors, qu'auriez-vous fait si vous aviez dû participer à une telle expérience ? Quand auriez-vous arrêté d'administrer les électrochocs ? Vous pensez certainement que vous auriez cessé au moment même où le faux sujet aurait commencé à crier et à vous demander d'arrêter. Je suis persuadé que les sujets de l'étude Milgram pensaient la même chose. Cependant, 63 % d'entre eux sont allés jusqu'à 450 volts en accord (ou par obéissance) avec l'expérimentateur. Un résultat plutôt choquant, non ? C'est ce qu'on appelle être obéissant !

- **La taille du groupe** : ce sont les groupes de trois à cinq personnes qui exercent la pression la plus importante sur l'individu pour qu'il se conforme. Les groupes plus petits ou plus gros auront une influence moindre.
- **L'unanimité** : lorsque les groupes sont en accord parfait, il est plus difficile pour un individu isolé de résister à la conformité.
- **La cohésion** : plus le groupe sent qu'il est uni et bien organisé, plus il aura de pouvoir sur ses membres. Il y a quelques années, je jouais dans une équipe de base-ball. L'équipe n'avait pas d'uniforme et j'avais le sentiment que quelque chose n'allait pas. Nous avions besoin

d'uniformes pour former une vraie équipe. Les uniformes augmentent le sentiment de cohésion, car lorsque nous avons tous la même apparence, nous nous sentons plus unis.

» **Le statut** : les personnes qui ont un statut plus élevé ont plus d'influence.

» **La réponse publique** : nous avons plus tendance à nous conformer lorsque nos comportements sont rendus publics. Il est plus facile de montrer son désaccord en privé ou de façon anonyme.

Bien que la conformité et l'obéissance ne soient pas forcément mauvaises, il est préférable d'apprendre à résister aux deux, au cas où. La période nazie, en Allemagne, est peut-être l'un des exemples les plus horribles de conformité. À mon sens, il est important de maintenir un certain degré de diversité individuelle dans chaque groupe social. Pour empêcher la conformité, il faut garder à l'esprit le caractère unique de chaque être humain et le respecter. La liberté d'expression et la tolérance religieuse sont également de bonnes protections contre la conformité. Tant que les individus se sentent libres de dire ce qu'ils pensent, la conformité s'impose moins facilement.

Progresser avec de l'aide

« Il n'y a pas de "moi, je" dans cette équipe ! » Beaucoup d'entraîneurs utilisent cette formule dans leur discours pour tenter de faire comprendre aux joueurs que plus une équipe est unie sur le terrain, plus elle obtient de bons résultats. Les psychologues sociaux ont découvert que cette idée se vérifie jusqu'à un certain point. Lorsque nous sommes en présence des autres, nous sommes plus motivés et stimulés et les comportements dominants sont renforcés. C'est ce qu'on appelle la « facilitation sociale ».

Robert Zajoncin a démontré que, lorsque nous effectuons une tâche relativement facile et habituelle, la présence des autres améliore notre performance. Cependant, lorsque la tâche est plus complexe, les autres peuvent au contraire gêner notre prestation. Alors, il vaut peut-être mieux organiser un concours de calcul mental ailleurs que sur le Champ-de-Mars !

Se reposer sur les autres

Lorsque j'étais au collège, les enseignants nous demandaient souvent de participer à des projets en groupe. En général, cela finissait toujours de la même façon. Quatre élèves peu motivés se mettaient avec un enfant intelligent et appliqué et lui laissaient faire tout le travail. Ils inscrivaient ensuite leur nom sur le travail pour obtenir une note. C'est un exemple de « paresse sociale » – tendance qu'ont les individus à faire moins d'efforts lorsqu'ils effectuent un travail en groupe qui ignore la responsabilité individuelle.

Les psychologues Latane, Kipling, Williams et Harkins ont démontré que, lorsqu'on rassemble des individus en un groupe de six et qu'on leur demande d'applaudir aussi fort que possible, ils font moins de bruit qu'une personne seule ! Les individus font souvent preuve de paresse lorsqu'ils doivent faire une activité en groupe. Ils se reposent sur les autres personnes du groupe, comme ceux qui font semblant de chanter à la chorale de l'école. Si personne ne nous regarde, pourquoi devrions-nous nous appliquer puisque nos efforts individuels ne seront pas récompensés.

Rester anonyme

Vous êtes-vous déjà demandé pourquoi les groupes d'individus qui font des choses horribles portent souvent des uniformes ? Prenez l'exemple du Ku Klux Klan. Que pensez-vous de leurs grands chapeaux pointus ? Les chercheurs ont démontré que l'atténuation de l'identité et la dispersion de la responsabilité individuelle réduisaient l'inhibition des individus. Cette réduction de l'inhibition peut amener certaines personnes à commettre des actes qu'ils n'auraient pas commis s'ils avaient été seuls ou plus facilement identifiables. On parle alors de « désindividualisation ».

Lorsque nous nous mélangeons à la foule ou quand nous sommes dans l'anonymat, nous nous sentons plus libres. Nous avons peut-être moins peur de nous faire attraper. Les enfants ont plus tendance à voler lorsqu'ils sont désindividualisés. L'anonymat et l'absence d'identification unique semblent favoriser les comportements antisociaux. Cela fait réfléchir quand on pense que la société évolue de plus en plus vers l'anonymat. Certains d'entre nous ne connaissent même pas leurs voisins de palier.

Penser comme un seul homme

Les groupes ont aussi bien un effet positif que négatif sur les individus. Selon les tâches à effectuer, nous pouvons obtenir de meilleurs résultats en groupe ou au contraire ne pas donner le maximum. En 1971, Janis a introduit un autre effet pervers du groupe, le phénomène de « pensée de groupe ». Lorsque les groupes s'efforcent de supprimer les désaccords et les différences d'opinions pour préserver l'harmonie, ils pratiquent la pensée de groupe.

Des dissensions peuvent parfois menacer la cohésion d'un groupe. Lorsque les individus commencent à exprimer des idées contraires aux points de vue du groupe, celui-ci peut réagir négativement. Galilée est l'une des célèbres victimes de la pensée de groupe dans l'histoire. Ce qu'il a découvert à propos du système solaire a remis en cause la croyance dominante de l'époque. A-t-il été couvert d'honneurs ? Bien au contraire : il a été traité d'hérétique et de dissident et a été jeté en prison.

Les groupes font tout, consciemment ou inconsciemment, pour empêcher la dissidence. Janis a identifié huit symptômes de pensée de groupe.

- **L'illusion de l'invulnérabilité** : lorsque les groupes se croient intouchables, ils ont davantage tendance à réprimer la dissidence.
- **La croyance en la supériorité morale du groupe** : lorsqu'un groupe pense qu'il est moral, il ignore sa propre immoralité.
- **La rationalisation** : un groupe est plus soudé lorsqu'il justifie collectivement ses actions.
- **La transformation de l'opposant en stéréotype** : lorsqu'un opposant est considéré avec partialité ou avec des préjugés, les affirmations qui contredisent les convictions du groupe sont ignorées.

- **La pression de la conformité** : une forte pression est exercée sur les individus pour qu'ils s'alignent sur la volonté du groupe et pour qu'ils ne soient pas en désaccord avec lui. Sinon, ils sont expulsés.
- **L'autocensure** : les membres du groupe préfèrent garder leurs opinions divergentes pour eux plutôt que de déserter le navire.
- **L'illusion de l'unanimité** : les dissensions internes sont cachées au groupe. Ainsi, elles semblent inexistantes.
- **Les gardiens de la pensée** : certains membres du groupe s'engagent activement à protéger le groupe de toute dissidence ou information contraire. Ils ressemblent à la Police de la pensée dans 1984 de George Orwell.

La pensée de groupe peut entraîner de nombreux problèmes. Les alternatives au statu quo ne sont pas prises en compte, ce qui empêche d'avoir une vue générale sur les problèmes qui se présentent. Les risques peuvent être ignorés. En général, les décisions prises par le groupe risquent d'être compromises.

Pour éviter la pensée de groupe, il faut :

- Encourager chacun à exprimer son opinion et son point de vue.
- Inviter des gens extérieurs au groupe à exposer des points de vue alternatifs.
- Designer des membres du groupe pour qu'ils jouent le rôle de l'avocat du diable.

Persuader

Qui ne souhaite pas avoir un plus grand pouvoir de persuasion ? L'exemple le plus flagrant de ce pouvoir nous vient du film Star Wars. Les chevaliers Jedi ont la capacité d'influencer les pensées des autres en utilisant la « force ». C'est ce qu'on appelle « les techniques mentales des Jedi ». Je crois que le concessionnaire qui m'a vendu ma dernière voiture a employé les techniques mentales des Jedi sur moi. Il a fait appel au côté obscur de la force, je pense.

La « persuasion » est une force importante dans toutes les interactions sociales. Les individus ne l'utilisent pas uniquement pour vendre des produits. La persuasion a un grand nombre d'applications formelles ou informelles. Il existe deux modes de persuasion :

» **Le mode principal de persuasion** : c'est lorsque le persuadé traite activement l'information potentiellement persuasive. En 1991, Verplanken a démontré que lorsque les individus réfléchissent sérieusement à quelque chose, tout changement d'attitude ou d'opinion associé a plus de chance de perdurer.

» **Le mode de persuasion périphérique** : cette communication est moins directe que le mode principal et implique l'association du message souhaité à d'autres images parfois positives, parfois négatives. On trouve des exemples classiques dans la publicité : faire appel à des mannequins ultra musclés pour promouvoir un club de gym. Le mode de persuasion périphérique est moins direct et exige beaucoup moins de réflexion. Les « persuadeurs » comptent sur la capacité naturelle de notre esprit à associer les choses.

Les psychologues Petty et Caccioppo conseillent de ne pas prévenir les gens que nous allons les persuader. Il faut au contraire les distraire, ainsi ils seront dans l'incapacité de préparer une contre argumentation. Quatre éléments clés forment toute bonne argumentation persuasive :

» **Les caractéristiques du communicateur** : un message est plus persuasif si c'est un individu crédible ou considéré comme tel qui le délivre.

- La compétence est souvent une manifestation puissante de crédibilité. Nous écoutons toujours les experts. Cependant, ce n'est pas parce que quelqu'un se dit expert qu'il l'est vraiment. Ne l'oubliez pas, et en cas de doute, vérifiez toujours les références, les diplômes et le parcours professionnel.
- Nous nous laissons également plus facilement persuader par quelqu'un que nous estimons digne de confiance.

    - Nous nous laissons pour la plupart plus facilement persuader par les messages de personnes charmantes. Soit ces personnes sont physiquement séduisantes, soit elles ont une personnalité attirante.
    - La similarité joue un rôle. Plus les autres nous ressemblent, mieux c'est.

- **Les caractéristiques du message** : le persuadeur doit-il faire appel à nos émotions ou à notre raison et à notre esprit critique ? Voici l'analyse de quelques caractéristiques :
    - **L'approche raisonnée** : en 1983, Caccioppo et d'autres ont démontré qu'il était préférable d'utiliser l'approche raisonnée pour persuader les personnes très cultivées ou à l'esprit d'analyse. Ces individus semblent aimer analyser et décortiquer les informations avant de prendre une décision. Ils ne sont pas forcément plus malins, mais ils sont en général plus au fait des informations récentes.
    - **L'approche émotionnelle** : ceux d'entre nous qui n'ont ni le temps ni l'envie de lire chaque revue de consommateurs font confiance aux autres personnes quand ils s'apprêtent à acheter une nouvelle voiture. Ils se laisseront plus facilement influencer par une approche émotionnelle : « Ma sœur a dit qu'elle aimait sa nouvelle voiture. Je pense que je vais acheter la même. »
    - **La peur** : beaucoup de messages persuasifs utilisent la peur des individus pour les dissuader d'avoir un comportement nuisible ou mauvais à la santé (comme vous le verrez dans le **chapitre 17**, consacré au stress et à la santé). Ces messages fonctionnent. Les publicités faisant appel à la peur sont partout : les campagnes antitabac, la lutte contre la toxicomanie et les campagnes politiques. Mais, attention, si vous faites peur aux gens pour les persuader de quelque chose, il faut leur donner des informations concrètes pour les aider à modifier leur comportement. Sinon, ils risquent de se résigner face à la peur.

- **L'argument à double tranchant** : c'est une autre tactique utile pour persuader quelqu'un. L'argument à double tranchant reconnaît la position de l'autre et lui donne une impression d'impartialité et d'objectivité. Les publicitaires utilisent cette technique lorsqu'ils font des tests comparatifs avec leurs concurrents. Nous savons de quoi ils sont capables.

» **Mode de communication du message** : la présentation du message est également très importante. Pour présenter efficacement une information persuasive, il faut faire jouer au destinataire du message un rôle actif dans la discussion pour capter son attention. Ainsi, il y aura plus de chances qu'il comprenne le message, le retienne et agisse en conséquence. Plus nous mettons d'énergie à traiter un message mentalement, plus nous augmentons les chances qu'il reste ancré dans notre mémoire. La réception passive d'un message, comme le fait d'écouter une conférence, aura moins d'effet sur le destinataire. Celui-ci doit être impliqué dans le message.

» **Les caractéristiques de l'audience** : en 1986, Sears a démontré que les personnes âgées changent moins facilement d'attitudes et d'opinions que les plus jeunes. C'est vers l'âge de 20 ans que nous nous laissons le plus aisément persuader. C'est une période au cours de laquelle de nombreuses possibilités s'offrent à nous et où les échanges d'informations se font très rapidement. La plupart d'entre nous vont à l'université puis entrent dans le monde du travail et étendent leurs réseaux sociaux. Nous sommes alors exposés à un nouveau monde d'informations et il est plus difficile de résister à la force de la persuasion.

Pour finir, voici un petit conseil afin de résister à la force de persuasion. Comme nous sommes bombardés de messages persuasifs chaque jour, il est utile de savoir comment rester attaché à ses convictions et à ses positions. En 1970, Kiesler a découvert une bonne méthode pour résister à la persuasion. C'est ce qu'on nomme le processus d'« inoculation d'attitude ». Il s'agit d'exposer les individus à des arguments faibles ou plus faibles que leur conviction pour renforcer leur résistance aux contre arguments. Grâce à ce processus, ils acquièrent plus d'habileté et d'assurance dans la réfutation. C'est comme s'échauffer avant un match important. Si vous voulez soutenir la position de quelqu'un pour une réglementation plus stricte du port d'armes à feu, vous lui présenterez des arguments peu porteurs contre le développement de la réglementation.

Être méchant

Nous voulons tous croire que nous sommes civilisés mais il est difficile d'ignorer toute la violence et toute l'agressivité qui nous entourent. Les actes de violence les plus terribles ont été commis pour une grande part au XXe siècle : le génocide du peuple cambodgien par Pol Pot, l'Holocauste, l'extermination de vingt-six millions de personnes par Mao Zedong et, plus récemment, la guerre civile au Rwanda. Ces atrocités ont touché des millions de gens, mais dans la vie de tous les jours, nous sommes aussi confrontés, à plus petite échelle, à des actes violents et agressifs qui sont également horribles. La violence domestique, les mauvais traitements infligés aux enfants, les meurtres, les viols et les agressions sont partout autour de nous. Malheureusement, beaucoup d'entre nous ont fait l'expérience d'au moins une de ces formes de violence et d'agression. Pourquoi agissons-nous de cette façon, pourquoi sommes-nous violents les uns envers les autres ? Les psychologues ont cherché à répondre à cette question en étudiant l'« agression », une forme de violence. L'agression peut être définie comme tout comportement dirigé contre une ou plusieurs personnes et visant à blesser ces personnes. Il existe deux sous-catégories :

- **L'agression hostile** : elle est motivée par la colère. Elle naît et meurt d'elle-même.
- **L'agression instrumentale** : elle est utilisée pour servir d'autres objectifs, comme la menace ou l'extorsion.

Beaucoup de théories sur l'agression s'interrogent sur les causes de l'agression hostile. Qu'en est-il si nous ne pouvons pas l'empêcher ?

Peut-être sommes-nous nés avec un instinct violent et une prédisposition génétique à l'agressivité. Il semble que certains enfants naissent plus agressifs que d'autres. Selon Freud, nous naissons avec des instincts agressifs. Des études ont démontré que les vrais jumeaux ont plus souvent le même degré d'agressivité que les faux jumeaux (Rushton et Al, 1986).

D'autres recherches ont prouvé que le niveau de testostérone était plus élevé chez les auteurs de crimes violents (hommes et femmes confondus) que chez les auteurs de délits « non violents » (Dabbs, 1988).

LA TÉLÉ EST-ELLE RESPONSABLE ?

J'ai toujours regardé des films violents à la télévision et je ne me considère pas comme quelqu'un de violent. Pourtant, les résultats des études menées à ce sujet sont sans équivoque : plus un enfant regarde des émissions violentes à la télévision, plus il est agressif (Eron, 1987). Impossible, donc, de le nier. En 1986, Hearold a présenté un rapport détaillé rassemblant 230 études. Il a conclu que le fait de regarder un comportement agressif entraînait un comportement agressif. Ce qu'il faudrait se demander, c'est pourquoi il y a autant de violence à la télévision. En retirons-nous quelque chose ? Est-ce une technique de persuasion émotionnelle utilisée par les grandes entreprises pour vendre leurs produits ? Je l'ignore. Mais il serait vraiment intéressant de chercher ce qu'il y a derrière tout ça...

Notre cerveau y est peut-être aussi pour quelque chose. Certains centres du cerveau semblent en effet être impliqués dans la production ou l'inhibition de comportements agressifs. Il a été prouvé que les personnes dont les lobes frontaux ont été gravement touchés ont des difficultés à contrôler leurs pulsions agressives. L'inhibition semble être l'une des fonctions des lobes frontaux. La difficulté à contrôler son agressivité est un processus de désinhibition.

Peut-être sommes-nous tout simplement frustrés ? Faites-vous partie, comme moi, de ces conducteurs qui s'énervent lorsqu'ils sont bloqués dans un embouteillage ? Même si nous n'insultons pas les gens par la fenêtre de notre voiture ou même si nous n'en venons pas aux mains, nous sommes frustrés. Berkowitz a démontré en 1989 que la frustration peut parfois entraîner l'agressivité, mais ce n'est toutefois pas systématique. Lorsque nous sommes frustrés, nous nous mettons en colère, et lorsque nous sommes en colère, nous sommes prédisposés à agir agressivement. C'est comme si notre corps et notre esprit étaient en équilibre ou en alerte, prêts à agir avec agressivité. Le déclic se produit lorsque nous faisons une évaluation cognitive de la situation, qui nous mène à la conclusion suivante : la personne qui nous casse les pieds le fait intentionnellement. Ce scénario risque d'entraîner une réponse agressive (Weiner, 1981). Alors, si vous m'écrasez les orteils, j'espère pour vous que c'était un accident.

Peut-être sommes-nous juste un produit de notre environnement ? Nous avons sans doute appris à agir agressivement en regardant d'autres personnes. C'est ce que pense Albert Bandura. Les « théories d'apprentissage social » considèrent que nous apprenons un comportement agressif en observant les autres et en les voyant être récompensés pour un tel comportement. Les petits garçons sont souvent récompensés quand ils se montrent durs. Nous payons des boxeurs des dizaines de millions pour qu'ils donnent des coups aux autres. Les actes agressifs sont régulièrement récompensés dans notre société. Pourquoi les enfants ne verraient-ils pas les avantages de l'agressivité dans un tel environnement ?

La violence à la télévision a été vivement critiquée ces dernières années à cause de l'augmentation dramatique de la violence chez les jeunes. Quelle que soit notre opinion à ce sujet, nous ne pouvons pas nier que la violence est très présente à la télévision. En 1990, Gerbner a révélé que, sur dix programmes, sept contenaient des scènes de violence, avec des émissions en prime time comprenant cinq actes de violence par heure.

Tendre la main aux autres

J'ai toujours admiré les personnes comme mère Teresa, qui ont consacré leur vie à aider les autres. Son sacrifice est incontestable. Qu'est-ce qui pousse les gens à aider les autres de cette façon ? Ce n'est certainement pas l'argent. Je n'ai jamais vu mère Teresa au volant d'une Rolls Royce. Ce serait plutôt l'« altruisme » : le fait de se sentir concerné par les autres et les aider sans rien demander en retour. Les psychologues sociaux se sont beaucoup intéressés à l'altruisme. Peut-être parce que c'est une partie intégrante de notre vie quotidienne. Nous sommes presque tous les jours confrontés à une situation où quelqu'un a besoin de notre aide, même s'il s'agit de spots publicitaires qui montrent des enfants mourant de faim dans des pays en voie de développement.

Nous aimons nous considérer comme des gens serviables. Même si en réalité nous ne le sommes pas particulièrement, nous sommes au moins disposés à aider dans certaines situations ou lorsque le besoin est important. Des centaines voire des milliers d'études ont été conduites par des psychologues sociaux qui se sont demandé pourquoi, quand et qui nous aidons réellement. Certaines de leurs découvertes sont surprenantes voire choquantes.

En 1964, à New York, une femme du nom de Kitty Genovese a été sauvagement assassinée devant l'entrée de son appartement par un homme armé d'un couteau. Elle a lutté contre son agresseur et a crié à l'aide pendant près de trente-cinq minutes. Personne n'est venu l'aider. Les rapports ont révélé que trente-huit de ses voisins avaient été témoins du crime et avaient entendu ses cris. Aucun n'était intervenu pour l'aider.

Que s'est-il passé ? Pourquoi personne ne l'a aidée ? Je suis sûr qu'en lisant ces lignes, vous vous dites que, vous, vous lui seriez venu en aide. Quand j'ai entendu cette histoire pour la première fois, je me suis demandé ce qui ne tournait pas rond chez ces gens. Réfléchissez un peu : trente-huit personnes peuvent-elles être toutes froides et sans cœur au point d'être indifférentes aux cris d'une femme en train de se faire tuer à portée de voix ? Non. L'histoire de Kitty Genovese illustre le point central de la psychologie sociale : le pouvoir de la situation est un facteur primordial dans la détermination du comportement de chaque individu.

Pourquoi aider les autres ?

Avant de présenter les principales théories sur les raisons qui nous poussent à être altruistes, j'aimerais faire une petite expérience.

La prochaine fois que vous vous trouvez dans un lieu public, essayez l'une des deux expériences :

- **Expérience n° 1** : laissez tomber cinq pièces par terre près d'un groupe de gens et faites comme si vous n'aviez rien remarqué. Comptez le temps qu'il faut à chacun pour venir vous aider. Essayez de noter le plus de détails possibles à propos de ces personnes.
- **Expérience n° 2** : faites semblant de glisser et de tomber dans le même lieu public. Faites les mêmes observations.

Que s'est-il passé ? Qui vous a aidé ? Combien de temps ces individus ont-ils laissé passer avant de vous venir en aide ? Savez-vous pourquoi ils vous ont aidé ? Moi, je sais, c'est certainement à cause de votre superbe apparence. Que vous le croyiez ou non, la séduction fait la différence.

Il existe trois théories sur les raisons de notre altruisme :

- **La théorie d'échange social** : l'aide vue comme un processus marchand.
- **La théorie de l'égoïsme** : nous aidons quelqu'un pour en retirer quelque chose.
- **La théorie génétique** : l'altruisme est inscrit sur notre passeport génétique.

C'est Foa qui a introduit la « théorie d'échange social », selon laquelle l'aide apportée à un individu fait partie d'un processus réciproque : nous donnons et nous recevons des biens sociaux tels que l'amour, le soutien et les services. Chacun de nous essaie de minimiser les coûts et d'optimiser les bénéfices, comme tout bon homme d'affaires. Ainsi, s'il est plus avantageux pour nous d'aider quelqu'un que de ne pas l'aider, il est très probable que nous l'aiderons. Cela prend tout son sens dans les situations où le fait d'aider quelqu'un peut nous mettre en danger physique ou nous causer de sérieux ennuis.

Dans les années 1950, Ayn Rand a écrit Atlas Shrugged, un roman philosophique célèbre dans lequel elle vante les vertus de l'égoïsme. Rand n'était pas la seule à penser que l'égoïsme n'est pas un si grand défaut. Pas très éloignés de la théorie d'échange social, des psychologues sociaux dont Carlsmith et Gross ont affirmé que le comportement d'aide n'était motivé que par nos propres intérêts égoïstes. Nous donnons dans le but de recevoir. Certaines récompenses sont extérieures, comme la louange et la notoriété, et d'autres sont intérieures, comme l'atténuation des sentiments négatifs tels que la culpabilité.

Ces théories semblent plutôt cyniques, non ? La dernière fois que j'ai jeté de l'argent dans la cagnotte de l'Armée du Salut, c'était un geste qui venait droit du cœur. J'en suis sûr ! Mais les recherches ajoutent foi à ces théories sur l'égoïsme. Krebsin a prouvé que les hommes qui montraient une grande détresse physiologique (augmentation du rythme cardiaque, essoufflement, etc.) étaient plus enclins à aider les autres que ceux qui étaient moins malades. Je suppose que si nous ne nous sentons pas concernés, nous n'avons pas de motivation pour aider les autres. C'est bon, allez, je le reconnais : j'ai jeté quelques pièces dans la cagnotte de l'Armée du Salut uniquement pour que la personne qui sonnait la cloche s'arrête enfin ! (Je plaisante...)

En 1991, Daniel Batson est venu à la rescousse de notre sens de la bonté avec sa propre théorie. Selon lui, nous aidons les gens parce que nous avons tous une empathie naturelle pour les autres, en particulier, pour ceux à qui nous tenons.

Hoffman a montré que même les enfants possèdent cette capacité naturelle à « avoir des sentiments pour les autres ». Ils pleurent quand ils entendent un autre bébé pleurer. Pleurent-ils juste parce que les sanglots des autres bébés agressent leurs oreilles ? Non. C'est parce qu'ils sont en contact avec la douleur de l'autre bébé. Beaucoup d'entre nous se sentent tristes à la vue du malheur d'une autre personne. Cette empathie naturelle peut nous encourager à aider.

Mais si l'empathie ne s'en mêle pas, il reste toujours les « normes sociales », qui nous pousseront à aider les autres. D'après les « normes de réciprocité » de Gouldner, nous devons renvoyer l'ascenseur aux personnes qui nous ont aidés.

« Puisque tu m'as griffé le dos, je vais griffer le tien ! » De même, nous ne blesserons pas ceux qui nous ont aidés. Ne mordez jamais la main qui vous nourrit ! Il n'y a qu'un *hic* dans cette théorie. Parfois les gens peuvent s'offenser que vous leur offriez de l'aide. S'ils ne peuvent pas vous aider en retour, ils risquent de se sentir rabaissés. La réciprocité fonctionne bien entre ceux qui sont sur un pied d'égalité.

Aidez-vous souvent les gens dans la rue qui portent une pancarte *Accepte tout travail contre nourriture* ? Avez-vous le sentiment que vous avez la responsabilité de les aider ? En tout cas, c'est ce qu'ils espèrent. Une autre norme (voir au début de ce chapitre la section « Jouer son rôle »), la « norme de la responsabilité sociale », implique que les individus doivent aider ceux qui en ont besoin. Cependant, Weiner a démontré en 1980 que nous appliquons cette norme uniquement dans certains cas – lorsque nous avons le sentiment que les personnes qui ont besoin d'aide ne sont pas dans cette situation à cause de leur négligence ou par leur faute. Si nous pensons que la personne a besoin d'aide parce qu'elle s'est mise elle-même dans cette situation, nous ne répondrons pas à la norme de responsabilité sociale. Vous croyez que la personne qui tient la pancarte dans la rue a fait de mauvais choix ou est paumée ? Demandez-le-lui. Vous ne pouvez pas savoir tant que vous n'avez pas demandé. Vous pourrez peut-être échapper à votre responsabilité sociale.

Richard Dawkins, auteur du *Gène égoïste*, en 1976, a émis l'hypothèse que les gens sont altruistes parce que leurs gènes les poussent à l'être. Selon l'idée de la « protection de la parenté », les gènes favorisent le comportement altruiste envers les parents ou la famille pour garantir la survie de l'identité génétique du groupe. En suivant ce type de raisonnement, nous aurons beaucoup moins tendance à aider quelqu'un que nous ne connaissons pas. Pourquoi le ferions-nous ? Ils n'ont pas nos gènes. Plus nous partageons des gènes avec quelqu'un, plus nous serons enclins à l'aider. C'est tout.

Quand aidons-nous les autres ?

Lorsque nous sommes avec d'autres personnes, il est moins probable que nous aidions quelqu'un que lorsque nous sommes seuls. C'est l'une des découvertes les plus intéressantes de la recherche sur l'altruisme. Cela paraît étrange. J'aurais cru que la peur de paraître froid et indifférent devant les autres nous aurait poussés à aider davantage. Les recherches ont montré le contraire. Lorsque nous sommes dans une foule, nous avons moins tendance à remarquer que les gens ont besoin d'aide. À Paris, par exemple, les gens sont toujours entourés par la foule. C'est un endroit très peuplé et la plupart des gens ne prennent pas le temps de remarquer ceux qui les entourent. C'est plus facile de disparaître dans une foule.

J'AI DE LA SYMPATHIE POUR VOTRE EMPATHIE !

Certaines personnes confondent empathie et sympathie. L'empathie implique une compréhension personnelle de la souffrance de quelqu'un. La sympathie est plus distante et impersonnelle. C'est comme si nous étions dans les chaussures de quelqu'un d'autre (empathie) ou si nous étions désolés pour la personne qui porte ces chaussures (sympathie).

D'autre part, lorsque les autres sont autour, nous avons moins tendance à interpréter le comportement de quelqu'un comme un appel à l'aide. Nous attendons des autres qu'ils nous donnent un signe pour répondre à la situation, et s'ils n'ont pas l'air de s'alarmer, nous ne nous inquiéterons pas non plus. Si la situation est ambiguë, nous estimerons en présence des autres que l'aide n'est pas requise. C'est d'autant plus vrai que les autres sont des inconnus

Autre problème qui se pose en présence des autres : la « diffusion de la responsabilité ». Nous pensons toujours que les autres agiront. Si personne n'est là, nous devons aider. Mais s'il y a des gens autour de nous, nous partons du principe « qu'ils le feront bien ». Et que se passe-t-il si tout le monde pense que les autres offriront leur aide ? Aucune aide ne sera proposée. C'est exactement ce qu'ont découvert Latane et Darley dans une étude menée en 1968.

Cependant, les groupes n'ont pas que des côtés négatifs. Des tests ont montré, en 1967, que lorsqu'un individu dans un groupe prend des mesures, les autres sont plus enclins à participer aussi. Cet individu sert de « modèle prosocial ». Il a une grande influence sur le comportement altruiste. Encore faut-il qu'il y ait quelqu'un qui fasse le premier pas. Tant que personne ne le fait, les forces négatives de « l'effet de l'entourage » sont encore actives. Lorsque trop de personnes se trouvent autour de nous, nous ne parvenons pas à nous impliquer dans une situation, nous restons simplement plantés là. C'est ce qu'on appelle l'effet de l'entourage. Alors, allez de l'avant et soyez un héros ! Faites le premier pas, puisque quelqu'un doit se dévouer.

Et les émotions dans tout cela ? Des recherches sur l'altruisme ont montré que les gens heureux ont tendance à être plus serviables. Cela signifie-t-il que les gens tristes ne sont pas serviables du tout ? Si la personne triste se sent récompensée parce qu'elle a apporté de l'aide, elle sera encline à recommencer. Les actes altruistes peuvent apporter beaucoup de bienfaits aux personnes tristes, à condition qu'elles ne soient pas trop absorbées par elles-mêmes.

Les croyants sont souvent considérés comme serviables. Beaucoup d'associations à but non lucratif sont dirigées par des organisations religieuses. Mais est-ce que les croyants sont vraiment plus serviables que les autres ? Les personnes ayant indiqué que la religion est très importante dans leur vie donnent 2,5 fois plus d'argent aux œuvres de charité que ceux qui ont indiqué le contraire. En conclusion, les croyants sont sans conteste généreux et certaines études ont montré qu'ils l'étaient plus que les non-croyants.

Qui reçoit de l'aide ?

Crowley a démontré, en 1986, que les femmes recevaient plus d'aide que les hommes. De plus, les femmes séduisantes ont également plus de chances d'être aidées que les autres. Heureusement pour les autres, la similarité avec la personne qui offre son aide semble également être un facteur. Emswiller a prouvé en 1971 que plus un individu nous ressemble ou est habillé comme nous, plus nous sommes enclins à l'aider.

Chapitre 11

Grandir avec la psychologie

DANS CE CHAPITRE :

» **Commencer**

» **Explorer et maîtriser**

» **Développer**

» **Expérimenter**

» **Construire**

» **Consolider**

Vous êtes-vous déjà demandé ce que ça fait d'avoir un père ou une mère psychologue ? Voire deux parents psychologues ? Est-ce une bonne ou une mauvaise chose ? La conversation à table risque de ressembler au dialogue suivant :

Le père : Comment s'est passée ta journée ?

L'enfant : Bien.

Le père : Bien ? hum... C'est marrant, tu n'as pas la tête de quelqu'un qui a passé une si bonne journée... Dis-moi tout, poussin ! Comment s'est vraiment passée ta journée ?

L'enfant : Je me suis encore battu avec cette grande brute stupide à l'école. Bof... En fait, je ne me suis pas vraiment battu. Il a juste pris mon goûter et l'a jeté à la poubelle.

Le père : Qu'est-ce que tu as ressenti ? De la frustration ? De la colère ? Quel rôle as-tu joué dans cette situation ?

L'enfant : Tu sais quoi ? J'aimerais qu'une fois au moins tu me dises que tu vas faire quelque chose pour me protéger. Tu pourrais peut-être m'apprendre à me défendre... J'en ai assez d'être en thérapie chaque fois que je suis à table ! Je vais dans ma chambre...

Le père : Bon... Je suppose que je l'ai perturbé. Qu'est-ce que je ressens maintenant ?

Je ne sais pas si le fait d'avoir un père ou une mère psychologue est une bonne ou une mauvaise chose. Certains pensent que tout ce que fait l'enfant sera alors analysé avec exagération. À certains égards, ce n'est pas vraiment juste. Si l'un des parents de l'enfant est pédiatre, personne n'attendra de lui qu'il laisse ses connaissances médicales au seuil de sa maison et qu'il ne soigne pas son propre enfant lorsque celui-ci tombe malade. Cependant, tout peut être exagéré.

La psychologie du développement est l'un des domaines les plus vastes de l'étude psychologique. Même si en entendant ce terme, la plupart d'entre nous pensent uniquement aux enfants, la psychologie du développement couvre toutes les périodes de la vie humaine, de la conception à la mort.

Certains domaines couverts traditionnellement par la psychologie du développement sont traités dans d'autres chapitres de ce livre. Le développement de la personnalité, par exemple, est évoqué dans le **chapitre 8**. Le développement de soi et le développement des relations sont abordés dans le **chapitre 9**. C'est pourquoi ce chapitre se concentre sur le développement physique et moteur, le développement cognitif et le développement social. De plus, nous n'aborderons que les périodes de développement de la naissance à l'adolescence, car ce sont les domaines les plus étudiés par la recherche sur le développement.

De la conception à la naissance

Le développement psychologique commence avec la conception. Les processus génétiques, qui jouent un rôle important dans le développement futur des comportements et des processus mentaux, naissent de l'union entre l'ovule de la femme et le sperme de l'homme. Chaque accouplement crée une nouvelle combinaison génétique appelée « génotype », l'identité génétique de chaque individu. Par un processus complexe que seuls les généticiens et les biologistes sont à même de comprendre, nos gènes s'expriment dans ce que l'on appelle le « phénotype », la manifestation réelle des codes génétiques dans des processus biologiques et psychologiques observables, formés et influencés par notre environnement. Prenons l'exemple d'un individu dont le génotype le destine à être grand et musclé. Si cet individu souffre de malnutrition et, par conséquent, ne prend pas de poids, son génotype ne se manifeste pas.

X + Y = c'est un garçon !

Le sperme et l'ovule sont des cellules spécifiques qui contiennent chacune la moitié du matériel génétique nécessaire (vingt-trois chromosomes) pour constituer un individu entier. Ce sont des cellules sexuelles, car elles prennent part à la reproduction sexuée. Les êtres humains disposent de quarante-six chromosomes. Nous en recevons vingt-trois de notre mère et autant de notre père. Ils déterminent les aspects uniques de notre identité biologique et psychologique. Ce sont les composantes génétiques de notre construction cellulaire.

La vingt-troisième paire de chromosomes, les chromosomes sexuels, détermine le sexe de l'enfant. Les chromosomes sexuels sont soit des chromosomes X, soit des chromosomes Y. Les cellules du sperme peuvent porter aussi bien un chromosome X qu'un chromosome Y. L'ovule, en revanche, ne peut porter qu'un chromosome X. Lorsque le sperme et l'ovule fusionnent, leur combinaison unique va déterminer le sexe de l'enfant. La vingt-troisième paire de chromosomes des garçons contient un chromosome X et un chromosome Y (XY). Les filles ont deux chromosomes X (XX). Comme la mère ne peut donner qu'un chromosome X et que le père peut donner soit un X, soit un Y, la contribution du chromosome sexuel du père est déterminante.

Le rôle de la génétique dans le comportement et les processus mentaux humains a été longuement discuté lors des débats sur l'« inné » et l'« acquis ». Les partisans de l'inné considèrent que notre comportement est déterminé génétiquement. En quelque sorte, la biologie est notre destinée. Les partisans de l'acquis pensent pour leur part que c'est l'environnement dans lequel nous grandissons qui détermine notre identité psychologique. Ces débats n'ont plus vraiment cours car il est établi, depuis environ vingt-cinq ans, que les deux facteurs, biologique et environnemental, sont impliqués à différents degrés selon le processus psychologique en question.

S'unir et se diviser dans la même nuit

Notre développement biologique commence avec la reproduction sexuelle. Notre développement psychologique aussi. Ainsi, notre comportement et nos processus mentaux sont intimement liés à notre développement biologique (pour en savoir plus sur les liens qui existent entre la psychologie et la biologie, reportez-vous au **chapitre 2**).

Le processus commence après le rapport sexuel entre l'homme et la femme :

La phase germinale (de la conception à la deuxième semaine)

1. **Le sperme et l'ovule fusionnent et combinent leurs chromosomes (23 chacun).**

   C'est l'étape de la « fécondation », qui se produit dans la « trompe utérine ». Ce processus est délicat et beaucoup de choses peuvent mal tourner.

2. **Au bout de vingt-quatre à trente heures, un zygote unicellulaire (l'œuf fécondé) commence à se diviser.**

   Ce phénomène se produit également dans la trompe. Grâce à un processus désigné sous le nom de « mitose », chaque chromosome se dédouble de façon à former une deuxième cellule. Les cellules continuent à se diviser et à se multiplier, répétant ce processus tout au long du développement fœtal.

3. **Trois ou quatre jours passent pendant lesquels l'œuf fécondé migre à l'intérieur de la trompe jusqu'à l'utérus.**

   Une fois arrivé dans l'utérus, l'œuf se fixe à la paroi utérine. C'est ce qu'on appelle la « nidation ». L'œuf pénètre plus ou moins complètement dans l'utérus et s'implante dans la muqueuse utérine.

4. **La phase embryonnaire commence.**

   Elle survient environ quatorze jours après le début de la « phase pré-embryonnaire » ou « germinale ». La « phase embryonnaire » dure jusqu'à la fin de la huitième semaine de grossesse.

La phase embryonnaire (de la troisième à la huitième semaine)

5. **Les cellules continuent à se diviser.**

   La forme d'un corps humain se profile. Les premiers rudiments du système nerveux et d'autres systèmes corporels se mettent en place.

La phase fœtale (de la neuvième semaine à la naissance)

6. **La période fœtale commence et dure jusqu'à la naissance.**

   Elle commence au troisième mois de grossesse. La phase finale est un processus extrêmement délicat. Les problèmes psychologiques peuvent parfois trouver leur origine dans le développement du système nerveux et du cerveau lors de la phase fœtale. Les retards mentaux, les troubles de l'apprentissage et autres troubles cognitifs sont, dans certains cas, liés à des difficultés survenues pendant la phase fœtale.

   Il est extrêmement important que les femmes enceintes se nourrissent correctement et sainement, qu'elles évitent les maladies infectieuses et qu'elles renoncent à toute consommation de drogue, d'alcool et de tabac. Ces changements de comportement ne garantiront pas la naissance d'un enfant en bonne santé, mais en augmenteront sans aucun doute les chances.

Les développements biologiques de chaque phase figurent dans le tableau 11-1.

TABLEAU 11-1 Développement fœtal pour chaque phase de la grossesse

Phase germinale (semaines 0-2) : les éléments perceptibles	
Sac amniotique	Placenta
Embryon	Cordon ombilical
Phase embryonnaire (semaines 3-8) : les éléments perceptibles	
Bourgeons de membres	Battement du cœur
Yeux et oreilles	Système nerveux
Doigts et orteils	Colonne vertébrale
Phase fœtale (semaines 9-36) : les éléments perceptibles	
Systèmes organiques en fonctionnement	Organes sexuels
Globules rouges	Globules blancs
Le fœtus est très actif.	Le fœtus dort comme un nouveau né.

DONNER UN COUP DE POUCE

La « stérilité » peut être provoquée par de nombreuses complications, dont les maladies infectieuses pelviennes et l'endométriose. Elle peut aussi être liée à l'âge. La fécondation est une affaire compliquée. Chez un couple (20-30 ans) en bonne santé, la femme peut attendre jusqu'à un an avant de tomber enceinte. Mais la médecine moderne peut utiliser des méthodes impressionnantes pour aider la nature à se mettre en place. Dans le cadre de l'« insémination artificielle », le chirurgien injecte le sperme dans les voies génitales de la femme afin de faciliter la rencontre entre le sperme et l'ovule. Mais certains hommes ont des spermatozoïdes trop faibles pour atteindre l'ovule dans la trompe. Dans ce cas, la « fécondation in vitro » permet la rencontre d'un spermatozoïde et de l'ovule dans une éprouvette et ne laisse rien au hasard.

Des couches aux bancs de l'école

Trente-six semaines plus tard, une femme comblée vient de donner naissance à un enfant en bonne santé. La petite enfance est une période très excitante pendant laquelle le développement physique et psychologique est très rapide. D'abord, l'enfant ne fait que dormir, l'instant d'après il joue avec son hochet.

Lutter pour survivre

Pendant environ neuf mois, la survie du fœtus dépend presque exclusivement de la mère. Mais la dépendance ne s'arrête pas à la naissance. Bien que les systèmes biologiques élémentaires de l'enfant fonctionnent de façon autonome, leur entretien nécessite les soins attentifs de la mère ou de la personne maternante. Parfois, les jeunes parents sont dépassés par cette responsabilité. Heureusement, les enfants ont des aptitudes naturelles qui les aident à survivre.

En fait, presque toutes les aptitudes de survie élémentaires sont présentes dès la naissance. J'ai bien dit « élémentaires » : respirer, téter, avaler et éliminer. Les bébés ont besoin de respirer pour avoir de l'oxygène. Ils doivent avaler et téter pour manger. Ils doivent éliminer pour nettoyer leur système. Que les futurs parents se rassurent. Ils n'auront pas besoin d'apprendre à leurs enfants comment téter au sein ou au biberon. C'est naturel et automatique. C'est un réflexe.

Ces aptitudes font partie d'une liste plus large de réflexes innés, dont les enfants sont dotés à la naissance et qui les aident à survivre. En voici quelques autres :

- **Le réflexe de fouissement** : l'enfant oriente la tête par rapport au sein dans une tentative de succion.
- **Le réflexe de Moro (tressaillir)** : l'enfant étend subitement les jambes et les bras, et pleure en réponse à un bruit fort ou à un mouvement de chute soudain.
- **Le réflexe d'agrippement** : l'enfant s'agrippe aux choses – aux doigts d'un adulte, par exemple.

Assurer un développement moteur

Les parents sont souvent très intéressés par le développement moteur de leurs enfants. Ils sont impatients de voir leurs enfants réaliser de plus en plus de prouesses avec leur corps. Les nourrissons ne contrôlent pas bien leurs membres ni leur tête à la naissance. Il faut du temps au système nerveux central et au système nerveux périphérique pour tout coordonner. Les nourrissons commencent par contrôler les mouvements de leur tête, puis ceux de leurs membres et de leur torse. Finalement, ils parviennent à maîtriser des mouvements plus subtils. Par exemple, ils commencent à saisir des objets avec deux doigts. Le tableau 11-2 montre cette progression.

TABLEAU 11-2 Aperçu du développement moteur pendant la petite enfance

Âge en mois	Aptitudes
1-3	Relève la tête et peut se tenir assis avec support.
4-8	Capable de maintenir sa tête et de la balancer. Regarde autour de lui. Se sert de son pouce pour la préhension. Peut garder brièvement la position assise sans support.
8-12	Coordonne les activités de la main. Contrôle le tronc et peut être assis sans support. Rampe. Commence à préférer l'utilisation d'une main par rapport à l'autre. Peut passer de la position assise à la position debout en se tenant à quelque chose. Marche avec de l'aide, fait de petits pas.
14	Se tient debout et marche seul sans difficultés.
18	Court et tombe.

Lorsque les nourrissons se transforment en bambins, leur comportement moteur devient plus élaboré. Ils peuvent courir, faire du tricycle et effectuer une série de mouvements complexes. Les « aptitudes moteurs élaborées » augmentent la dextérité et le contrôle des doigts et des mains. Elles continuent à se développer lorsque les enfants apprennent à manipuler de petits objets, comme les tasses, les crayons et les petits jouets.

Faire jouer les muscles

Au moment où les enfants peuvent compter sur leurs réflexes et contrôlent mieux les mouvements de leurs muscles, leur cerveau se développe très rapidement. En fait, le développement du cerveau commence pendant la grossesse et se poursuit pendant l'enfance et l'adolescence. Ce sont les zones

« moteur » du cerveau qui commencent à se développer en premier. Sans le développement nécessaire de ces zones, les enfants n'auraient pas de réflexes et ne pourraient pas contrôler leur corps. La prochaine étape correspond au développement des zones « somato-sensorielles » du cerveau, qui assurent les sensations et la perception (l'odorat, le goût, l'ouïe, la vue, la douleur). Les enfants naissent avec une bonne ouïe. Ils peuvent faire la différence entre la voix de leur mère et la voix d'étrangers, par exemple. C'est peut-être parce qu'ils ont entendu la voix de leur mère pendant la grossesse. L'odorat et le goût sont également bien développés. L'acuité visuelle n'est pas très bonne à la naissance, mais elle ne cesse de progresser au cours des premières années.

POUR EN SAVOIR PLUS SUR LE DÉVELOPPEMENT DE L'ENFANT

Le tableau 15-2 ne constitue pas une liste exhaustive du développement moteur pendant la petite enfance. Pour en savoir plus sur les aptitudes motrices et les autres aspects du développement que j'aborde dans ce chapitre, reportez-vous au très bon livre de T. Berry Brazelton, *Points forts : les moments essentiels du développement de votre enfant* (Stock-Laurence Pernoud). Le Dr Brazelton est un pédiatre reconnu. Ses idées et ses observations concernant les enfants sont très intéressantes.

Organiser les schèmes d'action

Les enfants utilisent des modes mentaux de pensée pour représenter, organiser et intégrer leur expérience. C'est ce que le psychologue suisse Jean Piaget a appelé les « schèmes d'action ». Plutôt que de rester assis passivement devant les informations qu'ils reçoivent de l'extérieur, les enfants construisent activement une compréhension et une représentation mentale du monde. Il existe trois schèmes élémentaires.

- **Le schème sensori-moteur** : ces modèles de pensées organisées sont générés par l'interaction directe de l'enfant avec les objets et la manipulation de ces objets dans son environnement.

Par exemple, lorsqu'un enfant de 1 an jette par terre tout ce qu'il y a dans son assiette, il n'essaie pas uniquement d'embêter papa et maman. Selon Piaget, il développe un schème d'action sensori-moteur pour comprendre la relation entre la cause et l'effet. C'est la simple représentation d'une relation mécanique élémentaire : « J'ai jeté de la nourriture. Papa et maman étaient rouges de colère. C'était amusant ! »

» **Le schème symbolique** : avec le développement de ce schème, l'enfant commence à se représenter symboliquement des relations sensori-motrices passées. Il peut penser aux objets de son monde sans pour autant interagir directement avec eux.

» **Le schème opératif** : ces activités mentales internes impliquent la manipulation de représentations symboliques d'objets. L'enfant est capable de penser de façon abstraite et de résoudre les problèmes sans passer par une tentative physique pour trouver la solution. Ainsi, plutôt que de se jeter sous une voiture pour voir si cela fait mal, l'enfant pourra se représenter la scène mentalement et déterminer si cela fait mal ou non.

Au fond, chacun des trois schèmes commence par des interactions concrètes avec le monde pour s'orienter ensuite vers un mode de pensée plus symbolique et abstrait. C'est ce qui caractérise l'œuvre de Piaget. Vous vous souvenez que nous avons commencé par le concret pour nous diriger progressivement vers l'abstrait.

Deux processus nous aident à développer la pensée :

» **L'organisation** : il s'agit de combiner les différents schèmes d'action que nous avons déjà développés avec de nouveaux schèmes plus complexes. C'est comme si nous modifiions constamment notre compréhension du monde autour de nous pour créer une image plus complète et donc meilleure.

» **L'adaptation** : ce processus consiste à adapter notre pensée aux exigences de notre environnement. L'adaptation est réalisée lorsqu'il y a équilibre entre assimilation et accommodation.

- **L'assimilation** : les jeunes enfants utilisent constamment l'assimilation. Lorsqu'un enfant appelle un cheval un « toutou », l'assimilation est en cours. Il va tenter de comprendre les nouveaux objets de son environnement en faisant appel à ce qu'il connaît déjà et en l'appliquant aux nouveaux objets et situations. C'est comme s'il utilisait un moule et tentait de faire rentrer dedans tout ce qu'il rencontre. Si l'enfant ne connaît qu'un type d'animal à quatre pattes avec une queue, pour lui, un cheval sera un « toutou ».
- **L'accommodation** : l'accommodation est par essence le contraire de l'assimilation. L'enfant va modifier les schèmes existants pour les adapter à la nouvelle information. Il met continuellement en pratique (assimilation) sa compréhension du monde et accommode les nouvelles informations. Ce phénomène correspond à la croissance cognitive. Le processus d'adaptation permet le maintien de l'équilibre entre la pensée et l'environnement.

Mettre le moteur sensoriel en marche

Le « stade sensori-moteur » correspond au premier stade du développement cognitif. Il va de la naissance à environ 2 ans. Au cours de ce stade, les capacités de l'enfant à résoudre les problèmes évoluent pour dépasser les simples réflexes. L'enfant étend son comportement réfléchi à de nouveaux objets dans son environnement. Le nourrisson peut sucer un petit jouet en plus du mamelon de sa mère ou de la tétine de son biberon. Plusieurs essais seront peut-être nécessaires avant qu'il ne s'habitue à une sucette et qu'il ne soit capable d'appliquer la succion à d'autres objets.

Le nourrisson découvre presque par hasard qu'il peut avoir une influence physique sur les objets de ce monde. Il se construit progressivement sur ces découvertes accidentelles et développe des réponses intentionnelles et coordonnées sur une échelle simple. Finalement, il s'oriente vers un type d'apprentissage par expérimentation ou tâtonnements. Il agit alors sur les objets qui l'entourent uniquement pour voir quelle influence il peut avoir sur eux.

CONSIDÉRER CHAQUE CHOSE EN DÉTAIL

La « théorie du développement cognitif » est l'étude du développement et de la maturation de la pensée. C'est le psychologue suisse Jean Piaget qui a mis au point cette théorie et qui règne en maître sur cette discipline. Piaget a commencé à réfléchir au mode de pensée en regardant ses enfants grandir. Il a analysé leur comportement et a théorisé sur les pensées qui traversaient leur esprit. Il faut bien reconnaître qu'avoir un père ou une mère psychologue peut être un peu angoissant. Piaget est considéré comme un « mentaliste » car, selon sa théorie, notre comportement déclaré dépend en grande partie de notre façon de penser le monde. Il a donc mis l'accent sur notre façon de penser plutôt que sur notre savoir. Un dictionnaire contient un grand nombre d'informations, mais ne peut pas résoudre l'équation 2 + 2. Piaget a défini l'intelligence comme une collection d'aptitudes mentales qui aident l'organisme à s'adapter. Selon lui, l'intelligence implique la recherche de l'« équilibre cognitif », l'harmonie entre la pensée d'un individu et l'environnement. Nous sommes constamment confrontés à de nouvelles situations et stimuli provenant de notre environnement. Ces nouvelles expériences défient l'esprit humain, ce qui produit un déséquilibre. Penser est le processus qui rétablit l'équilibre.

La capacité à imiter les gens se développe également pendant le stade sensori-moteur. Un nourrisson sourit souvent lorsqu'on lui sourit. Son don d'imitateur se révèle surtout lorsqu'on babille devant lui. Il se met lui aussi à babiller.

C'est aussi au cours de ce stade que se développe une aptitude appelée « permanence de l'objet ». Si vous cachez un objet à la vue d'un enfant qui n'a pas encore cette capacité, il oublie l'objet. Cependant, si l'enfant la possède déjà, il se souvient que l'objet est présent, même si celui-ci n'est pas visible. Il essaie de chercher l'objet lorsque vous le dissimulez. Alors, si vous voulez cacher des choses à vos enfants, faites-le avant que la permanence de l'objet se développe !

Apprendre à colorier sans dépasser

Parfois lorsque je joue avec des enfants, je me surprends à tester les limites de leurs connaissances. Quand je leur lis une histoire, je leur demande de désigner quelque chose sur chaque page du livre : « Où est la balle ? » Ce type d'exercice convient tout à fait tant qu'on n'exagère pas, ce que j'ai tendance à faire.

Beaucoup de parents commencent à apprendre à leurs enfants quelques rudiments de savoir qui leur seront utiles à l'école. Tous les enfants doivent être capables de reconnaître les objets et les catégories telles que les formes, les couleurs, les animaux, les nombres et les lettres. C'est entre 18 mois et 2 ans que les enfants développent véritablement leur capacité à reconnaître les objets, même s'ils possèdent déjà quelques aptitudes auparavant. Les enfants aiment apprendre des histoires, des chansons et des comptines durant cette période de leur vie.

Le jeu est une part très importante de l'expérience d'apprentissage des enfants. Vers 2 mois et demi, ils peuvent jouer assez longtemps en compagnie d'autres enfants (activité individuelle ou en groupe). Avant cet âge, ils jouent seuls ou avec des adultes et des enfants plus âgés (jeux physiques interactifs) sur des périodes très courtes. Les enfants en bas âge préfèrent les jouets naturels tels que le sable, la boue et l'eau. Ils inventent leurs propres jeux, mais ils ne sont pas encore très doués pour définir des règles.

Certains parents veulent apprendre à leurs enfants à reconnaître et à écrire des lettres avant leur entrée à la maternelle. Mais à cet âge, les enfants ne sont, pour la plupart, pas capables de retenir cet apprentissage. Ce n'est que vers 5 ans qu'ils commencent à former des lettres.

Cependant, le dessin est une aptitude similaire que les enfants en bas âge possèdent déjà. Stanley Gardner a démontré que les enfants âgés de 2 à 3 ans sont capables de tracer des lignes, des courbes et des boucles. Les 4-5 ans commencent à représenter des images avec des motifs simples. Ils peuvent facilement colorier sans dépasser.

Dire ce qu'on pense

Beaucoup de parents se souviennent des premiers mots de leurs enfants. Si leur petit prononce « Papa » ou « Maman », ils sont naturellement tout émus. Le mot « balle » ne provoque pas la même réaction...

La plupart des psychologues du langage partent du principe que le langage est inné et qu'il se développe progressivement en même temps que le cerveau de l'enfant. Cela ne signifie pas que les enfants possèdent le langage à la naissance mais qu'ils disposent d'une aptitude mentale innée à apprendre et à saisir les règles de la langue qu'ils parleront. Les parents peuvent faciliter le développement du langage en encourageant leurs enfants à utiliser leurs propres mots pour communiquer leurs besoins et leurs désirs.

Nos enfants ne viennent pas au monde en s'exprimant avec des phrases et en tenant de grands discours. Du moins, parmi tous les enfants que j'ai rencontrés, aucun n'en était capable. Nous savons tous que les enfants apprennent petit à petit. Le langage se développe par étape au cours des deux ou trois premières années. Voici un aperçu rapide des réalisations qui nous rendent si fiers d'être parents :

- Le discours de l'enfant commence par le « babillage ». Pendant les premiers mois, l'enfant émet des sons qui sortent naturellement des mouvements de sa bouche (respirer, téter, manger) ou qui proviennent de ses pleurs. Le « pfft » est un bon exemple de son formé par les mouvements naturels de la bouche. L'enfant expérimente ensuite les comportements vocaux liés aux pleurs et commence à utiliser sa voix. Il produit ces sons soit spontanément, soit en réponse aux interactions avec les autres. Par exemple, un nourrisson se met à babiller en réponse aux babillages de sa maman. Ces interactions constituent aussi bien une base pour le futur développement social que pour le développement de la concordance affective.

- Entre le cinquième et le septième mois, l'enfant affine légèrement ses sons élémentaires. Vers les septième et huitième mois, il commence à former des sons qui ressemblent à des syllabes. Certains sons syllabiques sont plus faciles à prononcer que d'autres tels que « ma » ou « ba ». Mais il est plutôt difficile de faire prononcer le son « l » ou « ch » à un enfant de 6 mois.
- À environ 1 an, l'enfant commence à utiliser des mots monosyllabiques. Il pourra ensuite associer des voyelles et des consonnes pour prononcer des mots simples à plusieurs syllabes tels que « mamie » ou « bobo ». Ce processus se poursuit pendant quelques mois au cours desquels de nouveaux mots apparaissent et les mots déjà maîtrisés servent de base pour généraliser.
- Le développement du langage explose véritablement lorsque l'enfant atteint ses 18 mois. Selon Dacey et Travers, les enfants apprennent environ un mot toutes les deux heures. Ils sont renversants !

  J'ai pris à plusieurs reprises des cours d'espagnol, et si j'apprenais un mot toutes les deux semaines, c'était le grand maximum ! C'est triste, je sais ! Cette progression se poursuit jusqu'à ce que l'enfant atteigne ses 3 ans. L'enfant n'utilise alors plus le même mot pour nommer des choses différentes. Par exemple, « balle » ne désigne plus chaque objet rond et « toutou » ne désigne plus chaque animal à quatre pattes. En s'appuyant sur sa capacité à généraliser, l'enfant commence à construire des phrases simples à deux puis trois mots et ainsi de suite. Puis vient le temps des questions : « Pourquoi ? » Je suis sûr que vous n'auriez jamais pensé devoir répondre à autant de questions.

La plupart des enfants ont déjà appris une grande partie (les structures, les règles et beaucoup de vocabulaire) de leur langue maternelle vers l'âge de 4 ans. Au moment où ils entrent à l'école maternelle, ils ont acquis environ huit mille mots et ont appris à utiliser le langage dans de nombreuses situations sociales. Ils savent également poser des questions et construire des phrases négatives. À ce stade, les rudiments du langage sont ancrés solidement. Il leur suffit alors de continuer à apprendre et d'affiner le langage en s'appuyant sur les bases déjà acquises.

Développer des relations sociales

C'est avec la personne maternante que les enfants entretiennent leurs premières relations. La mère et l'enfant se lancent dans des jeux simples, basés sur des échanges visuels ou tactiles. L'enfant peut aussi faire des sourires à des étrangers. L'interaction entre l'enfant et sa mère a été comparée à une danse dans laquelle chaque partenaire répond aux signaux de l'autre – cette scène ressemble à une chorégraphie. C'est ce qu'on appelle l'« interaction réciproque », c'est-à-dire la possibilité d'utiliser le feed-back de chacun pour évaluer l'interaction sociale. Ce phénomène dépend en grande partie de la capacité des parents à répondre aux signaux de l'enfant.

Une bonne relation entre l'enfant et ses parents dépend souvent de ce qu'on appelle la « concordance affective » – la compatibilité entre le tempérament et le style de l'enfant et celui de ses parents. J'ai souvent entendu des parents dire que leurs enfants avaient des tempéraments différents et qu'ils avaient eu des difficultés à s'adapter à chacun. Certains enfants sont très ouverts et ont besoin de stimulation sociale, d'autres sont plus timides et recherchent une stimulation sociale moins forte. L'art d'être parent, c'est aussi savoir comment s'accorder avec le tempérament de l'enfant. Les psychologues doivent faire la même chose lorsqu'ils ont des enfants en thérapie, ce qui représente parfois un véritable défi.

Petit à petit, l'enfant étend son cercle social à ses frères et sœurs, et entre 7 et 9 mois, il commence à montrer des signes d'angoisse de la séparation (la peur d'être abandonné par ses parents). De 16 à 24 mois, il est capable de jouer avec d'autres enfants sans que les parents n'aient à intervenir continuellement. Vers 3 ou 4 ans, il continue à étendre son monde social. C'est aussi à cet âge qu'il commence à se quereller avec les autres enfants, lorsqu'il se heurte aux limites imposées par l'interaction avec les autres.

Les notions de prendre et de partager deviennent importantes. C'est la période des premières amitiés, où l'enfant va être attiré par des camarades spécifiques.

Prendre le chemin de l'école

À 5 ans, tous les enfants sont scolarisés. C'est une étape importante de leur développement. Les aptitudes sociales, cognitives et d'apprentissage sont de plus en plus développées. Les enfants quittent leurs parents et l'environnement protecteur de la maison pour commencer à interagir avec un monde plus grand et plus compliqué. Les aptitudes scolaires telles que l'écriture, la lecture, l'orthographe et le calcul prennent une grande partie de leur énergie mentale et de leur temps.

Maîtriser le crayon

À l'école maternelle, les enfants apprennent à utiliser les crayons, les ciseaux, la colle ou la peinture. Certains n'ont jamais eu l'occasion de manipuler ces « outils » avant d'entrer à l'école. Ils apprennent ensuite à écrire des lettres, leur nom et quelques mots simples. Ils acquièrent également des rudiments de lecture. Ils savent normalement reconnaître des lettres et des syllabes. Au fur et à mesure qu'ils progressent dans le système scolaire, leurs capacités augmentent. Ils sont ensuite capables de lire et d'écrire des textes plus importants.

Pour ce qui est des mathématiques, tout commence avec le calcul. Vers l'âge de 4 ou 5 ans, les enfants sont capables de compter chaque objet qu'on leur présente. Par exemple, si vous sortez cinq pommes, l'enfant comptera 1, 2, 3, 4, 5. C'est ce qu'on appelle la « correspondance un à un ». Lorsque les enfants passent de l'école maternelle à l'école primaire, ils apprennent à faire des additions et des soustractions et pour finir des opérations plus complexes telles que les multiplications, les divisions et parfois même les fractions.

Être préopératoire : rien à voir avec une quelconque intervention chirurgicale

Le stade sensori-moteur du développement cognitif est suivi par le stade préopératoire et le stade des opérations concrètes. La pensée s'affine grâce aux acquis des stades précédents, qui vont être appliqués à des problèmes plus complexes.

Le « stade préopératoire » (de 2 à 7 ans) marque le développement de la pensée symbolique. Les enfants comprennent le concept de la représentation. Ils utilisent dans leurs jeux un bâton en guise d'épée et une serviette de bain en guise de cape de chevalier ! C'est ce qu'on appelle la représentation symbolique.

Ce qui frappe le plus chez les enfants qui se trouvent au stade préopératoire, ce sont les capacités qu'ils ne possèdent pas encore ! Ils ont des difficultés à classer les objets en deux catégories, ou plus. Par exemple, si vous leur demandez s'il y a plus de balles rouges que de balles au total dans un ensemble de quatre balles rouges et de trois balles vertes, ils répondent en général : « Plus de balles rouges. » Ils restent bloqués sur l'une des caractéristiques principales de l'ensemble de balles et ne sont pas capables de penser abstraitement pour résoudre le problème. Combien pèsent cinquante kilos de plumes ? Un enfant au stade préopératoire répondra peut-être par un nombre inférieur à cinquante.

Ce qui fait la différence entre un enfant au stade préopératoire et un enfant au stade des opérations concrètes, c'est ce qu'on appelle la « conservation » (la capacité de comprendre qu'un objet reste identique même si son apparence ou sa surface change). Prenez un grand verre rempli d'eau et un verre plus petit vide. En présence de l'enfant, versez l'eau du grand verre dans le petit verre. Ensuite, demandez à l'enfant quel verre contient le plus d'eau. L'enfant répondra toujours « Le grand ! » parce qu'il a une taille plus importante. Cependant, un enfant qui a atteint le stade des opérations concrètes peut résoudre ce problème.

Le « stade des opérations concrètes » marque le développement de la capacité de l'enfant à se représenter mentalement une série d'actions complexes et à faire appel à la logique relationnelle. À ce stade, l'enfant possède une capacité de « sériation », qui lui permet de classer les objets dans des séries de dimensions variables telles que du plus grand au plus petit ou du plus petit au plus grand ou encore du plus long au plus court, etc. Cela peut paraître surprenant, mais la plupart des enfants ne peuvent pas le faire avant l'âge de 6 ou 7 ans. Cependant, les enfants au stade des opérations concrètes bloquent encore sur des problèmes plus abstraits ou qui requièrent le recours à l'hypothèse. Si un problème n'a pas d'ancrage dans la réalité, ils éprouveront beaucoup de difficultés à répondre et se déroberont face aux questions du genre « Que se passe-t-il si… » parce qu'elles leur demandent de transposer par abstraction des connaissances concrètes dans des situations qui ne se sont jamais produites. Heureusement, ils passent au stade des opérations formelles, qui survient à l'adolescence.

Les copains, d'abord !

Les enfants en âge d'aller à l'école se concentrent sur leurs relations avec leurs camarades et sur le fonctionnement social en dehors de la maison. Au moment où ils entrent à l'école, leur relation avec leurs parents est bien solide. Cette relation continue à se développer mais, entre l'âge de 5 et 12 ans, ils se focalisent essentiellement sur les relations qu'ils ont en dehors de la maison.

Au cours de ces années, nos attentes concernant les aptitudes sociales des enfants augmentent sensiblement. Nous ne tolérons plus les crises de colère et les techniques de résolution de problèmes peu sophistiquées telles que battre ses camarades. Nous attendons d'eux qu'ils respectent les règles et les instructions, en particulier dans la salle de classe. C'est aussi l'époque des copains. Les enfants développent tout un réseau d'affinités avec les autres, et de petites bandes de copains se forment.

Si un enfant a des difficultés sociales, c'est au moment de son entrée à l'école que ses problèmes feront surface. Les problèmes liés aux rapports avec les autres enfants, à la participation aux jeux et aux activités quotidiennes hors de la maison peuvent parfois entraîner le rejet des autres enfants, des difficultés émotionnelles ou l'échec scolaire.

Les tourments de l'adolescence

La puberté est sans doute l'un des événements les plus marquants du développement de l'enfant. Elle se traduit par une augmentation des hormones sexuelles (progestérone, testostérone et androgènes). La puberté est accompagnée par l'apparition des caractères sexuels secondaires, tels que les poils pubiens, la maturation des organes génitaux et le développement de la poitrine chez les filles. L'intérêt pour le sexe augmente nettement lorsque les garçons commencent à s'intéresser aux filles et *vice versa*. Les adolescents ne prennent plus les personnes de l'autre sexe pour des tartes !

Ces changements physiques importants ne surviennent pas seuls. On assiste également à de profondes modifications de la pensée. À l'âge de 11 ou 12 ans, les adolescents sont capables de résoudre des problèmes du genre « Que se passe-t-il si… » parce qu'ils ont atteint le sommet de leur développement cognitif. C'est la période des « opérations formelles », où les opérations concrètes de l'enfance peuvent être combinées avec des concepts plus avancés tels que l'abstraction. L'adolescent peut raisonner à partir d'hypothèses. Il n'a plus besoin d'exemples concrets ou de démonstrations comme c'était le cas au cours des stades précédents du développement cognitif. Il est capable de réaliser de petites expériences mentales au lieu de procéder par tâtonnements pour résoudre les problèmes.

Si les adolescents peuvent se poser des questions abstraites et y répondre, cela ne veut pas dire pour autant qu'ils le font. Lorsque j'étais adolescent, je ne me demandais jamais : « Qu'est-ce qui se passerait si mes parents me surprenaient en train de mentir ? » J'aurais dû recourir davantage aux opérations formelles !

Le désir à la puberté

Il est difficile de déterminer avec précision quand la puberté commence. Elle peut survenir à différents moments selon les enfants. Cependant, les chercheurs ont remarqué que les enfants entrent de plus en plus tôt dans la puberté. C'est ce qu'on appelle la « tendance séculaire », qui serait due à une meilleure nutrition infantile. Selon Dacey et Travers, l'âge moyen du début de la puberté dans les pays occidentaux recule de trois mois par décennie.

Le moment de la puberté peut avoir des répercussions sérieuses. Les garçons qui se développent plus tard que les autres peuvent être ridiculisés par les autres ou subir des revers sociaux, comme le manque de popularité et l'impossibilité d'avoir une petite amie. Les filles qui sont formées trop tôt se trouvent parfois confrontées à des situations pour lesquelles elles ne sont pas prêtes, parce que leur corps les fait paraître plus âgées qu'elles ne le sont réellement.

Et le sexe, dans tout ça ? Il existe beaucoup de différences au niveau des normes sexuelles selon les sociétés, mais que celles-ci imposent des limites strictes sur le comportement sexuel ou non, le désir sexuel est l'une des principales préoccupations des membres de cette classe d'âge. La plupart du temps, les adolescents se renseignent sur le sexe auprès de leurs amis ou par l'intermédiaire des médias.

Les parents ? On s'en passerait bien !

L'adolescence se traduit également par la diminution de l'importance des parents. C'est une grande différence par rapport à l'enfance. Avant l'adolescence, les parents et la maison occupent une place centrale dans la vie de l'enfant. Les adolescents commencent à exprimer leur indépendance et leur autonomie, et font de l'amitié leur priorité.

Les fonctions sociales qui impliquent les parents sont délogées par les fonctions exclusivement adolescentes telles que les fêtes sans chaperon et les sorties en boîte. Traîner en ville, discuter au téléphone, passer la nuit chez des copains sont des occupations fréquentes à cet âge.

Les autres adolescents constituent une source majeure d'estime de soi et il est plus important pour l'adolescent d'être accepté par ses pairs que par ses parents. Les ados expérimentent l'identité et les rôles sociaux. Les aptitudes relationnelles mises en place pendant l'enfance s'affinent. Les relations amoureuses deviennent très importantes. Les ados ne cherchent plus à être une star à la maison mais à être aimés et appréciés hors de la maison.

5

Êtes-vous dingue ?

DANS CETTE PARTIE...

La psychopathologie moderne a commencé au début du XXe siècle avec les théories d'Eugen Bleuler et de Sigmund Freud. La sixième partie est consacrée aux approches contemporaines des troubles psychologiques, notamment à la neuropsychologie et à l'explication cognitive des problèmes psychologiques. Elle décrit les troubles psychologiques les plus tristement célèbres, comme l'anxiété, la dépression, la schizophrénie et le stress posttraumatique. Vous y trouverez également des informations sur la psychologie légale ou criminelle (responsabilité criminelle, profilage criminel, théories sur le comportement criminel et théories sur le traitement et la correction).

Chapitre 12

La psychopathologie moderne

DANS CE CHAPITRE :

- **Définir l'anormalité**
- **Trouver la réalité**
- **Se sentir déprimé**
- **Vivre dans la peur**

Le scénario suivant met en scène un personnage fictif. Monsieur Dupont n'existe pas et toute ressemblance avec un personnage réel ne serait que fortuite.

M. Dupont a 30 ans. Il est marié et il a deux enfants. Il vit dans un quartier résidentiel calme. Il est directeur des livraisons dans une entreprise de transport locale. Il est en assez bonne santé et la plupart des gens le considèrent comme un homme bien. Il y a environ trois mois, M. Dupont fait part à sa femme de son intention d'équiper la maison d'une alarme. Elle accepte et ils installent un système d'alarme. Il lui dit ensuite qu'il souhaite ajouter des caméras de surveillance autour de la maison. Elle accepte à contrecœur. Puis, réveillée au milieu de la nuit, elle trouve son mari en train de regarder par la fenêtre de leur chambre avec des jumelles. Lorsqu'elle l'interroge sur son comportement, il se met dans tous ses états.

M. Dupont continue à agir de la sorte pendant plusieurs semaines sans dire à sa femme ce qui se passe. Un jour, en rangeant le placard, celle-ci découvre un pistolet. Jusqu'à ce jour, elle ignorait qu'il était en possession d'une arme. Elle lui en parle car elle est inquiète pour la sécurité de ses enfants. Il lui explique qu'il a acheté ce pistolet pour se protéger du voisin d'à côté. Il ajoute qu'il observe le voisin depuis quelques mois, que celui-ci a l'intention de prendre leur maison et qu'il a mis au point un véritable complot. Il a engagé des malfaiteurs pour qu'ils s'introduisent dans leur maison et effectuent un cambriolage en règle. Son but : les effrayer pour les pousser à vendre leur maison à très bas prix. Ensuite, il l'achètera pour une bouchée de pain, la démolira et agrandira sa propre maison sur le terrain.

Y a-t-il quelque chose qui cloche dans le comportement de M. Dupont ? Sa femme doit-elle s'inquiéter ? Est-il simplement protecteur ? La réponse à ces questions réside dans la « psychopathologie » : l'étude psychologique des comportements et des processus mentaux anormaux. Mais qu'est-ce qu'un comportement anormal ?

Déterminer qui est normal

Le terme « anormal » désigne quelque chose d'inhabituel. Je n'ai jamais pu faire un cours de psychologie sans qu'au moins un étudiant proteste contre le concept de comportement anormal : « Qui a le droit de décider de ce qui est normal et de ce qui ne l'est pas ? » Et c'est une excellente question ! Qu'est-ce qui permet de déterminer ce qui est normal et ce qui ne l'est pas ? Comment définir un standard de normalité ?

Chaque société dans le monde a ses propres « normes » en matière de comportement. Ces normes délimitent ce qui est acceptable et ce qui ne l'est pas. Les individus, les familles et même les groupes ont des normes. Lorsqu'un individu agit à l'encontre de ces normes, la société qualifie soit le comportement, soit l'individu lui-même d'anormal. Il existe quatre critères qui permettent de distinguer un comportement normal d'un comportement anormal.

» **Le critère normatif** : les individus qui font le contraire de ce que font les autres ou qui ne font pas ce que l'on attend d'eux agissent anormalement. Nous sommes supposés vivre en conformité avec les normes sociales. Si ce n'est pas le cas, nous avons tendance à trouver ça louche. Parfois, nous utilisons les statistiques pour déterminer ce qui est hors norme. Si neuf personnes sur dix agissent de la même façon, le comportement de la personne qui ne se conforme pas est statistiquement anormal. Le comportement non conforme est considéré comme rare.

» **Le critère subjectif** : parfois, nous avons l'impression que nos sentiments sont différents de ceux de la plupart des gens ou que nous n'agissons pas de la même façon que les autres. Dans ce sens très limité, nous sommes anormaux. Ainsi, si nous avons l'impression que quelque chose ne tourne pas rond chez nous, parce que nous sommes conscients de notre différence, nous pouvons considérer que nous relevons de la psychopathologie. C'est nous qui qualifions notre comportement d'anormal.

» **Le critère d'inadaptation** : notre comportement nous aide-t-il à survivre et à fonctionner avec succès dans notre société ? Si ce n'est pas le cas, le comportement inadapté est, selon ce critère, anormal. Si nous éprouvons des difficultés à faire face aux exigences de la vie, notre comportement est inadapté.

» **Le critère injustifiable ou inexplicable** : certains individus agissent d'une façon qui semble inexplicable. Comme nous partons du principe que chaque comportement a un motif, si nous ne parvenons pas à trouver d'explication raisonnable, nous qualifions le comportement d'anormal.

Quelle que soit la définition utilisée, il est difficile d'affirmer que tout est normal. Certaines personnes pensent que nos vies ne forment qu'un grand chaos, mais en réalité, toute société a besoin d'ordre. Qu'il s'agisse d'une famille, d'une tribu ou d'une nation, les mœurs et les lois sont nécessaires pour maintenir la structure et l'ordre. Par « comportement anormal », j'entends un comportement inadapté et des processus mentaux nuisibles au bien-être physique et psychologique de l'individu.

Si un individu agit anormalement, souffre-t-il obligatoirement d'une maladie mentale ou d'un trouble psychologique ? Non. Pas nécessairement. De nombreuses raisons peuvent conduire une personne à agir anormalement. Autrefois, on pensait (certains en sont encore convaincus) qu'une personne adoptant un comportement anormal était possédée par le diable ou faisait preuve de faiblesse morale. Prenons le meurtre, par exemple. Est-il anormal de commettre un meurtre ? Oui, les meurtriers répondent aux cinq (quatre, donc ?) critères que nous venons de définir.

Le concept de « maladie mentale » vient à l'origine de la psychiatrie. La psychiatrie est une branche de la médecine qui s'intéresse aux troubles mentaux. À partir du XIXe siècle, les personnes qui agissaient anormalement étaient prises en charge par des médecins. Ces « fous » étaient alors perçus comme des malades plutôt que comme des possédés ou des individus ineptes. C'était déjà un grand progrès ! À cette époque, le comportement anormal était considéré comme un problème médical, une maladie à diagnostiquer et à soigner comme toutes les autres maladies. C'est ce qu'on appelle le « modèle médical de la maladie mentale ».

Après les médecins généralistes, ce sont les psychologues qui ont participé, assez tardivement, aux recherches concernant les maladies mentales définies par la psychiatrie. Alors que les médecins tentaient de trouver un moyen purement médical d'aider les personnes atteintes d'une maladie mentale, les psychologues ont apporté leurs connaissances du comportement et des processus mentaux humains pour faciliter la recherche, le diagnostic et le traitement des comportements anormaux liés à une maladie mentale.

Il faut bien garder à l'esprit que tous les comportements anormaux ne sont pas dus à une maladie mentale. Prenons l'exemple du *slam dancing*. Il est plutôt anormal de trouver du plaisir à rentrer dans les gens et à rebondir comme une balle de flipper. En tout cas, moi, je trouve ça anormal, mais je ne pense pas pour autant que ce comportement soit la manifestation d'une maladie mentale. Alors, n'oubliez pas : il y a autant de causes potentielles à un comportement anormal que d'individus sur la planète !

La nosographie des symptômes et des troubles

Pendant des années, les psychiatres et les psychologues ont essayé de déterminer quels étaient les comportements anormaux causés par une maladie mentale. Ce processus s'appelle la « nosographie », la science des classifications des maladies. Aujourd'hui, le système de classification des troubles mentaux le plus couramment utilisé est le *Manuel diagnostique et statistique des troubles mentaux, 4ᵉ édition (Diagnostic and Statistical Manual, 4th Edition, ou DSM-IV)*, publié par l'Association américaine de psychiatrie en 1984. Voici la définition des troubles mentaux selon le DSM-IV : « Syndrome psychologique ou comportemental significatif sur le plan clinique qui survient chez un individu et qui est associé à une véritable douleur (par exemple, symptôme douloureux), à une incapacité (par exemple, détérioration d'une ou plusieurs zones importantes de fonctionnement) ou au risque accru de connaître la douleur, l'inaptitude, une perte importante de liberté ou la mort. »

Quelques mots-clés nécessitent un examen plus approfondi :

- **Les symptômes** : comportement ou processus mental constituant un signe ou un signal de trouble potentiel. Les symptômes apparaissent généralement dans les catégories suivantes :
  - Les processus de pensée.
  - L'humeur ou l'affect (état émotionnel de l'individu, tel que la déprime, la colère, la crainte) et les symptômes végétatifs (relatifs à la nourriture, au sommeil et à l'énergie).
  - Les comportements (comme la violence, le jeu compulsif, la consommation de drogues).
  - Les signes physiques (comme les douleurs musculaires ou articulatoires, les maux de tête et la sudation excessive).

- **Les troubles** : ensemble de symptômes qui indiquent la présence d'un syndrome (association de plusieurs symptômes). En mettant au point la nosographie des troubles psychologiques, les psychiatres et les psychologues ont tenté d'isoler les groupes de symptômes qui ont tendance à se manifester ensemble. Ils ont ainsi pu distinguer chaque association de symptômes des autres.

Avant de passer en revue les troubles mentaux les plus souvent diagnostiqués par les professionnels de la santé mentale, j'aimerais préciser quelques points. Tout d'abord, n'oubliez pas qu'un comportement anormal se situe dans le prolongement d'un comportement normal – par exemple, le fait de pleurer est un comportement normal, mais pleurer chaque jour, tous les jours pendant deux semaines, est considéré comme anormal. De plus, un individu peut très bien présenter un symptôme lié à un trouble mental sans pour autant être atteint de ce trouble. Gardez à l'esprit que les troubles sont constitués du groupe de symptômes spécifiques qui définissent un syndrome particulier. Les règles déterminant les symptômes qui forment un trouble sont complexes. Elles prennent en compte la durée d'apparition des symptômes et leur degré de gravité.

Alors, ne vous emballez pas et ne commencez pas à diagnostiquer une maladie mentale chez chaque individu de votre entourage uniquement parce qu'il présente un symptôme ou deux ! Ce n'est pas aussi simple. Un symptôme n'équivaut pas à un trouble.

Perdre contact avec la réalité

L'un des exemples les plus connus de trouble mental est la perte de contact avec la réalité. Ce qui est étrange dans l'histoire de M. Dupont, c'est que le complot du voisin semble être le fruit de son imagination. Si un individu n'a plus aucun lien avec la réalité objective, s'il imagine des choses et agit en fonction de ce qu'il imagine, on dit qu'il souffre de « troubles psychotiques ».

Les troubles psychotiques sont considérés comme les troubles mentaux les plus graves. Les personnes atteintes de psychose ne perdent pas uniquement le contact avec la réalité. Elles souffrent également de graves dysfonctionnements au niveau des soins personnels (se nourrir, trouver un abri et se laver), du cours de la pensée et des activités sociales comme le travail.

La schizophrénie

La « schizophrénie » est la forme la plus courante de psychose. Le psychiatre Eugen Bleuler a utilisé le terme de schizophrène pour désigner les personnes présentant une désorganisation des processus de pensée, un manque de cohérence entre la pensée et les émotions et un état de déconnexion par rapport à la réalité. Aujourd'hui, les critères du DSM-IV comprennent :

» **Les délires** : un délire est une croyance qui reste fermement ancrée dans l'esprit du malade malgré l'évidence du contraire. Le « délire paranoïaque » ou « délire de persécution » est très fréquent. Il s'agit d'une peur intense d'être poursuivi, écouté ou menacé par quelqu'un ou quelque chose.

  Dans le scénario du début de ce chapitre, M. Dupont semble être en proie au délire paranoïaque. Il « savait » que son voisin allait mettre la main sur sa maison. Autre forme fréquente de délire : la « folie des grandeurs », qui se caractérise par le désir excessif de gloire, de pouvoir, d'argent, de connaissance, d'identité. Le « mégalomane » croit parfois qu'il est capable de parler à des êtres surnaturels ou qu'il est lui-même surnaturel. Il peut aussi se prendre pour le président de la République.

» **Les hallucinations** : selon le DSM-IV, l'hallucination correspond à une perception ressentie comme réelle, mais qui survient sans aucun *stimulus* extérieur de l'organe sensoriel correspondant. Il existe plusieurs types d'hallucinations : les hallucinations de l'ouïe (entendre des voix, des sons), de la vue (voir des démons ou des morts), de l'olfaction (odeurs), du goût, ou les hallucinations cénesthésiques (qui concernent une grande partie du corps). La plupart du temps, elles sont auditives. L'individu entend une ou plusieurs voix commentant son comportement.

Si M. Dupont avait eu des hallucinations, il aurait entendu des voix lui dire : « Il va t'avoir ! » Les « hallucinations coercitives » sont des formes d'hallucinations de l'ouïe potentiellement dangereuses, car une ou plusieurs voix « disent» à l'individu de « faire » quelque chose. Et il s'agit souvent d'un comportement violent ou suicidaire : « Tue-toi ! »

» **L'incohérence du discours et des pensées** : avez-vous déjà eu une conversation avec quelqu'un sans avoir la moindre idée de ce dont il parlait ? Est-ce que c'était du charabia ? L'incohérence du discours et de la pensée se caractérise par une façon de s'exprimer hors de propos, circonstanciée (tourner autour du pot) ou sans continuité (sauter du coq à l'âne). Ces styles de communication anormaux peuvent traduire un « trouble de la pensée ». On parle de « salade de mots » lorsque le discours d'une personne est tellement incohérent qu'on dirait un autre langage. C'est une forme extrême de trouble de la pensée.

Si M. Dupont avait été atteint de troubles de la pensée, il aurait pu s'exprimer ainsi : « Je pense que l'ordure est venue et qu'elle a dérapé, mais elle connaissait la loi et a jeté un coup d'œil furtif ! » Parfois, les individus inventent même des mots qui n'existent pas. C'est ce qu'on appelle les « néologismes » : « Je pense que l'ordare est venue et qu'elle a glussé, etc. »

Le comportement grossièrement désorganisé ou catatonique : l'individu se comporte de façon incohérente. Il peut agir très bêtement ou comme un enfant. Il se perd ou se trouble facilement, il ne se prend plus en charge et ne s'occupe plus de ses besoins élémentaires, il agit de façon étrange – il se parle à lui-même ou adopte un comportement socialement inadapté. Le comportement catatonique implique l'immobilité complète, le manque absolu de conscience de son environnement et parfois le mutisme.

» **Les symptômes négatifs** : le concept de symptôme négatif fait référence à l'absence d'un comportement habituel ou attendu. C'est l'absence de ce comportement qui est anormale. Trois symptômes négatifs accompagnent généralement la schizophrénie :

- **L'affect abrasé** : l'individu ne montre aucune émotion.
- **L'alogie** : les processus de pensée de l'individu sont obtus, bloqués ou appauvris.
- **La perte de volonté** : l'individu est incapable de se concentrer sur une activité ; ce phénomène peut être perçu comme un manque extrême de motivation.

Lorsqu'un individu présente ces symptômes, il souffre peut-être de schizophrénie. Pourquoi, peut-être ? De nombreuses causes peuvent être à l'origine de ces symptômes : la drogue, la perte de sommeil ou une maladie physique. Diagnostiquer une schizophrénie est une tâche très complexe et très sérieuse. Il faut prendre en compte la durée d'apparition des symptômes et les « règles d'exclusion ». Les règles d'exclusion consistent à éliminer préalablement les autres explications possibles ou plausibles.

La schizophrénie frappe environ une personne sur dix mille. En général, elle est diagnostiquée chez des individus âgés de 18 à 35 ans, parfois chez l'enfant, mais c'est rare. Elle se manifeste le plus souvent vers l'âge de 20 ans et se développe pleinement entre 25 et 30 ans. Elle peut progresser rapidement ou petit à petit avec des périodes de répit ou de façon continue. Les périodes de crise se caractérisent par une incapacité à gérer la vie quotidienne qui peut conduire à l'échec scolaire, à la perte d'emploi et aux difficultés relationnelles.

Ne soyez pas dupe. Même s'il est apparemment facile de recenser les symptômes et de les décrire, ils sont très graves. Les individus atteints de schizophrénie ont d'énormes problèmes à s'intégrer dans la société et finissent souvent en prison, à l'hôpital, dans des institutions spécialisées ou bien ils échouent dans la rue à cause de leur maladie.

Les causes de la schizophrénie

Pendant longtemps, le débat a porté sur le problème de l'inné et de l'acquis. Les causes de la schizophrénie sont-elles organiques (biochimiques/physiologiques) ou fonctionnelles (résultant de l'expérience) ? À l'heure actuelle, et c'est peut-être à cause de la place prédominante de la science, les explications organiques semblent prévaloir, mais une synthèse des deux points de vue constitue certainement la meilleure réponse. Il est encore très difficile de trancher, car les théories sur la cause de la schizophrénie sont nombreuses et chacune s'appuie à des degrés différents sur des observations scientifiques. Actuellement, la théorie dominante constitue bel et bien une synthèse des deux champs de recherche. Il s'agit du « modèle diathèse-stress ».

La « diathèse » est une prédisposition pour une maladie particulière. Le « stress » peut être défini comme un ensemble de facteurs psychologiques et sociaux. Cette théorie part du principe que la schizophrénie est la conséquence d'une diathèse ou d'une prédisposition activée par le stress.

L'une des diathèses biologiques proposées pour la schizophrénie correspond à un problème de neurotransmission chimique. D'autres chercheurs ont découvert des parties malformées du cerveau. Ces anomalies biologiques peuvent conduire à des problèmes de pensée, de discours, de comportement et de contact avec la réalité. Les facteurs psychologiques sont liés à l'altération de la réalité qui accompagne la schizophrénie. Pourquoi les schizophrènes s'éloignent-ils de la réalité ? Selon la plupart des chercheurs, c'est parce qu'ils perçoivent le monde comme un environnement si hostile qu'ils ont besoin de faire une pause. Les recherches ont montré que les traumatismes psychiques tels que les mauvais traitements pendant l'enfance peuvent conduire à des troubles psychotiques. Il est certain qu'après avoir subi de tels traitements, l'individu a besoin de s'échapper du monde. Cependant, les mauvais traitements infligés pendant l'enfance n'entraînent pas le développement de la schizophrénie dans tous les cas, ni même dans la majorité des cas, mais ils peuvent être considérés comme un facteur de stress accablant. Le traumatisme constitue une forme extrême de stress quelle qu'en soit la source. Le stress peut interagir avec la diathèse, la prédisposition, et favoriser l'apparition de symptômes psychotiques.

Les dernières recherches concernant la schizophrénie ont mis en évidence un facteur social qui pourrait jouer un rôle important. Il s'agit de l'« émotion exprimée ». Ce concept fait référence

à la communication négative des membres de l
vis de la personne atteinte de schizophrénie. C'
forme de critique excessive. Les membres de la
par exemple, dire au patient : « Tu es fou ! » L
mée suppose souvent une implication trop fo
qui risque de submerger le patient. Soyons bien clairs : je ne suis pas en train de dire que la critique ou une implication trop forte sont à l'origine de la schizophrénie, je dis que ces facteurs peuvent induire un stress dans le cadre du modèle diathèse-stress, de la même façon que beaucoup d'autres facteurs.

Après avoir lu ces lignes, vous pensez peut-être que vous êtes atteint de schizophrénie. Ne vous laissez pas perturber ! La plupart des recherches ne sont pas concluantes et c'est là le problème. Tout ce que nous savons, c'est que des anomalies au niveau du cerveau des schizophrènes combinées avec certaines formes de stress peuvent entraîner le développement de la maladie. En raison des effets dévastateurs de ces troubles, les chercheurs poursuivent leurs travaux pour trouver le cœur du problème. Le chemin à parcourir est encore long...

Le traitement de la schizophrénie

La schizophrénie est l'un des troubles mentaux les plus difficiles à traiter. Ces effets sont souvent débilitants aussi bien pour l'individu atteint de la maladie que pour sa famille. Il existe de nombreuses approches pour soigner cette maladie. Elles vont de l'utilisation de médicaments à l'aide apportée à l'individu pour qu'il développe des capacités fonctionnelles telles que la gestion de l'argent ou les aptitudes sociales.

- Les antipsychotiques comme l'Haldol et le Zyprexa sont les principaux médicaments utilisés dans le traitement de la schizophrénie ou des troubles psychotiques voisins. Bien que très efficaces, ce ne sont que des palliatifs. Autrement dit, ils ne soignent pas la maladie. Ils atténuent seulement l'intensité des symptômes.

- Le traitement psychosocial et la réhabilitation ont également donné quelques résultats. On apprend aux patients à se prendre en charge et à se comporter dans la société de façon à réduire le nombre de facteurs de stress auxquels ils sont confrontés.

- Bien qu'elle ne soit plus très à la mode ces dernières années (trop chère !), la psychothérapie, en particulier la thérapie cognitive, a été utilisée pour apprendre aux patients à remettre en question leur système de croyances délirant et à renouer avec la réalité.

La plupart des recherches récentes montrent que c'est l'association d'un traitement à base de médicaments et d'une thérapie orale qui permet d'obtenir les meilleurs résultats. Une prise en charge précoce du patient ainsi qu'un soutien social solide sont également des facteurs favorisant l'amélioration de l'état du malade. Grâce aux médicaments, à la psychothérapie et au soutien de la famille et des amis, les personnes atteintes de schizophrénie peuvent travailler et mener une vie presque normale. Cependant, leurs symptômes sont parfois si graves qu'elles sont parfois dans l'incapacité de contrôler leurs émotions et leurs comportements – d'où leur difficulté à garder un travail ou à entretenir une relation suivie. De plus, elles sont réputées pour leur mauvaise observance médicamenteuse, sans doute liée au peu d'estime et à la mauvaise image qu'elles ont d'elles-mêmes ou à leur attitude ambivalente.

Lutter contre d'autres types de psychoses

Il existe deux autres formes de psychoses : les délires systématisés chroniques et les troubles psychotiques liés à la consommation de substances nocives.

- **Les délires systématisés chroniques** : ces délires ne sont pas particulièrement étranges ni hors de propos. Un mari peut être obsédé par l'idée que sa femme a un amant sans jamais pouvoir le prouver. Cette conviction peut se transformer en délire si elle dure plus d'un mois. Une personne peut également croire que l'eau de sa maison est empoisonnée bien que, de toute évidence, elle ne le soit pas. Dans le cas de délires systématisés chroniques, l'individu ne présente aucun autre signe de psychose, contrairement aux schizophrènes.

» **Les troubles psychotiques liés à la consommation de substances nocives** : il s'agit d'hallucinations ou de délires qui surviennent lorsque la personne est sous l'influence d'une substance ou lorsque les effets de cette substance cessent. Les personnes sous LSD ou PCB présentent souvent des symptômes psychotiques. Il n'est pas rare que les individus ayant consommé de la cocaïne ou des amphétamines semblent atteints de troubles psychotiques lorsqu'ils redescendent sur terre (ils ont les mimiques du psychotique). Les personnes qui envisagent de consommer de la drogue ou même de l'alcool ne doivent pas sous-estimer ce problème, car elle risquent fort de faire l'expérience de ces troubles psychotiques.

Se sentir au fond du trou

Le blues existerait-il si tous les grands noms de ce genre musical avaient suivi une psychothérapie ? C'est la question que je me pose toujours. Parfois, je demande à mes nouveaux patients s'ils ont déjà été dépressifs et certains répondent : « Bien sûr, ça arrive à tout le monde, non ? » Non, pas vraiment.

La tristesse est une émotion humaine normale que nous ressentons tous lorsque nous perdons quelque chose : notre travail, notre partenaire, notre enfant ou les clés de notre voiture. Mais il s'agit de tristesse et non de dépression. La dépression est une forme extrême de tristesse qui comprend également d'autres symptômes. Nous avons presque tous connu la rupture : un petit ami ou une petite amie qui nous quitte. Comment nous sommes-nous sentis alors ? Tristes, fatigués, démotivés. Et nous avons perdu le sommeil et l'appétit. Mais ce mal-être a fini par disparaître. Nous l'avons surmonté. La même chose peut se produire lorsque quelqu'un que nous avons aimé ou dont nous étions proches décède. C'est ce que nous appelons le « deuil ». Encore une fois, lorsque nous sommes en deuil, nous ne sommes pas dépressifs. La dépression, c'est autre chose.

La dépression ou état dépressif majeur

Lorsque quelqu'un est déprimé au point d'être pris en charge médicalement, il présente au moins la majorité des symptômes de l'« état dépressif majeur ».

- Humeur dépressive quasiment tous les jours et toute la journée.
- « Anhédonie » (désintérêt marqué pour n'importe quel type d'activité).
- Perte ou prise de poids significative avec perte ou augmentation de l'appétit.
- Insomnies ou sommeil excessif.
- Sensations physiques d'agitation ou de léthargie.
- Fatigue ou manque d'énergie.
- Dévalorisation de soi ou culpabilité excessive.
- Difficulté à se concentrer.
- Pensées récurrentes de mort et de suicide.

Espérons que la plupart des personnes qui se sont demandé « Sommes-nous tous dépressifs un jour ou l'autre ? » ne répondront pas par l'affirmative après avoir pris connaissance de tous ces symptômes. Si vous en présentez au moins trois ou si vous avez un doute, consultez immédiatement un médecin !

Parfois, la dépression peut devenir si grave que la personne qui en souffre risque d'envisager le suicide. Il y a beaucoup de mythes concernant le suicide. On dit par exemple que les personnes qui en parlent ne passent pas à l'acte. C'est faux ! Au contraire, elles envoient là un signal évident. Toute allusion au suicide doit être prise très au sérieux. Si vous êtes inquiet pour quelqu'un de votre entourage ou pour vous-même, contactez un professionnel de la santé mentale ou appelez SOS Amitié.

L'état dépressif majeur peut survenir une seule fois ou réapparaître constamment. Il peut durer des mois, des années ou même toute une vie. La plupart des personnes atteintes de troubles récurrents traversent des périodes sans symptômes ou avec atténuation des symptômes. La dépression touche tous les âges, tous les pays, tous les sexes, sans aucune discrimination.

Les causes de la dépression

Les causes de la dépression peuvent être classées en deux catégories :

- **Les causes biologiques** : selon les théories biologiques de la dépression, les affections cérébrales ou le dysfonctionnement des amines cérébrales peuvent être à l'origine de la dépression.
- **Les causes psychologiques** : les théories psychologiques insistent surtout sur l'expérience de la perte.

L'« hypothèse des amines biogènes » est l'explication théorique la plus répandue en ce qui concerne les facteurs biologiques de la dépression. Selon cette hypothèse, la dépression provient du dérèglement de deux « neurotransmetteurs » du cerveau : la noradrénaline et la sérotonine. Les neurotransmetteurs sont des substances chimiques situées dans le cerveau qui permettent à un neurone de communiquer avec un autre par la synapse (intervalle entre les neurones). Le cerveau contient une grande variété de neurotransmetteurs. Chaque type de neurotransmetteur se concentre dans une région spécifique du cerveau. Les parties du cerveau les plus touchées par la dépression sont celles qui gèrent l'humeur, la cognition, le sommeil, le sexe et l'appétit.

Les théories psychologiques de la dépression proviennent de différentes sources :

- **La théorie de la relation à l'objet** : selon Melanie Klein, la dépression est due à l'échec du processus de développement chez l'enfant, qui peut se traduire par des difficultés à gérer les sentiments de culpabilité, de honte et d'estime de soi.
- **La théorie de l'attachement** : la théorie de John Bowlby considère la dépression sous un autre angle. Les relations d'un individu avec les autres dépendent des liens d'attachement qu'il a eu étant enfant avec la personne maternante. Si cette relation d'attachement

est perturbée et si un lien sain n'est pas établi, l'enfant devient vulnérable et sujet à la dépression en cas de perte et de difficultés relationnelles. De nombreuses raisons peuvent être à l'origine de ces perturbations : avoir des parents toxicomanes ou grandir dans une famille adoptive peu aimante, par exemple. Les enfants qui n'ont pas connu une relation d'attachement solide se trouvent souvent désarmés. L'impuissance est un signe distinctif de la dépression.

- **L'impuissance acquise** : la plupart d'entre nous ont connu des échecs dans leur vie ou se sont trouvés dans l'incapacité de réaliser ce qu'ils avaient désiré. En général, nous continuons à essayer. Nous persévérons et ne sommes pas spécialement pessimistes en ce qui concerne nos succès futurs. Cependant, certains individus, en raison de circonstances défavorables ou d'une tendance générale à estimer que leurs efforts sont vains, risquent de déprimer face à ce qu'ils considèrent comme quelque chose d'insurmontable.
- **Le modèle cognitif de la dépression** : la théorie d'Aaron Beck a eu un impact important. Selon Beck, la dépression est un type de trouble de la pensée qui se traduit par l'apparition d'une humeur dépressive et d'autres symptômes apparentés. Il peut y avoir plusieurs distorsions cognitives :
  - **Les pensées automatiques** : il s'agit de ce que nous nous disons inconsciemment et qui peut être à l'origine d'humeurs dépressives. Par exemple, si nous montons dans notre voiture le matin et qu'elle ne démarre pas, nous nous dirons peut-être consciemment : « C'est bien ma chance ! » Mais, inconsciemment, nous aurons peut-être la pensée automatique suivante : « Il ne m'arrive que des tuiles ! »
  - **Suppositions et schèmes erronés** : les suppositions et les schèmes que nous considérons comme vrais et justes (par exemple, ce que nous croyons être dans notre relation avec les autres), ainsi que notre vision du monde, de nous-mêmes et du futur sont fortement influencés par la façon dont nous évoluons dans le monde. Beck parle d'une « triade cognitive ».

Chaque point du triangle contient une série de convictions qui traduisent une évaluation négative de nous-mêmes, une vision sans espoir de l'avenir et une vision du monde tout aussi dure. La théorie cognitive insiste également sur le caractère cyclique de la pensée dépressive.

Prenons un exemple. Vous avez l'intime conviction d'être un bon à rien. Cette conviction ne va pas vraiment vous stimuler et votre motivation s'en ressentira. En raison de ce manque de motivation, vous ne faites rien et vous vous prouvez ainsi à vous-même que vous êtes un incapable. Cette distorsion de la pensée peut conduire à la dépression.

Le traitement la dépression

Il existe plusieurs traitements efficaces contre la dépression : les traitements à base de médicaments comme le Prozac et le Paxil mais aussi la psychothérapie, en particulier la thérapie cognitive-comportementale. Les recherches montrent également que l'activité – avoir une activité physique ou s'occuper – peut aussi être un bon antidote à la dépression. Certaines études s'appuyant sur les témoignages de patients ont prouvé que l'exercice physique régulier atténue les symptômes aussi efficacement que les médicaments. En pratique, on fait à la fois appel aux médicaments et à la psychothérapie.

Les formes bipolaires de dépression mélancolique

Il s'agit de ce qu'on appelle plus généralement les « troubles maniaco-dépressifs ». Ils se caractérisent par de graves variations d'humeur avec alternance d'accès de type dépressif et d'accès de type maniaque. La « manie » se traduit par l'euphorie et l'exaltation de l'humeur. Cette phase peut durer environ une semaine et se manifeste par les symptômes suivants :

» Estime de soi gonflée à bloc et folie des grandeurs (se présenter à l'heure du dîner avec une solution au problème de la faim dans le monde et aux conflits armés sur la planète).

- Résistance à la fatigue, diminution du besoin de sommeil (se sentir reposé après trois ou quatre heures de sommeil par nuit seulement).
- Besoin de parler qui peut aller jusqu'à l'insistance.
- Pensée accélérée.
- Périodes d'attention extrêmement courtes.
- Hyperactivité (s'engager dans de nombreux projets ou tondre la pelouse à deux heures du matin).
- Pratique excessive d'activités agréables qui peuvent avoir des conséquences néfastes (dépenser le crédit de sa maison aux jeux, faire des folies, aventures sexuelles).

LES ANTIDÉPRESSEURS

Les médecins prescrivent de plus en plus d'antidépresseurs. Que se passe-t-il ? Sommes-nous tous dépressifs ? Nous sommes très sensibles au problème de la dépression. Pourtant, des études montrent que certaines formes de psychothérapie sont aussi efficaces que les médicaments à court terme et peut-être encore plus efficaces à long terme. Le meilleur remède contre la dépression, c'est peut-être justement de ne pas en prendre du tout.

Les personnes qui présentent ces symptômes ont connu au moins une fois dans leur vie une phase maniaque, une phase dépressive ou un état mixte. Les « formes bipolaires de dépression mélancolique » impliquent l'alternance d'accès de type maniaque et d'accès de type dépressif et donc de graves variations d'humeur. Ces troubles sont souvent récidivants. Ils peuvent avoir un effet dévastateur : les personnes en phase maniaque peuvent s'endetter, rompre des relations, ou bien commettre des actes illégaux ou criminels.

C'est comme si les personnes atteintes de ces troubles se trouvaient sur des montagnes russes (passant de la tristesse à la joie). Ces variations d'humeur ne surviennent pas en un jour ni même en une semaine. Les troubles bipolaires font référence à des variations d'humeur qui se produisent sur de longues périodes avec plusieurs phases (dépressives, maniaques ou mixtes) sur une échelle de dix ans. Ces phases peuvent durer d'une semaine à plusieurs années. Certaines personnes présentent les symptômes d'une « forme circulaire », où les phases se succèdent sans interruption sur un an. Dans ce cas, les chances de guérison sont moins grandes en raison de l'effet perturbateur de ces phases. Les malades n'ont pas le temps de reprendre leur vie en main entre chaque épisode.

Les causes des formes bipolaires de dépression mélancolique

Pour la plupart des chercheurs, les causes des formes bipolaires de dépression mélancolique, et en particulier de la manie, sont biologiques. D'après les recherches, des anomalies neuro-chimiques dans les zones spécifiques du cerveau où siègent les neurotransmetteurs – la dopamine et la sérotonine – seraient à l'origine de ces troubles. Jusqu'à présent, il n'y a pas d'autre explication convaincante.

Cependant, bien avant que ne soient effectuées ces études biologiques, les psychanalystes avaient proposé leur explication : plutôt que de se laisser envahir par la dépression, le sujet fait volte-face et transforme son état de tristesse extrême en joie tout aussi extrême. C'est comme si nous riions en apprenant la mort de quelqu'un que nous aimons. C'est une forme grave de déni. Lorsqu'un sujet maniaque suit une psychothérapie basée sur la psychanalyse, cet aspect est largement pris en compte.

Le stress peut également intensifier les symptômes de chaque phase des troubles bipolaires. Il n'est pas à l'origine de ces symptômes mais peut accélérer leur apparition ou les aggraver.

Le traitement des formes bipolaires de dépression mélancolique

Actuellement, ce sont les traitements à base de médicaments qui sont le plus utilisés. Des médicaments connus sous le nom de « stabilisateurs de l'humeur » sont utilisés pour stabiliser l'humeur du patient. Ils ont également une action préventive. Les plus connus sont le Lithium et le Depakote.

La psychothérapie permet d'aider les patients à gérer les conséquences négatives de leur comportement maniaque et à accepter la gravité de leur maladie. Depuis quelques années, on fait de plus en plus appel aux thérapies comportementales et cognitives pour apprendre aux malades à gérer eux-mêmes leur comportement et à reconnaître les symptômes d'une rechute.

Avoir peur

Que d'euphémismes pour désigner la prochaine catégorie de troubles mentaux : les « troubles de l'anxiété » ! « Stress », « inquiétude », « énervement», « nervosité » et « peur » sont autant de mots que nous employons tous les jours et dont nous pensons connaître le sens. L'« anxiété » peut être définie comme un sentiment généralisé de peur et d'appréhension. Quand nous sommes anxieux, nous avons peur, en général. Peur de quoi ? Cela dépend. Il s'agit justement d'identifier la cause de la peur de l'individu pour déterminer le type de trouble de l'anxiété dont il est atteint.

L'anxiété est probablement l'un des troubles mentaux les plus répandus. Mais est-ce que l'inquiétude peut être considérée comme un trouble mental ? N'oubliez pas que tous les comportements anormaux se situent dans le prolongement de comportements normaux. L'inquiétude peut être si intense et si gênante pour le sujet qu'elle peut atteindre le niveau d'un trouble mental grave. Vous vous demandez si vous êtes un inquiet pathologique ? Détendez-vous, respirez bien fort et poursuivez votre lecture avant de tirer des conclusions trop hâtives et d'aller demander de l'aide.

Voici les troubles anxieux les plus communs :

- **L'anxiété généralisée** : inquiétude excessive et persistante à tout propos.
- **Le stress posttraumatique** : nouvelle expérimentation d'événements traumatisants et dangereux. Le sujet présente des symptômes d'excitation et évite les endroits et les gens liés à son traumatisme.

» **Les troubles obsessionnels compulsifs** : obsessions (pensées récurrentes) et comportement compulsif (répéter sans cesse un geste, comme se laver les mains).

Dans ce chapitre, nous nous concentrerons sur les troubles anxieux les plus répandus : les « troubles paniques ».

Certaines personnes ont peur de quitter leur maison et ce n'est sûrement pas parce qu'elles vivent dans un quartier malfamé. Elles souffrent en fait d'une phobie des espaces libres et des lieux publics : c'est ce qu'on appelle l'« agoraphobie ». L'agoraphobie est généralement liée à un trouble anxieux majeur : le trouble panique, état dans lequel la personne est sujette à des crises d'angoisse et de panique récurrentes et vit dans la crainte de futures crises.

LES PHOBIES

Lorsqu'un individu est extrêmement effrayé par une chose ou une situation particulière, même s'il sait qu'il n'y a pas de danger réel, on parle de « phobie ». Il existe différents types de phobies. La phobie sociale est la peur des gens. L'agoraphobie est la peur de se retrouver à l'extérieur ou dans des endroits très fréquentés. Et l'angoraphobie, alors ? C'est la peur des pulls et des gros manteaux d'hiver ! Je plaisante, mais il existe vraiment des centaines de phobies. En voici quelques-unes :

» **L'acrophobie** : la peur des lieux élevés.

» **La claustrophobie** : la peur des lieux clos.

» **La nyctophobie** : la peur du noir.

» **La mysophobie** : la peur de la contamination.

» **La zoophobie** : la peur des animaux ou d'un animal spécifique.

Le *Manuel diagnostique et statistique des troubles mentaux, 4e édition (DSM-IV)* définit la crise d'angoisse comme suit : il s'agit d'une période de malaise ou de peur intense au cours de laquelle au moins quatre (ou plus) des symptômes suivants se développent brusquement et atteignent des sommets en dix minutes :

- » Palpitations, battements de cœur frénétiques ou accélération du rythme cardiaque.
- » Suées, tremblements, frissons.
- » Souffle court, état de choc ou douleur dans la poitrine.
- » Nausées, vertiges, étourdissements.
- » Sensation de quelque chose d'irréel ou d'être détaché de son corps.
- » Peur de perdre le contrôle, de devenir fou ou de mourir.
- » Engourdissements, fourmillements, frissons ou bouffées de chaleur.

Une personne qui a des crises d'angoisse récurrentes souffre peut-être de troubles paniques, en particulier si elle vit dans la crainte d'avoir d'autres crises, si elle a des peurs injustifiées concernant les implications de ces crises ou si elle a sensiblement modifié son comportement à la suite de ces crises. La crainte que ces crises puissent annoncer une maladie très grave, comme les maladies cardio-vasculaires ou la folie, voire la mort, est caractéristique de ces troubles paniques. Ces symptômes sont très graves, car ils peuvent entraîner un stress excessif. La peur de la mort peut être vraiment stressante et devenir un facteur favorisant son avènement.

L'agoraphobie constitue sans doute l'altération la plus commune du comportement. Il s'agit d'une peur intense de se retrouver dans des endroits ou des situations d'où il est difficile de sortir ou d'obtenir de l'aide en cas de besoin. Les personnes atteintes de ce trouble ont peur de prendre l'ascenseur, de se trouver au milieu de la foule, de monter dans un car bondé ou même de conduire lorsqu'il y a beaucoup de circulation.

D'autre part, ces personnes évitent les situations où elles risquent de se sentir piégées et restent confinées dans leur maison. Ce symptôme peut être extrêmement stressant pour les malades mais aussi pour leur famille. Quel genre de vie pouvons-nous avoir si notre partenaire ou un membre de notre famille ne quitte jamais la maison ? Les tensions au sein des couples sont alors fréquentes.

Les causes des troubles paniques

Il existe au moins deux très bonnes théories concernant ces troubles : l'« approche biopsychosociale » de David Barlow et le « modèle cognitif ».

Selon David Barlow, les crises d'angoisse proviennent d'une réponse de peur suractive dans le cerveau sous pression. Certains individus ont une vulnérabilité physiologique qui se traduit par une suractivité du système nerveux. Cette vulnérabilité biologique va de pair avec une vulnérabilité psychologique causée par des croyances exagérées concernant des sensations corporelles et une perception du monde comme fondamentalement dangereux.

Le modèle cognitif (Beck, Emery & Greenberg, 1985) ressemble beaucoup au modèle de Barlow, mais il insiste encore plus sur les croyances du sujet. Cette théorie part du principe que les crises d'angoisse sont le résultat de la mauvaise attribution d'une sensation corporelle normale, qui entraîne une intensification de la peur, laquelle exacerbe à son tour les sensations, qui favorisent encore plus les mauvaises attributions. C'est un cercle vicieux. Le sujet interprète quelque chose qu'il ressent comme dangereux, ce qui l'inquiète et intensifie à la fois la sensation et la peur de cette sensation.

Le traitement des troubles paniques

Les troubles paniques peuvent être traités à l'aide de médicaments et de différentes formes de psychothérapie. Les antidépresseurs dits tricycliques permettent de réduire l'apparition de ces peurs paniques. Les benzodiazépines, une catégorie de médicaments relaxants, ont également été utilisés avec succès.

Les thérapies comportementales ont aussi porté leurs fruits. Cela peut paraître cruel, mais les thérapies comportementales commencent par enseigner aux patients des techniques de relaxation avant de les exposer progressivement à des situations qui, à l'origine, déclenchaient la panique chez eux. On leur apprend ensuite à endurer ces crises d'angoisse jusqu'à ce qu'elles disparaissent. C'est peut-être de la torture, mais ça marche ! La thérapie cognitive permet également aux patients de modifier leur mode de pensée afin de réduire leur tendance à mal interpréter leurs sensations corporelles et à les exagérer.

Chapitre 13

Comprendre les criminels grâce à la psychologie légale

DANS CE CHAPITRE :

- **Convoquer tous les experts**
- **Comprendre la théorie**
- **Explorer l'esprit du criminel**
- **Établir les compétences**
- **Procurer de l'aide derrière les barreaux**

Nous sommes presque tous fascinés par les crimes et les criminels. Pour s'en rendre compte, pas besoin de faire d'observations scientifiques, il suffit d'aller au vidéo-club du coin. Les rayons sont remplis de films policiers, de séries noires (où il s'agit donc de crimes et de criminels). Les journaux télévisés, les émissions en *prime time* et toutes les autres formes de médias populaires braquent leurs caméras sur le crime.

J'ignore la raison de cette fascination. C'est peut-être à cause des conséquences souvent dramatiques du crime sur la vie des personnes impliquées, de la victime au coupable. À moins qu'il ne s'agisse que d'une curiosité morbide. Une chose est sûre, cependant : le crime touche tout le monde. Et la criminalité est devenue un sujet brûlant pour les hommes politiques.

En fait, nous sommes presque tous des criminels... Vous en doutez ? Quand avez-vous dépassé la limite de vitesse sur l'autoroute pour la dernière fois ? Je sais, les crimes qui nous fascinent sont un peu plus fascinants, horribles ou angoissants que les excès de vitesse. Je pense aux meurtres, aux hold-up, au trafic de drogues et à beaucoup d'autres crimes. Le meurtre, l'incendie criminel ou le viol, par exemple, peuvent entraîner de longues peines d'emprisonnement. Les psychologues semblent également s'intéresser aux crimes. Une branche entière de la psychologie est consacrée à la recherche sur les crimes et les criminels. La « psychologie légale » est l'application des connaissances psychologiques au domaine de la loi et des questions légales. Dans ce chapitre, nous aborderons les aspects essentiels de la psychologie légale en insistant sur les plus intrigants.

Consulter les experts

Les psychologues sont tout à fait compétents pour apporter des réponses aux questions concernant la complexité du crime ou le comportement criminel. Ils sont formés à comprendre et même à modifier le comportement et les processus mentaux humains. Le crime peut être considéré comme un type de « maladie sociale ». La plupart du temps, cette maladie est prise en charge par notre système judiciaire, la police, les procureurs de la République, les juges, les avocats de la défense et les prisons. Le Code pénal est une sorte de *Manuel diagnostique et statistique* applicable aux troubles sociaux. Il n'y a pas de doute, nous dépensons beaucoup d'argent pour empêcher le crime et pour arrêter et corriger ceux qui ont commis des actes criminels. Chaque professionnel joue un rôle important dans ce processus et les psychologues experts apportent leurs connaissances et leur savoir-faire.

Un psychologue expert possède en général un doctorat. Il a en outre de l'expérience dans le domaine de la psychologie légale. La liste de ses attributions peut être assez longue. Si certaines sont très intéressantes, d'autres sont franchement ennuyeuses. En voici quelques-unes :

» Déterminer la dangerosité ou la dépendance à la drogue (décider de la pertinence d'une cure de désintoxication mandatée par le tribunal). Certaines personnes représentent un danger pour la société à cause d'une maladie mentale. On demande souvent à un psychologue d'évaluer le degré de risques représenté par une personne atteinte de troubles mentaux.

» Assister aux évaluations du procès.

» Évaluer l'aliénation mentale (pour en savoir plus, reportez-vous plus loin dans ce chapitre à la section « Plaider l'aliénation »).

» Sélectionner le jury et préparer les témoins. Les juges consultent souvent les psychologues pour sélectionner des jurés potentiellement efficaces. Lorsque les témoins jouent un rôle clé dans une affaire, les juges demandent parfois aux psychologues d'aider ceux-ci à gérer le stress et la complexité liés aux témoignages sous serment.

» Dresser le profil du criminel et jouer un rôle de consultant auprès des autorités légales (pour en savoir plus, reportez-vous plus loin dans ce chapitre à la section « Dresser le profil du criminel »).

Pour certaines de ces tâches, le psychologue doit se présenter devant le tribunal comme témoin expert. Dans d'autres cas, c'est le procureur de la République ou l'avocat de la défense qui engage le psychologue. Pour acquérir le statut d'expert, le psychologue doit être reconnu comme tel par le tribunal (c'est-à-dire un juge). En général, les psychologues experts ont suivi une formation et appris à utiliser des techniques et des outils spécialisés pour travailler dans ce domaine. Pourtant, au bout du compte, tout dépend si le juge considère qu'un psychologue expert est qualifié et c'est au jury de décider s'il croit à l'expertise du psychologue.

Déterminer pourquoi le bien se transforme en mal

Comment expliquer le comportement criminel ? Plusieurs causes ont été avancées. Selon certains, la criminalité serait le produit d'une corruption inhérente à la nature de la personne. Pour d'autres, la criminalité serait plutôt le résultat d'influences puissantes au sein d'un groupe ou d'une société. Le crime est un concept juridique qui définit un manquement à la loi et appelle donc des poursuites et une condamnation pouvant entraîner une sanction. Les « lois sur la criminalité » définissent les délits mais aussi la façon dont les délinquants doivent être traités.

Il est intéressant de constater que toutes les sociétés ou les individus qui forment cette société n'ont pas le même point de vue sur la façon de traiter les criminels. Les « philosophies pénales » étudient pourquoi et comment les criminels doivent être punis.

Il existe trois positions fondamentales :

- **La sanction** : la justice est rendue par la société et non par l'individu ou, en l'occurrence, la victime. La sanction est institutionnalisée sous forme de police, de tribunaux et de prisons. Si votre voisin vole votre voiture, vous n'aurez pas à l'affronter vous-même. Il vous suffira d'appeler la police.
- **L'utilitarisme** : l'accent est mis sur la prévention. L'« utile » correspond à un ensemble de valeurs et à un idéal selon lequel la majorité de la population doit être le plus satisfait possible. Les criminels perturbent ce processus. Il faut modifier leur comportement pour que celui-ci soit adapté à cette philosophie.
- **Le retour à une vie normale** : il s'agit d'obtenir la réhabilitation et le changement de comportement. On part du principe que les crimes sont le résultat d'une déficience et d'une mauvaise adaptation personnelle.

Les psychologues ne sont pas les seuls à travailler sur la criminalité. Le crime est un phénomène complexe dont les aspects ne peuvent pas tous être couverts par la seule psychologie.

Les théories sociologiques

La « théorie de l'association différentielle » est l'une des théories sociologiques les plus importantes sur la criminalité. La sociologie considère les problèmes humains du point de vue du groupe et du niveau social alors que la psychologie se concentre plutôt sur l'individu. Selon la théorie de l'association différentielle, le comportement criminel est un comportement acquis. Les criminels sont les premiers à dire qu'ils ont appris en regardant les autres commettre des crimes. Certains détracteurs des prisons avancent même que la prison est la meilleure école pour apprendre à commettre des crimes encore plus graves.

Le comportement criminel est un comportement acquis pour satisfaire des besoins qui ne peuvent pas l'être par des moyens légaux. Certains, quand ils ne peuvent pas subvenir aux besoins de leur famille, vendent de la drogue ou dévalisent un magasin. Comment apprend-on un comportement criminel ? Les criminels fréquentent-ils des écoles spéciales qui ne sont pas ouvertes à tous ? Je me demande quel QI il faudrait avoir pour être admis dans ce genre d'école. En réalité, le comportement criminel s'apprend par l'intermédiaire d'interactions sociales dans un groupe de pairs. Parfois, ce sont même les médias ou le cinéma qui enseignent ce genre de comportement.

Si un groupe de pairs considère qu'il est mieux d'enfreindre la loi que de la respecter, il approuvera le crime et soutiendra donc les infractions à la loi. Les techniques criminelles, les motifs, les pulsions, la rationalisation et les attitudes sont autant de composantes du crime. Les types de crimes qu'un groupe va soutenir dépendront de sa vision de la loi en général mais aussi de sa vision des lois spécifiques. Par exemple, certains sous-groupes approuveront la vente de drogue, mais ils ne toléreront pas les vols à main armée.

En 1986, Hirshci a mis au point une théorie qui insiste sur le contrôle des pulsions et des désirs criminels pour la compréhension des actes criminels. La « théorie du contrôle » attribue un rôle prédominant au « contrôle de soi ». Les actes criminels sont souvent impulsifs. Si un individu ne peut plus attendre pour assouvir un désir, il risque de sortir et de chercher à obtenir ce dont il a besoin par n'importe quel moyen. Le lien entre un individu et la société constitue une force de dissuasion importante vis-à-vis de l'acte criminel. Si ce lien est trop lâche ou trop étroit, la délinquance ou la criminalité sont susceptibles de se développer.

Le lien entre un individu et la société dépend de plusieurs facteurs :

- L'individu a plus ou moins intériorisé les normes d'une société sous la forme d'une conscience. Respectez-vous toujours les limites de vitesse ou uniquement lorsque les gendarmes sont dans les parages ? Si vous croyez à l'importance des réglementations sur la vitesse pour la sécurité routière, vous respectez les limites. Si vous n'avez pas intériorisé cette norme, vous ne ralentissez qu'à la vue des gendarmes.
- L'individu se soucie plus ou moins de ce que pensent les autres. Si vous vous moquez de l'avis des autres, vous agissez toujours comme bon vous semble.
- L'individu poursuit plus ou moins des objectifs normaux et conventionnels dans la vie. Si vous ne souhaitez ni travailler dans un bureau de 8 h à 17 h, ni supporter un patron toute la journée, ni passer deux heures dans les embouteillages, matin et soir, le tout pour un misérable chèque, peut-être souhaitez-vous gagner de l'argent facilement en le volant.

Les théories de l'apprentissage

La théorie du conditionnement opérant est l'une des théories les plus importantes en psychologie. L'apparition d'un comportement est suivie d'une conséquence, telle qu'une récompense ou une punition. Nous apprenons que lorsque nous faisons A, nous recevons B en conséquence.

En 1965, Jeffrey a essayé d'expliquer le comportement criminel en se demandant ce que les criminels retiraient de leurs crimes. Quelle récompense suit l'acte criminel et augmente la probabilité d'un nouveau passage à l'acte. Lorsque nous volons, nous avons de l'argent, et l'argent, c'est une sacrée récompense ! L'approbation des pairs et la sensation au moment du passage à l'acte sont d'autres types de récompense. Peu importe ce que nous en retirons, le simple fait d'obtenir une récompense nous encourage à recommencer. Si les rats appuient sur des leviers pour avoir accès à des boulettes de viande, c'est aussi ce que font les criminels.

L'« apprentissage social » constitue une autre version de la théorie de l'apprentissage. Bandura et Walter, en 1963, puis encore Bandura, en 1986, ont mis l'accent sur la force de dissuasion que représente la peur d'être puni socialement pour un crime. Cette théorie a des similitudes avec la « théorie du contrôle » (voir plus haut dans ce chapitre la section « Les théories sociologiques »), mais elle insiste davantage sur le rôle de l'apprentissage par l'observation des sanctions sociales infligées aux criminels pour leur comportement. La sanction sociale se manifeste souvent sous la forme de culpabilité et d'isolement social. Parfois, la pire sanction, c'est d'être évité par les autres. Cette théorie peut paraître un peu réductrice : « Un mauvais garçon commet des actes criminels… Est-ce que tu as envie d'être un mauvais garçon ? » Pourtant, elle est soutenue par la recherche. Grasmick et Green ont prouvé que lorsque les adolescents ont peur d'être punis par la société, ils sont moins susceptibles de commettre des actes criminels.

Les théories psychanalytiques viennent de l'école de pensée du déterminisme psychique. Notre comportement est la conséquence directe de ce qui se passe dans notre esprit ou notre psyché. Sigmund Freud, le père de la psychanalyse, considérait les êtres humains comme des individus fondamentalement égoïstes toujours en état de conflit social (pour en savoir plus sur Freud, reportez-vous au **chapitre 7**). Nous sommes tous nés avec des besoins qui, selon nous, doivent être satisfaits quand et où nous le voulons. Il y a juste un petit problème : des forces puissantes agissent contre nous – les autres. Nous finissons par apprendre à contenir nos désirs et à les orienter vers des moyens de satisfaction plus acceptables dans la société. Nous développons une conscience sous la forme du Surmoi, qui nous aide à inscrire notre comportement dans des normes morales acceptables. Pour Freud et d'autres psychanalystes, le comportement criminel est le résultat d'une déficience du Surmoi et peut-être de la mauvaise résolution de ce que Freud appelait les conflits du développement : l'indépendance contre la dépendance, l'agressivité contre le contrôle, la sensualité contre son déni.

Selon Scott, le comportement criminel est un moyen d'obtenir l'assouvissement de ses désirs et de développer un sentiment de puissance face à un Surmoi trop exigeant. Parfois, le Surmoi est trop sévère et impose une moralité parfaite. Ces attentes peuvent entraîner des sentiments d'anxiété et d'insécurité chroniques, car l'individu se sent constamment coupable de choses qu'il n'a pas commises. Pour Freud, le comportement criminel est le résultat physique d'un conflit entre nos besoins authentiques et notre Surmoi trop exigeant. Nous nous sentons constamment coupables, nous cherchons donc à être punis par notre conscience en agissant mal. C'est un peu comme si nous nous disions : « De toute façon, je vais me sentir coupable, alors autant que ce ne soit pas pour rien ! »

D'autres théoriciens psychanalystes voient plutôt la criminalité comme la conséquence d'un Surmoi faible. Dans ce cas, le Surmoi n'exerce pas assez de pression à travers notre conscience pour supprimer nos désirs rebelles et égoïstes, ce qui peut nous conduire à vouloir assouvir ceux-ci coûte que coûte. Ce contrôle insuffisant sur nos pulsions s'explique par des « ratés » au cours de notre développement en tant qu'enfant. Cette théorie rejoint la conviction de la plupart selon laquelle le comportement délinquant ou criminel provient d'une éducation trop laxiste des parents et de l'incapacité de ceux-ci à inculquer des valeurs morales à leurs enfants.

Et pour finir, il y a aussi la théorie du « Tel père, tel fils ». Si vous êtes mariée à un criminel professionnel, votre enfant peut très bien vous dire : « Quand je serai grand, je ferai comme papa ! » Vous n'avez pas fini de vous faire du souci si vous croyez, comme l'affirme cette théorie, que le comportement criminel est la conséquence de l'identification de l'enfant à un modèle criminel. L'enfant voudra imiter ce modèle en grandissant. Dans ce cas, il y a une absence de culpabilité liée à l'acte criminel puisque « Papa l'a bien fait, lui ! » Aucun contrôle des parents ou du Surmoi n'interdit le comportement criminel. C'est un peu comme si notre Surmoi nous disait : « Vas-y, fonce, c'est d'accord ! »

Les théories du développement

Les « théories du développement » tentent d'expliquer le comportement ou les processus mentaux en analysant comment ils se sont développés en l'espace d'une vie. Lawrence Kohlberg a mis au point une théorie sur le développement moral. Pour beaucoup, le comportement criminel et l'immoralité ne font qu'un. Ce n'est pourtant pas toujours le cas et parfois le système moral d'une personne n'est pas en accord avec la loi. Certaines personnes préconisent d'enfreindre la loi pour faire respecter des principes moraux qu'elles considèrent plus élevés. Martin Luther King et beaucoup d'autres avant lui ont appelé à la désobéissance civile donc à une violation de la loi pour soutenir une cause plus juste. La criminalité et l'immoralité coïncident donc la plupart du temps… mais pas toujours !

PNB ÉLEVÉ = TAUX DE CRIMINALITÉ ÉLEVÉ ?

Le crime est directement lié à la prospérité d'un pays. Ellis et Peterson ont démontré que plus le produit national brut (PNB) est important, plus le taux de criminalité est élevé. C'est ce qui a été observé dans treize pays industrialisés. Pourquoi ? Peut-être tout simplement parce qu'il y a plus à voler dans un pays riche. Qu'y a-t-il à prendre dans un pays pauvre où personne n'a rien ?

La théorie de Kohlberg concerne la pensée ou le raisonnement moral. D'après cette théorie, les gens qui commettent des crimes sont moralement sous-développés. Leur développement moral est retardé. Plus le système moral de la personne est élaboré, moins elle est susceptible de commettre des actes criminels. Les étapes du développement moral selon Kohlberg sont les suivantes :

» **Niveau 1 – Préconventionnel** : la morale ou les règles sont perçues comme extérieures à soi même.

- **Stade 1** : sanction/récompense. L'individu adopte un comportement moral par peur de la sanction. Il s'incline devant l'autorité et n'agit bien que pour éviter la sanction.
- **Stade 2** : objectif et échange instrumental. L'individu s'incline devant l'autorité ou rend service uniquement si cela peut servir son objectif immédiat. Il souhaite obtenir ce qu'il veut tant que personne ne risque d'en pâtir. Cet argument est souvent utilisé pour

promouvoir la légalisation des drogues illicites (l'individu ne fait du mal qu'à lui-même).

» **Niveau 2 – Conventionnel** : le comportement moral est conforme aux normes sociales et à l'attente des autres.

- **Stade 3** : bonne concordance interpersonnelle. L'individu se conforme car c'est ce que les autres attendent de lui. C'est son devoir !

- **Stade 4** : accord social ou maintient de l'ordre social. L'individu agit bien parce que c'est ce qu'il y a de mieux pour la société.

» **Niveau 3 – Postconventionnel** : distinction entre la moralité sociale et les principes absolus ou universels.

- **Stade 5** : contrat social. L'individu agit bien car il a un contrat tacite avec la société. Le principe est donc de ne pas rompre ce contrat.

- **Stade 6** : justice et principes éthiques universels. La moralité est définie par la réalisation individuelle de principes universels définissant ce qui est bien ou mal. Ce que la société considère comme juste ne l'est pas forcément. Tant que les règles de la société sont en accord avec ces principes universels, l'individu agit dans son sens. Sinon, il se comporte selon les principes universels qui, selon lui, doivent s'appliquer.

Les recherches suggèrent que les jeunes criminels ou délinquants en sont restés au niveau préconventionnel du raisonnement moral. Mais ne vous inquiétez pas à propos du stade 6 : il est réservé à des personnalités telles que Martin Luther King ou Gandhi. Vous respectez les limites de vitesse parce que c'est un principe universel ou uniquement à cause de l'amende que vous avez dû payer la semaine dernière ? Ça me paraît bien préconventionnel tout ça !

Les théories de la personnalité

Peut-être commettons-nous des actes criminels parce que c'est inscrit en nous. Certaines personnes ont une personnalité de *leader*. D'autres auraient pu choisir comme sujet d'exposé à la maternelle : « Né pour voler ».

Selon le psychologue Hans Eysenck, la criminalité vient d'une disposition innée à commettre des actes criminels. Une disposition est une inclination ou une tendance à faire quelque chose. La théorie d'Eysenck est plutôt complexe. Selon lui, les facteurs environnementaux (tels que la pauvreté, les modèles criminels ou les mauvais traitements pendant l'enfance) ne peuvent pas expliquer à eux seuls un comportement criminel, car toutes les personnes nées dans un environnement défavorable ne commettent pas obligatoirement des actes criminels. Je suis allé dans l'un des pays les plus pauvres au monde, la Jordanie, et j'ai été surpris d'apprendre que le taux de criminalité y était très faible. Je n'ai fait aucune recherche, mais les gens laissaient leurs maisons ouvertes et ne semblaient pas particulièrement inquiets de se faire cambrioler.

- **Les contributions proximales** : il s'agit des aspects biologiques de la personnalité tels que le métabolisme, les hormones et l'activité du système nerveux. Selon Eysenck, les individus présentant des anomalies dans ces domaines peuvent être prédisposés à la criminalité. Eysenck et Zuckerman ont démontré que les individus qui ne sont pas suffisamment stimulés ou qui s'ennuient facilement recherchent les émotions fortes et ont tendance à commettre des actes criminels pour avoir des sensations.
- **Les contributions distales** : il s'agit des déterminants génétiques de notre personnalité contenus dans notre ADN. La présence d'un gène dominant ou de gènes multiples pourrait expliquer la transmission d'un comportement criminel des parents aux enfants puisqu'ils ont des traits de caractère communs. Ces causes de la criminalité sont moins proches de l'expression déclarée de la propension criminelle.

Eysenck identifie également trois types de personnalités ou caractéristiques qui peuvent conduire à commettre des actes criminels :

- **Le psychotisme** : les individus psychotiques sont plus enclins à franchir le pas. Ils ont tendance à être plus antisociaux, moins ouverts aux autres, plus créatifs et plus durs. Tous ces traits sont compatibles avec de nombreux comportements criminels.

» **L'extraversion** : les individus insouciants, dominants, assurés et aventureux possèdent des caractéristiques de la personnalité qui se retrouvent dans les comportements criminels.

» **Le névrosisme** : les individus irrationnels, timides, lunatiques et émotionnels peuvent avoir une inclination pour le comportement criminel.

Eysenck ne va pas jusqu'à dire que ces aspects de la personnalité conduisent nécessairement au crime, mais il affirme qu'ils peuvent favoriser un comportement criminel.

Les théories biologiques et neuropsychologiques

De nombreuses recherches biologiques et neuropsychologiques ont été effectuées sur la criminalité. Ainsi, beaucoup de scientifiques ont essayé de trouver l'origine du comportement criminel dans les gènes ou le cerveau des individus qui commettent de tels actes. Malheureusement, les résultats de ces recherches ne sont difficiles à interpréter et peu concluants.

Les études biologiques et neuropsychologiques sur la criminalité se sont penchées sur différents aspects tels que la génétique, les hormones, les neurotransmetteurs, les lésions du cerveau, le type de corps et les troubles de l'apprentissage. Dans ce chapitre, nous nous concentrerons sur les anomalies génétiques et neuropsychologiques, qui sont les plus faciles à identifier.

Les gènes

Dans sa théorie de la personnalité sur la criminalité, Hans Eysenck fait référence aux gènes et à d'autres fonctions biologiques. Selon Eysenck, notre personnalité est déterminée génétiquement. Il a été prouvé que les gènes jouent un rôle déterminant dans le comportement criminel.

Pour effectuer leurs études sur le rôle des gènes dans l'apparition d'un comportement criminel, les chercheurs ont fait appel à la « méthode des jumeaux adoptés ». Le principe est d'observer de vrais jumeaux (monozygotes) qui n'ont pas été élevés ensemble. S'ils agissent de la même façon, leur comportement est certainement lié aux gènes. Pourquoi ? S'ils ont été élevés séparément, il est fort peu probable qu'ils subissent exactement les mêmes influences de leur environnement. Ainsi, ils n'ont que leurs gènes (car leurs gènes sont identiques) et leur comportement en commun.

POUR EN SAVOIR PLUS SUR LES SERIAL KILLERS

Pour en savoir plus, consultez les ouvrages suivants :

» *Agent spécial du FBI, j'ai traqué des serial killers*, de John E. Douglas et Mark Olshaker (Éditions du Rocher, 1997).

» *Agent spécial du FBI, enquête sur les serial killers*, de John E. Douglas et Mark Olshaker (Éditions du Rocher, 1999).

Existe-t-il un gène du crime ? Ça serait bien trop simple ! De nombreuses études ont révélé des comportements criminels communs chez les jumeaux élevés ensemble. Langein a montré que 71 % des jumeaux monozygotes élevés séparément ont des taux de condamnation pour crimes comparables. Pour les faux jumeaux ou jumeaux dizygotes, le taux n'atteint que 12 %. La plupart des autres études présentent des taux similaires. Elles mettent toutes en évidence un taux plus élevé chez les vrais jumeaux que chez les faux. Il y a cependant un problème : ces jumeaux ont été élevés dans le même environnement ou presque. Les études sur les jumeaux adoptés sont moins concluantes. Crowein a montré que 15 % des jumeaux monozygotes, dont la mère était incarcérée et qui ont été adoptés et élevés séparément, ont un casier judiciaire similaire contre 3 % chez les jumeaux dizygotes. Cadoretin a annoncé, quant à lui, un chiffre de 22 % chez les vrais jumeaux contre 0 % chez les faux jumeaux.

Bref, la propension à commettre des crimes en général semble avoir un lien avec nos gènes même si les résultats ne sont pas tout à fait concluants. Il est difficile de généraliser à partir de pourcentages aussi peu élevés que 15 % et 22 %. Heureusement, il y a les autres théories. Sans quoi, nous ne saurions pas grand-chose.

Les anomalies neuropsychologiques

Existe-t-il une zone criminelle dans notre cerveau ? S'il y en a une, personne ne l'a encore trouvée. La recherche sur le rôle des régions spécifiques du cerveau est plus indirecte que directe. En fait, la plupart des recherches sur les anomalies neuropsychologiques chez les individus qui commettent des actes criminels ne sont pas concluantes.

La théorie de Moffit sur les dysfonctionnements neuropsychologiques chez les criminels est sans doute la plus connue. D'après cette théorie, les dysfonctionnements neuropsychologiques rendent l'individu incapable de choisir des chemins ou des comportements alternatifs à la criminalité. Selon Moffit, de nombreux adolescents finissent par renoncer à leurs activités criminelles et ceux qui ne le font pas souffrent de ces dysfonctionnements. Ces individus auraient du mal à se concentrer, à raisonner dans l'abstrait. Ils auraient également des problèmes de flexibilité cognitive, de planification stratégique, d'utilisation du feed-back environnemental et d'inhibition. Jusqu'à présent, la théorie de Moffit n'est pas vraiment soutenue par la recherche. Elle reste à l'état de théorie et la recherche sur le cerveau du criminel continue.

Épingler les grands criminels : les psychopathes

Lorsque nous pensons au parfait criminel, quelques images nous viennent rapidement à l'esprit – le « cerveau » complotant son prochain crime, le malfaiteur armé, sans pitié, pointant son arme sur le guichetier de la banque ou le tueur en série narguant la police.

Chacune de ces images représente un aspect du stéréotype du bandit – intelligent, mais dément, froid, cruel, violent et destructeur. Batman s'est battu contre le Riddler, Catwoman et le Joker. Superman a vaincu Lex Luthor. Tous ces bandits représentent des gens qui ont des comportements criminels extrêmes et qui remettent en cause notre concept de moralité. Cela fait des années qu'ils intriguent les professionnels. Ils font les gros titres dans la presse écrite et on leur consacre de longs reportages dans les journaux télévisés du soir. Ils sont dans nos prisons, souvent condamnés à des peines très lourdes. Ce sont les « psychopathes ».

Il existe de nombreuses définitions du psychopathe. En fait, certains professionnels ne considèrent pas les psychopathes comme nécessairement criminels, ils les voient plutôt comme des personnes atteintes de troubles cliniques. Le titre de cette section sous-entend que tous les psychopathes sont des criminels, mais en réalité, ce n'est pas toujours vrai. Cependant, la plupart des psychopathes commettent des actes criminels et, quand ils le font, ils ont un comportent beaucoup plus grave que n'importe quel autre criminel. C'est pourquoi, dans ce chapitre, nous nous concentrerons uniquement sur les psychopathes qui commettent des crimes ou qui finissent par avoir affaire au système judiciaire.

Robert Hare a dressé une liste exhaustive des traits du psychopathe. Celle-ci décrit les caractéristiques principales de cette personnalité trouble.

- Bagou et charme superficiel.
- Insensibilité et manque total d'empathie.
- Haute idée de sa valeur.
- Parasite (vit au crochet des autres).
- Besoin de stimulation, enclin à l'ennui.
- Utilisation pathologique du mensonge.
- Comportement sexuel immoral.
- Tendance à l'escroquerie et à la manipulation.
- Problèmes de comportement précoces (crises de colère et désobéissance).
- Absence de remords ou de sentiment de culpabilité.
- Incapacité à accepter la responsabilité personnelle.

- Affect superficiel (aucun sentiment profond pour qui ou quoi que ce soit).
- Incapacité à se réinsérer (retour en prison, suppression de la liberté conditionnelle).
- Manque de réalisme, absence d'objectifs à long terme.
- Mariages éphémères et nombreux.
- Impulsivité.
- Délinquance juvénile.
- Irresponsabilité.
- Grande variété de talents criminels (doué pour différents types de crimes).

La liste est longue ! Certains de ces traits de caractère semblent plus abominables que d'autres et requièrent un peu plus d'attention.

Les psychopathes se caractérisent par leur bonne présentation et leur charme. Ils ne manquent presque jamais d'assurance et sont rarement embarrassés. Ils se comportent avec le plus grand calme dans toutes les situations sociales, car ce que les autres pensent d'eux leur est absolument égal. Ils s'en tirent très bien. Ils ont une haute opinion d'eux-mêmes et considèrent les autres comme des êtres inférieurs et des proies faciles. Ils mentent, dupent, manipulent pour obtenir ce qu'ils veulent, le tout avec la plus grande froideur. Les psychopathes ne connaissent ni le remords ni le sentiment de culpabilité et sont parfois si froids qu'ils sont extrêmement durs et n'ont aucune empathie pour la souffrance des autres. Ils peuvent être accusés d'une foule de crimes et les avouer eux-mêmes. Ils sont doués pour tous les actes criminels : de la fraude au meurtre en passant par l'enlèvement, l'incendie criminel, la contrefaçon, l'évasion fiscale… Vous voyez le tableau ?

Isoler les tueurs en série

Guy Georges, Émile Louis, Francis Heaulme… Là encore, la liste est longue. Les tueurs en série incarnent sans doute l'image du crime la plus grave et la plus morbide. Ils commettent d'horribles actes de violence et se comportent d'une façon étrange et perverse avec leurs victimes. Leurs actes évoquent le diable.

Cela dit, les psychologues ne sont pas des spécialistes du diabolisme. Ce sont des scientifiques du comportement et des processus mentaux. Cela ne veut pas dire que le comportement et l'esprit des tueurs en série ne puissent pas être étudiés d'un point de vue psychologique. Richard von Krafft-Ebing est considéré par beaucoup d'experts comme le premier à avoir apporté une contribution substantielle à l'analyse des tueurs en série avec un ouvrage intitulé *Psychopathia Sexualis – Encyclopédie des perversions sexuelles*, publié en 1886. Mais une définition rapide du meurtre en série s'impose avant que nous n'allions plus loin.

Les « meurtres en série » sont considérés par les professionnels comme une sous-catégorie des homicides sexuels. Il s'agit d'homicide motivés sexuellement. Selon Grubin, l'excitation sexuelle du criminel est liée à la douleur de la victime et à son humiliation. Les tueurs en série se distinguent des « tueurs de masse », qui tuent plusieurs personnes au même endroit en une fois et des *Spree killers*, qui commettent plusieurs meurtres dans des lieux différents mais dans un laps de temps relativement court.

Krafft-Ebing a identifié les trois principales caractéristiques de l'homicide sexuel, sur lesquelles les experts se basent encore aujourd'hui :

» **Le sadisme** : l'excitation sexuelle liée à la souffrance physique ou à l'humiliation de la victime est essentielle dans la psychologie du tueur en série. Celui-ci a un besoin absolu de contrôler l'autre, de l'affaiblir, pour en retirer une profonde excitation sexuelle.

» **Le fantasme** : Bere définit le fantasme comme un groupe de symboles organisés pour constituer une histoire. Il s'agit d'un phénomène mental dans l'esprit de ceux qui fantasment. Nous pouvons fantasmer sur le fait d'être riche, par exemple. Le fantasme des pervers sexuels, c'est de tuer et de torturer leurs victimes. Leur comportement rituel pour les scènes de crime est considéré comme une conséquence de leur vie fantasmatique, un moyen de donner vie à leurs fantasmes. Les tueurs en série commencent à fantasmer très tôt, et plus ils vieillissent, plus leurs fantasmes se compliquent et s'intensifient.

» **La compulsion à tuer** : beaucoup de personnes ont des pulsions sexuelles étranges et même des fantasmes destructeurs. Couture a démontré que même les hommes normaux ont des fantasmes sexuels comprenant des images violentes et agressives, y compris des scènes de viol. Alors, il ne suffit pas d'être sadique et d'avoir une vie fantasmatique violente pour devenir un tueur en série. Jusqu'à présent, dans notre société, nous devons répondre uniquement de notre comportement. Il n'y a pas encore de « Police de la pensée ». Selon Revitch et Schlesinger, c'est un besoin compulsif qui va pousser l'individu à vivre ses fantasmes. Une « compulsion » est un désir brûlant et irrésistible qui pousse l'individu à faire ce dont il a besoin. Lorsqu'il le fait enfin, une sensation de soulagement intense, presque orgasmique, l'envahit. Pour Revitch et Schlesinger, les choses se passent dans l'ordre suivant : sadisme ' fantasme ' état de tension ' compulsion ' action. Ainsi, l'acte meurtrier est ressenti comme un soulagement et comme une source de plaisir. Il renforce la première séquence des événements et rend une répétition de l'acte probable.

Ces informations sont très intéressantes. Mais ne croyez pas tout savoir sur les tueurs en série. Il ne s'agit que d'une brève introduction à l'homicide sexuel. Certains professionnels ont consacré leur carrière à essayer de comprendre comment ces individus fonctionnent. Ce n'est pas si facile que cela.

Dresser le profil du criminel

Le « profilage psychologique » consiste à appréhender les auteurs d'actes criminels à partir des informations dont on dispose sur leur personnalité et leur état mental. C'est ce que Keppel et Walter ont appelé l'« évaluation de la scène du crime ». Il s'agit de vérifier certaines informations importantes sur l'auteur du crime telles que ses caractéristiques comportementales, physiques et démographiques. On cherche aussi à déterminer la « signature » du meurtrier. Une signature est une composante du crime propre à un meurtrier, qui peut être retrouvée dans diverses scènes de crime.

Selon Keppel, deux critères fondamentaux permettent de dresser le profil d'un criminel : sa signature et son « mode opératoire ». La signature du meurtrier est un élément de mise en scène du crime spécifique à son auteur. Il peut s'agir de la façon dont une corde est liée autour des mains de la victime ou de la manière dont la victime a été torturée. Le mode opératoire (MO) fait référence aux méthodes spécifiques du meurtrier telles que l'arme du crime, les moyens utilisés, l'heure des faits, etc. Le mode opératoire peut changer mais pas la signature.

Park Dietz est un psychiatre très célèbre qui considère le profilage psychologique comme un processus systématique de résolution de problèmes comportant cinq étapes fondamentales :

1. Le profileur rassemble des données telles que les photos de la scène du crime, les rapports d'autopsie, les dépositions des témoins et les rapports des laboratoires.

2. Il tente de reconstituer l'enchaînement des événements avant, pendant et après le meurtre.

3. Il tente de reconstituer le vécu mental et émotionnel du meurtrier pendant la scène et ce qui a pu conduire celui-ci à agir de telle ou telle façon. Il s'agit d'une analyse des motivations du meurtrier.

4. Il utilise les informations qu'il a rassemblées pour développer un « profil » criminel. Il s'agit d'une tentative de faire entrer le meurtrier dans une catégorie (sadique sexuel ou tueur amateur de sensations).

5. Il essaie d'utiliser les informations précédentes pour déterminer quel type de personne peut agir de la sorte : homme, femme, petit, grand. Il essaie même de trouver quel type d'emploi l'individu peut occuper ou quel genre d'activités il peut avoir. À partir de ces informations, le profileur va dresser un profil et le remettre aux autorités légales. À elles de décider ensuite si elles en feront usage.

Excuser ou expliquer

Lorsqu'un individu est arrêté et jugé pour un crime, il a différentes options lorsqu'il passe devant le tribunal. S'il est apte à assister au procès, il peut plaider innocent, coupable ou non coupable pour raison d'aliénation mentale. Les experts sont souvent consultés lorsqu'un prévenu invoque sa santé mentale pour expliquer son crime.

L'aptitude à assister au procès

Êtes-vous déjà allé au tribunal ? Avez-vous déjà joué le rôle de l'accusé au tribunal ? Si c'est le cas, vous avez sans doute remarqué à quel point cela peut être déroutant. J'ai entendu des juges donner des instructions aux prévenus de façon si rapide et confuse qu'on aurait pu croire qu'ils parlaient une autre langue. Les avocats vous donnent les dernières nouvelles et vous demandent de signer des documents que vous n'avez jamais vus auparavant. Ensuite, vous apprenez que vous êtes libre ! Merveilleux ! Puis vous recevez une facture dans votre boîte aux lettres pour les dommages et intérêts. Il n'y a qu'un problème : vous ne vous souvenez pas d'avoir accepté de payer quelque chose. L'expérience du tribunal peut donc être plutôt déroutante. Même les personnes saines d'esprit peuvent avoir du mal à comprendre la totalité du processus judiciaire.

Un prévenu ne peut être jugé si l'on estime qu'il n'est pas capable de comprendre la nature et les objectifs du procès intenté contre lui ou qu'il ne peut pas aider son avocat à construire un système de défense. C'est aux experts légaux de déterminer si l'accusé est apte à assister au procès ou non ou s'il est atteint d'une maladie mentale ou non.

L'« aptitude à assister au procès » fait référence à une situation dans laquelle le prévenu a les capacités suivantes :

- Comprendre (ou nier en bloc) les charges retenues contre lui et rapporter les faits concernant son comportement au moment du crime.

» Coopérer avec ses avocats et élaborer un système de défense avec eux.

» Comprendre les procédures du tribunal.

Si un prévenu n'est capable d'aucune de ces actions, il est considéré comme inapte à assister au procès. Les experts des deux parties sont consultés pour déterminer l'aptitude de l'accusé, mais en cas de rapports contradictoires, le jury peut être amené à trancher, car cela fait partie de ses compétences.

Alors, que se passe-t-il lorsqu'un individu est déclaré inapte à assister au procès ? Peut-il retourner chez lui ? Le juge ne se contente pas d'ouvrir les portes du tribunal et de renvoyer le prévenu chez lui. Une fois que celui-ci a été déclaré « inapte à assister au procès », il est envoyé dans un établissement psychiatrique, où il subit un traitement destiné à lui rendre cette aptitude. Il reste dans cet établissement pour une durée déterminée, qui correspond parfois à la durée de la peine qu'il aurait dû purger, mais celle-ci s'avère souvent plus courte. Cela signifie qu'un prévenu peut passer plusieurs années à l'hôpital.

Parfois, si le personnel de l'hôpital estime que le prévenu ne pourra plus jamais être déclaré apte, celui-ci est renvoyé devant le tribunal avant l'expiration de la procédure pénale.

Il s'agit alors de décider d'une mise sous tutelle. La mise sous tutelle est une procédure civile, motivée par le constat d'incapacité de l'individu concerné, qui prévoit la désignation d'un tuteur chargé de placer cet individu dans un établissement et/ou de gérer ses biens s'il est jugé incapable de subvenir à ses besoins (se nourrir, s'habiller, se loger) en raison d'une grave maladie mentale.

La mise sous tutelle est, en général, décidée après la consultation de l'équipe médicale, un examen clinique, quelques tests psychologiques, et une concertation avec la famille et l'entourage pour déterminer s'il y a une autre possibilité. Une fois qu'un dossier de mise sous tutelle a été déposé, une contre-audience peut avoir lieu dans un tribunal civil avec déposition de l'expert pour soutenir la demande. Le résultat dépend des conclusions du tribunal et c'est généralement le juge et non un jury qui prend la décision.

Plaider l'aliénation mentale

De temps à autre, lorsqu'une personne commet un crime, parfois horrible, son avocat va déclarer qu'elle était en état de démence au moment des faits. Nous connaissons tous cette stratégie de défense. Nous l'avons vue dans des films mais aussi dans la réalité.

La « plaidoirie d'aliénation mentale » est un concept juridique stipulant que l'accusé n'est pas responsable légalement de ses crimes en raison de son état de démence au moment des faits. C'est un concept juridique et non un concept clinique ou même logique. Beaucoup de personnes qualifient de déments les actes horribles d'un meurtrier ou pensent que seul un dément peut faire une chose pareille. Mais le concept juridique est différent des notions cliniques ou de sens commun.

Voici la définition juridique de l'état d'aliénation mentale telle qu'on la trouve dans le Code pénal : « N'est pas pénalement responsable la personne qui était atteinte au moment des faits d'un trouble psychique ou neuropsychique ayant aboli son discernement ou le contrôle de ses actes. »

Il s'agit donc de déterminer si l'individu, au moment des faits, était conscient de la gravité de ses actes ou non et si son manque de discernement était lié à une maladie mentale ou non.

C'est ensuite aux experts de déterminer si la personne souffrait d'un trouble psychique au moment des faits. Un psychologue ou un psychiatre expert évalue le prévenu et détermine s'il répond aux critères de l'état d'aliénation mentale tels qu'ils sont définis en droit pénal.

En général, chaque partie (l'accusation et la défense) a son expert. Évidemment, les experts sont rarement d'accord entre eux ! Ils présentent leurs arguments puis la partie adverse effectue un contre-examen. Mais au final, c'est le juge ou le jury qui donne raison à l'un ou à l'autre des experts.

C'est une affaire très sérieuse. L'opinion d'un expert va déterminer la suite des événements : le prévenu va-t-il passer le reste de ses jours en prison ou va-t-il être transféré dans un hôpital psychiatrique ?

Vous pouvez imaginer le genre de pression qui pèse sur les épaules des experts. Les enjeux sont importants et les moyens utilisés pour prendre cette décision sont étudiés sérieusement. Il s'agit de répondre à trois questions fondamentales :

» A-t-on décelé un trouble mental ?

» Quel est l'état mental du prévenu actuellement ?

» Quel était son état mental au moment des faits ?

La réponse à ces questions entraîne d'autres questions encore plus complexes, si bien que les psychologues sont souvent obligés d'utiliser des tests pour répondre.

Que se passe-t-il si un individu essaie de simuler une maladie mentale pour aller à l'hôpital plutôt qu'en prison. Le *Manuel diagnostique et statistique des troubles mentaux* (Éditions Masson, 2003) définit la simulation d'une maladie comme suit : « Production intentionnelle de faux symptômes physiques ou psychologiques ou de symptômes grossièrement exagérés... »

Est-il possible de démasquer un simulateur ? Oui, mais c'est très difficile. Il est toujours plus facile de le prendre en train de dire la vérité à quelqu'un que de le prendre en train de simuler.

La simulation peut être découverte grâce à des techniques d'interrogatoire spécifiques et à des tests psychologiques poussés. On estime cependant qu'un pourcentage non négligeable de patients envoyés par les tribunaux dans les hôpitaux psychiatriques sont en fait des simulateurs. Il existe des moyens de démasquer les simulateurs, et les psychologues légaux sont en train d'affiner leurs techniques pour pouvoir le faire.

Traiter, prévenir et protéger

En plus des aspects purement juridiques de leur travail, les psychologues experts se chargent également du traitement des criminels, en particulier de ceux qui sont atteints d'une maladie mentale. Ils font également des évaluations de dangerosité dans lesquelles ils aident à déterminer si les individus peuvent être dangereux pour la société à leur sortie de prison ou de l'hôpital.

Comme les professionnels reconnaissent la difficulté de prévoir l'avenir dans ce domaine, les évaluations de dangerosité sont plutôt des évaluations de facteurs de risques identifiés que des prédictions sur l'éventualité d'un comportement futur.

Quelle est la solution ? Soigner les maladies mentales en prison comme on soigne les autres maladies. Ce qui est particulièrement compliqué. Ainsi, les psychologues légaux ont-ils également pour tâche de soigner les malades mentaux derrière les barreaux.

6

Une aide à la guérison

« J'EN AI ASSEZ DE LAISSER LES AUTRES TIRER LES FICELLES ! »

DANS CETTE PARTIE...

La sixième partie commence par une introduction aux tests et à l'évaluation psychologiques (oui, c'est ici que nous analyserons ensemble le test de la tache d'encre de Rorschach). Elle passe en revue les critères d'évaluation psychologique les plus courants, comme l'intelligence et la personnalité. Elle se poursuit avec une approche de la psychanalyse, ainsi que la façon dont celle-ci se déroule entre le psychologue et le patient. Enfin, une section sur le stress fait le lien entre la santé psychologique et la santé physique.

Chapitre 14

Évaluer le problème et tester la psyché

DANS CE CHAPITRE :

- **Prendre en note l'histoire du patient**
- **Se montrer à la hauteur**
- **Effectuer des tests psychologiques**

Nombreux sont ceux qui vont consulter un psychologue ou d'autres professionnels de la santé mentale parce qu'ils ressentent de fortes émotions négatives ou sont confrontés à des difficultés dans leur vie quotidienne. Comme ils le font avec leur médecin de famille, les patients potentiels arrivent chez le psychologue avec un problème ou une question. Souvent, ils viennent chercher des réponses parce qu'ils ne comprennent pas vraiment ce qui se passe. Le psychologue écoute et essaie d'évaluer l'étendue du problème et de bien saisir la situation des patients. S'il ne parvient pas à mettre le doigt sur le véritable problème, il ne pourra pas le résoudre. (Pour en savoir plus sur ce sujet, reportez-vous aux **chapitres** 15 **et** 16.)

Je me suis acheté récemment un nouvel ordinateur. Je l'ai rapporté à la maison, je l'ai installé et tout semblait parfait. J'étais impatient de me connecter à Internet et de surfer sur le Web. Mais quand j'ai essayé de me connecter, cela n'a pas marché. Vous pouvez imaginer ma frustration. Je venais de dépenser une fortune dans un ordinateur flambant neuf qui ne fonctionnait pas correctement. J'ai passé trois jours à essayer de trouver où était le problème. J'ai changé le câble téléphonique, appelé mon fournisseur d'accès à Internet, ainsi que le magasin où j'avais acheté l'ordinateur. Tout ce que j'ai entrepris n'a servi à rien, personne n'a pu m'aider à résoudre le problème !

Finalement, ma femme m'a fait remarquer (trois jours plus tard) que j'avais branché un câble dans la mauvaise fiche à l'arrière de l'ordinateur. Elle a tout simplement branché le câble au bon endroit et pu se connecter facilement à Internet. Je n'avais pas identifié le problème correctement et j'étais donc dans l'incapacité de le résoudre. Je m'imaginais qu'en tant que scientifique, j'avais examiné méthodiquement toutes les causes et variantes possibles... Mais je m'étais trompé.

Quel est le problème ?

Pour parvenir à résoudre un problème, il faut tout d'abord l'identifier et le définir clairement. Les psychologues ont des outils et des méthodes spécifiques à leur disposition. En général, lors du premier rendez-vous avec un patient, ils commencent par examiner le problème qui a amené celui-ci à vouloir suivre une thérapie. Ensuite, ils tentent de recueillir des informations plus précises.

Le psy : Dites-moi, M. Dupont, quel est le problème selon vous ?

M. Dupont : Comment voulez-vous que je le sache ? C'est vous le docteur !

Cette question ennuie les patients, car ils ignorent souvent ce qui se passe et attendent du psychologue qu'il réponde à toutes les questions. Cependant, sans une exploration complète de la situation du patient, tout professionnel de la santé mentale risque de s'engager dans une série d'hypothèses qui peuvent coûter cher. Les deux approches les plus répandues pour l'évaluation clinique sont les entretiens formels ou les tests psychologiques.

Prendre en note l'histoire du patient

Il y a certainement autant de techniques d'entretien que de psychologues. Chacun a une façon différente d'obtenir l'information pertinente. Mais quelle est l'information pertinente ? Comme je l'ai indiqué dans la section précédente, la plupart des rencontres commencent par une discussion autour du problème présenté. Peu de patients arrivent chez le psychologue en décrivant leur problème d'après les critères du *Manuel diagnostique et statistique des troubles mentaux (DSM-IV)*. Les plaintes sont souvent vagues et compliquées. Les problèmes de communication entre le psychologue et son patient ne viennent pas forcément du fait qu'ils ne se comprennent pas. Ils sont souvent dus au fait que le docteur et le patient utilisent un vocabulaire différent pour décrire le même problème. Si vous me dites : « Je n'arrive pas à dormir, je n'ai pas faim et je pleure sans arrêt », je vous dirai : « Vous êtes déprimé. »

C'est souvent au niveau du fonctionnement social que les problèmes psychologiques se font ressentir en premier. Pendant la phase historique de l'entretien, le psychologue rassemble des informations sur la famille, les amis et les collègues du patient ainsi que sur toute autre relation importante. Il faut également s'intéresser à la formation du patient et à son parcours professionnel. A-t-il obtenu des diplômes? A-t-il été capable de gagner sa vie et d'évoluer professionnellement ?

Lorsqu'un patient commence une thérapie, il a souvent beaucoup de choses à dire et déballe tout ce qu'il a sur le cœur. Il est confus et éprouve des difficultés à décrire son expérience. Même si ce n'est pas toujours aussi bien programmé, les psychologues essaient de structurer le premier entretien selon les étapes suivantes :

1. **Éclaircissement du problème**

2. **Recueil d'informations sur l'histoire du patient**

   S'agit-il d'une autobiographie ? D'une certaine façon, oui, mais seuls quelques aspects de la vie du patient sont pris en compte. L'aspect primordial de l'entretien psychologique est l'historique du problème. Comment est-ce que tout a commencé ?

3. **Exploration de la santé physique du patient**

   Il est également important d'évaluer la santé physique et le passé médical du patient. Beaucoup de problèmes psychiatriques ou psychologiques peuvent provenir d'une maladie ou d'un état physique. Quand le patient a-t-il effectué son premier bilan de santé ? A-t-il des problèmes de santé importants ? Prend-il des médicaments ? A-t-il consommé beaucoup d'alcool ou de drogues ? Son état mental nécessite-t-il un examen médical ou un traitement ?

4. **Historique complet des problèmes psychologiques**

   Le patient a-t-il souffert de dépression par le passé ? A-t-il déjà été traité pour un trouble mental ? Certains membres de sa famille sont-ils atteints d'une maladie mentale ? A-t-il déjà fait un séjour dans un hôpital psychiatrique ou a-t-il fait une tentative de suicide ? Certaines informations sont extrêmement importantes, car la sécurité du patient peut parfois en dépendre. Un professionnel prudent prend toujours le temps d'évaluer les aspects les plus graves d'un cas et, pour un psychologue, il n'y a pas de problème plus grave que le suicide.

Examiner l'état mental

Tout au long de l'entretien, le psychologue va observer les indicateurs comportementaux, cognitifs et émotionnels de troubles psychologiques. C'est ce qu'on appelle l'« examen de l'état mental ». En général, le psychologue observe onze aspects :

- **L'apparence** : soins apportés à l'apparence, hygiène, caractéristiques physiques et traits inhabituels. La tenue vestimentaire peut être étrange ou inappropriée. Le patient peut être négligé, sale. Son poids peut également être lié à son état mental, en particulier s'il est obèse ou beaucoup trop maigre. Lorsqu'un individu a une apparence inhabituelle, en dehors des normes culturelles ou subculturelles, cela vaut peut-être la peine d'en discuter.
- **Le comportement** : les signes de troubles les plus marquants viennent souvent de la façon dont l'individu se comporte :
  - **Les mouvements du corps** : les mouvements du corps tels que les gestes rapides, lents ou inhabituels peuvent être significatifs. L'individu nerveux remue beaucoup. Le patient dépressif est recroquevillé dans son fauteuil. Le paranoïaque, persuadé que la CIA est à ses trousses, se lève toutes les cinq minutes pour regarder discrètement à travers les rideaux.

- **Les expressions du visage** : elles sont importantes (expressions de tristesse, de folie, expressions figées, par exemple).

» **Le discours** : deux troubles peuvent entraîner des dysfonctionnements au niveau du discours :

- **La schizophrénie** : le discours du patient est incohérent, confus ou difficile à comprendre. Il semble parler une langue étrangère, utilise des mots ou des phrases qui n'ont aucun sens. Un jour, alors que je faisais du bénévolat dans un foyer pour SDF, j'ai reçu un appel anonyme. Lorsque j'ai demandé à mon interlocuteur si je pouvais l'aider, il m'a répondu : « Enfoncez le clou dans le coussin ! Vous m'avez appelé... Qu'est-ce que vous voulez ? Les lettres me rendent fou ! Ampoule électrique... Battez le tambour ! Enfoncez le clou dans le coussin ! Qu'est-ce que vous voulez ? » C'est un exemple parfait de discours incohérent.
- **Les formes bipolaires de dépression mélancolique** : le débit et la vitesse du discours peuvent également être anormaux. Le patient qui traverse une phase maniaque parle très rapidement et agit comme s'il devait absolument continuer à parler. Il saute du coq à l'âne.

» **L'humeur et l'affect** : l'humeur correspond aux émotions prédominantes exprimées par le patient. Est-il triste, content, furieux, euphorique ou anxieux ? L'affect fait référence à l'éventail, à l'intensité et à la pertinence du comportement émotionnel. Le patient est-il légèrement triste ou extrêmement triste ? Ne ressent-il que de la tristesse ou semble-t-il éprouver tout un éventail d'émotions ? L'affect se manifeste également par les « variations d'humeur ». Change-t-il souvent et facilement d'humeur ?

» **Le contenu des pensées** : les pensées du patient sont également pertinentes pour tout examen clinique. Les pensées bizarres telles que les délires peuvent être révélatrices d'un trouble mental. Les pensées moins bizarres, mais parfois tout aussi perturbantes, telles que les préoccupations obsessionnelles ou les idées gênantes peuvent être le signe d'une grave anxiété. Les pensées de mort et de violence peuvent être les indicateurs d'un potentiel suicidaire ou violent.

- **Le processus de pensée** : certaines façons de penser traduisent parfois un trouble.
  - **La pensée digressive** : c'est souvent la manifestation d'un trouble de la pensée. Elle se caractérise par la tendance à faire des digressions qui n'ont qu'un rapport lointain avec le sujet en cours de discussion.
  - **Les associations de sons** : ces signes sont des indicateurs importants de troubles de la pensée. On parle d'association de sons lorsqu'une personne termine une phrase par un mot dont le son va faire naître une autre pensée qui n'a aucun rapport avec la conversation. Par exemple : « Lorsque je suis rentré du travail l'autre jour, ma voiture est restée bloquée en plein milieu de la route... Les autoroutes sont bloquées par les camions », « Le bruit me dérange... Frange. » Cette sorte de pensée est incohérente, difficile à suivre et n'a pas beaucoup de sens.
- **La perception** : les hallucinations correspondent à des problèmes de perception. Le patient peut avoir des hallucinations de l'ouïe, de la vue, de l'odorat, du goût, ainsi que des hallucinations corporelles (sensations corporelles étranges comme si un insecte rampait sous la peau, par exemple). Certaines hallucinations de l'ouïe sont très graves. Le patient entend parfois une voix qui lui dit de se faire du mal ou de blesser quelqu'un d'autre. C'est ce qu'on appelle les « hallucinations coercitives ».
- **Le fonctionnement intellectuel** : on peut l'évaluer en prêtant attention au vocabulaire du patient, à l'état de ses connaissances et à sa capacité à penser dans l'abstraction. Mais l'observation ne suffit pas. Elle est, en outre, très subjective. Elle ne doit être utilisée que comme point de départ à d'autres évaluations.

À CHACUN SON ANIMAL !

Une fois, j'ai vu un homme d'âge mûr porter des oreilles, un nez, des dents et des moustaches de souris (une souris très connue !) dans un café. Je sais que nous vivons dans un pays libre, mais son apparence n'en était pas moins inhabituelle. Était-il atteint d'une maladie mentale ? Qui sait ? Vous reconnaîtrez quand même qu'il n'y a pas beaucoup d'hommes qui s'habillent tous les jours en souris ! Lorsqu'un individu s'habille toujours comme si c'était le carnaval, il est bon d'approfondir la question. Il ne s'agit pas de tirer des conclusions hâtives, juste de vérifier.

» **L'attention (concentration) et la mémoire** : il est important d'observer si le patient est distrait pendant l'entretien et s'il a des difficultés à se concentrer sur la tâche en cours. Il est possible de tester sa mémoire à court terme en lui demandant de retenir quelques éléments et en l'interrogeant quelques minutes plus tard. Pour évaluer sa mémoire à long terme, il suffit de noter s'il se souvient bien de son passé et s'il peut fournir beaucoup d'informations. Beaucoup de troubles se traduisent par des problèmes d'attention et des défaillances de la mémoire.

» **L'orientation** : le patient sait-il où il se trouve ? Sait-il l'heure qu'il est ? Il est très important de déterminer si le patient peut se repérer dans l'espace et le temps. Beaucoup de maladies graves et de troubles psychologiques se manifestent par une perte de repères.

» **La perspicacité et le discernement** : le patient comprend-il qu'il est peut-être atteint d'une maladie mentale ? Fait-il le lien entre son comportement, ses processus mentaux et un trouble psychologique ? Il est important de répondre à ces questions pour évaluer la motivation du patient et prévoir d'éventuels problèmes d'observance du traitement dans le futur. Pour déterminer le discernement du patient, il faut éprouver la solidité de ces décisions et le niveau d'impulsivité et de préméditation de chacun de ses actes. La prise en compte du discernement est importante pour l'évaluation de la dangerosité, du potentiel de violence et du risque de suicide.

Effectuer des tests psychologiques

Actuellement, de nombreuses disciplines s'intéressent au traitement des maladies mentales. Le test psychologique relève cependant uniquement du domaine de la psychologie. Certains professionnels tels que les conseillers d'orientation et les spécialistes des troubles de l'apprentissage procèdent également à des tests mais ceux-ci sont limités à un problème spécifique. Les psychologues sont parfaitement formés aux tests psychologiques et sont considérés comme des experts en la matière.

Le test psychologique fait partie du processus d'évaluation psychologique. L'évaluation correspond à l'ensemble des procédures scientifiques utilisées pour mesurer le comportement et les processus mentaux d'un individu. Ann Anastasi définit le test psychologique comme un échantillon standard et objectif de comportements ou de processus mentaux. Les tests sont utilisés pour formaliser les données fondées sur l'observation. Presque tous les domaines de la psychologie peuvent être mesurés à l'aide d'un test.

Les tests peuvent se présenter sous forme de questionnaires à remplir, de dessins à réaliser, d'exercices et d'activités (puzzles) à effectuer, d'entretiens et d'observations. De la même façon qu'une analyse de sang permet de mesurer le nombre de globules rouges, le test de la personnalité permet d'évaluer certains aspects spécifiques de la personnalité d'un individu. L'idée de départ est la même, l'application est différente.

Qu'est-ce qui rend un test objectif ? Un test est objectif s'il remplit des critères importants dans les trois domaines suivants : la normalisation, la fiabilité et la validité.

Normalisation

Selon Ann Anastasi, un test est normalisé correctement dès lors qu'il existe une procédure uniforme pour l'administrer et l'interpréter. Le contrôle des variables superflues permet un maximum de précision. Si le psychologue n'effectue jamais le test de la même façon, il ne pourra pas se fier aux résultats. Il n'aura pas respecté le principe du contrôle scientifique.

Il faut ensuite établir une « norme » pour le test. Une norme est une mesure de la performance moyenne réalisée par un grand nombre de sujets pour un test psychologique donné. Par exemple, le score moyen pour « l'échelle d'intelligence Wechsler Bellevue » revue et corrigée est de 100. Ce score moyen définit une norme à partir de laquelle il est possible de comparer les individus. Pour établir la norme, il suffit de faire passer le test à un grand nombre de personnes et de mesurer la performance moyenne ainsi que l'éventail des performances – c'est ce qu'on appelle l'« étalonnage ».

Fiabilité

Un test non fiable n'est pas un bon test. La « fiabilité », c'est la cohérence. Si le psychologue donne le même test à la même personne à plusieurs reprises, va-t-elle obtenir un score identique ou comparable ? Si c'est le cas, cela signifie que le test est fiable. Avant de lancer un test sur le marché, il faut absolument s'assurer de sa fiabilité. Autrefois, j'avais un camion dont la jauge à essence n'était absolument pas fiable. Si je prenais de l'essence pour 15 euros, l'aiguille pouvait remonter jusqu'à la moitié du réservoir ou jusqu'aux trois quarts. Vous pensez sans doute que je n'ai pas eu l'intelligence de prendre de l'essence lorsque le réservoir était vide ou que l'essence ne valait pas le même prix. Mais cette histoire n'a rien à voir avec le fiasco d'Internet dont je vous parlais tout à l'heure. Cette fois-ci, j'avais raison, c'est la jauge qui était bidon.

Lorsque je faisais passer des tests psychologiques à mes patients, ils rétorquaient souvent que ces tests n'étaient pas fiables et qu'ils ne prouvaient ou ne mesuraient absolument rien. Ils auraient pu avoir raison si la fiabilité de ces tests n'avait pas été vérifiée.

Validité

Comment le psychologue peut-il savoir si le test qu'il utilise évalue réellement ce qu'il prétend évaluer ? Alors qu'il croit évaluer l'intelligence du patient, il évalue en réalité les aptitudes de celui-ci à parler français. Cela se produit relativement souvent lorsque le test n'est pas utilisé correctement et n'a pas été « normalisé » pour les bonnes personnes (établir les propriétés statistiques sur un grand nombre d'individus similaires aux personnes auxquelles le test est destiné). Les tests utilisés sur des individus qui n'appartiennent pas au groupe à partir duquel ils ont été normalisés ne sont pas valides.

Lorsqu'un test évalue ce qu'il prétend évaluer, on dit qu'il est « valide ». Pour établir la validité d'un test, il suffit de le comparer avec une mesure extérieure du thème psychologique en question. Si le test prétend mesurer la dépression, le psychologue qui l'utilise doit comparer les résultats de son test avec une mesure déjà établie de la dépression telle que « l'inventaire des états dépressifs de Beck ».

N'oubliez pas que de nombreux tests psychologiques, sinon la majorité, mesurent des éléments qui ne sont pas observables. Il est possible de voir les globules rouges et de les compter à l'aide d'un microscope, mais pouvons-nous observer l'intelligence de la même façon ? Pas vraiment. L'intelligence est supposée exister lorsqu'elle se manifeste sous une forme mesurable dans un test psychologique. C'est pourquoi il est primordial d'avoir une base scientifique pour élaborer ces tests.

Le test psychologique ne se résume pas à poser quelques questions et à faire le compte des réponses du patient. C'est un procédé scientifique. En raison de sa complexité, beaucoup de professionnels souhaiteraient que son utilisation soit contrôlée. Seuls des examinateurs qualifiés devraient utiliser les tests. Le risque d'une simplification exagérée ou d'une mauvaise interprétation est trop élevé. Si les tests sont distribués sans aucune distinction, les individus risquent de se familiariser avec ceux-ci, ce qui compromet la validité. Au lieu de mesurer l'intelligence d'un individu, nous pouvons par exemple évaluer ses capacités à se souvenir du test qu'il a passé la dernière fois.

Les différents types de test

Il existe de nombreux types de tests psychologiques. Les cinq types les plus répandus sont le test clinique, le test d'aptitude scolaire, le test de la personnalité, le test d'intelligence et le test neuropsychologique.

Les tests cliniques

Les psychologues cliniciens utilisent les tests cliniques pour clarifier les diagnostics et mesurer l'étendue et la nature des troubles et des dysfonctionnements d'une personne ou d'une famille. Des tests spécifiques ont été élaborés pour évaluer dans quelle mesure un patient présente les symptômes d'un trouble particulier. C'est ce que nous pouvons appeler les « tests diagnostics ». L'un des exemples les plus connus est sans doute « l'inventaire des états dépressifs de Beck », conçu pour estimer la gravité de l'état dépressif chez un patient.

Les « tests du comportement et de l'adaptabilité » sont deux types de tests cliniques mis au point pour évaluer comment une personne gère sa vie quotidienne et si elle présente des problèmes de comportement spécifiques. La liste de contrôle du comportement de l'enfant est sans doute l'un des instruments les plus utilisés sur les enfants. Elle permet de mesurer leurs problèmes comportementaux. Autre test clinique souvent utilisé : l'« échelle d'évaluation des parents de Conner », conçue pour déterminer la présence de symptômes relatifs au trouble d'hyperactivité avec déficit d'attention *(TDAH)*.

Outre les tests et les inventaires liés à des troubles particuliers, il existe une grande variété de tests dont les objectifs sont différents mais qui peuvent faciliter le diagnostic. Par exemple, les tests d'inteiligence servent à mesurer l'intelligence mais peuvent aussi mettre en évidence des troubles cognitifs ou d'apprentissage. Les tests de la personnalité sont conçus pour déterminer la personnalité d'un individu mais fournissent également de nombreuses informations sur les types de problèmes psychologiques qu'un individu peut avoir.

Les tests d'aptitude scolaire

Ces tests permettent d'évaluer les aptitudes scolaires d'un enfant. Pour Glen Aylward, ils ont trois grands objectifs :

» Identifier les élèves qui ont besoin d'instructions supplémentaires.

» Identifier la nature des difficultés d'un élève afin d'éviter les troubles d'apprentissage.

» Assister l'élève en matière d'organisation et d'instruction.

En général, un test d'aptitude scolaire permet d'évaluer les capacités de l'élève dans les domaines les plus répandus de l'activité scolaire : la lecture, les mathématiques, l'orthographe, l'écriture. Certains tests couvrent d'autres domaines tels que la science et les études sociales. La « Batterie psychoéducative Woodcock-Johnson », édition revue et corrigée, est l'une des plus utilisées à l'heure actuelle. Ce test comprend neuf sous-tests qui portent sur les domaines mentionnés précédemment. Ces domaines sont à leur tour divisés en sous-domaines (pour les mathématiques, par exemple, il y a une partie « Calcul » et une partie « Résolution de problèmes »).

Les tests d'aptitude scolaire sont très souvent utilisés dans les écoles. Lorsqu'un enfant ou même un adolescent a des difficultés scolaires, on lui fait fréquemment passer un test pour évaluer ses capacités élémentaires. Parfois, l'élève a des problèmes parce qu'il est atteint d'un trouble d'apprentissage. Pour identifier un trouble d'apprentissage, il faut, entre autres, évaluer l'aptitude scolaire de l'élève. Dans d'autres cas, l'enfant ou l'adolescent a de mauvais résultats à l'école à cause de difficultés extérieures telles que des problèmes émotionnels, une consommation abusive de stupéfiants ou des problèmes familiaux. Un test d'aptitude permet parfois de mettre le doigt sur ses difficultés.

Les tests de la personnalité

Les tests de la personnalité ne se limitent pas à déterminer la personnalité d'un individu. Certains sont conçus pour évaluer les émotions, les motivations et les compétences interpersonnelles, ainsi que des aspects spécifiques de la personnalité en fonction de la théorie sur laquelle ils s'appuient. La plupart de ces tests se présentent sous la forme de questionnaires à remplir par le patient, qui répond lui-même aux questions et fournit lui-même les informations.

Les tests de la personnalité s'appuient souvent sur une théorie de la personnalité. Ils peuvent, par exemple, évaluer les problèmes liés au Ça, au Moi ou au Surmoi.

Le test le plus couramment utilisé est sans doute le *MMPI-2, Minnesota Multiphasic Personality Inventory, 2e édition.* La plupart des psychologues sont formés pour l'utiliser, car il est très fiable. Il leur fournit de nombreuses informations sur la présence d'une psychopathologie et sur sa gravité, le cas échéant. Il permet aussi d'en savoir plus sur le fonctionnement émotionnel, comportemental et social de la personne testée. De nombreux psychologues ont recours à ce test pour vérifier la précision de leurs observations et de leurs diagnostics.

Le test comprend 567 questions, qui se divisent en neuf échelles correspondant à des syndromes psychiatriques. Si la note obtenue dépasse une limite spécifique, elle retient en général l'attention du psychologue, qui y verra la manifestation d'un trouble mental. Le *MMPI-2* fournit de très bonnes informations dans une grande variété de domaines : dépression, douleurs physiques, colère, contact social, anxiété et niveau d'énergie, pour n'en nommer que quelques-uns.

Les « tests projectifs » forment une catégorie à part. C'est d'ailleurs souvent à cette forme de tests que les gens pensent lorsqu'ils parlent de tests psychologiques. Imaginez le patient assis en face du psychologue. Il regarde une tache d'encre ou une image représentant quelqu'un en train de faire quelque chose : « Qu'est-ce que vous voyez ? » demande alors le psy.

Ces tests sont uniques parce qu'ils s'appuient sur l'« hypothèse projective ». Lorsqu'un individu est confronté à des *stimuli* ambigus, il va se projeter et donc révéler des aspects de lui-même et de son fonctionnement psychologique qu'il n'aurait certainement pas montrés s'il avait été interrogé de façon plus directe. Ces tests n'ont pas pour but de piéger les patients. Ils tentent seulement de mettre en évidence ce que ceux-ci ne sont pas capables d'exprimer ou de décrire en raison de leurs mécanismes de défense. Certaines personnes ne sont pas conscientes de leurs sentiments. Ces tests projectifs sont conçus pour aller au-delà des défenses et pénétrer dans les profondeurs de la psyché. Un peu angoissant, non ?

Le « test de Rorschach » est le test projectif le plus connu et sans doute le test psychologique le plus populaire de tous les temps. Il se compose de dix planches représentant chacune une tache d'encre. Aucune de ces taches ne représente la moindre image. Elles sont tout simplement obtenues en versant de l'encre sur une feuille de papier et en pliant ensuite cette feuille par le milieu. La signification et la structure de ces planches sont uniquement fournies par les projections de la personne qui effectue le test.

Les tests d'intelligence

Les tests d'intelligence sont certainement les tests les plus répandus. Ils évaluent une grande variété de capacités intellectuelles et cognitives et fournissent un critère d'évaluation de l'intelligence, qu'on appelle le « quotient intellectuel » (QI).

Les tests d'intelligence sont utilisés dans de nombreux contextes et applications. Ils facilitent les diagnostics, en particulier dans le cas de troubles cognitifs. Ils sont souvent utilisés dans les établissements scolaires. Ils existent depuis les débuts de la psychologie en tant que science officielle.

L'« échelle d'intelligence de Wechsler Bellevue » *(WBIS)*, 3e édition, et la version destinée aux enfants, le WISC *(Wechsler Intelligence Scale for Children)*, font aussi partie des tests d'intelligence les plus couramment utilisés. Quel homme actif, ce Wechsler ! Chacun de ces tests est constitué de plusieurs sous-tests permettant de mesurer des aspects spécifiques de l'intelligence. Une note est attribuée à chaque sous-test. La somme de toutes les notes obtenues aboutit au quotient intellectuel général. Les sous-tests évaluent :

- L'attention ;
- Les connaissances générales ;
- L'organisation visuelle ;
- La compréhension.

Les tests neuropsychologiques

Les tests de fonctionnement neuropsychologique et d'aptitudes cognitives ne sont pas nouveaux mais sont de plus en plus populaires. Ils sont utilisés sur les personnes atteintes d'une lésion cérébrale et viennent compléter les examens neurologiques et les techniques de scanographie du cerveau telles que le scanner X ou l'IRM.

La scanographie permet de mettre en évidence les lésions cérébrales, mais les tests neuropsychologiques fournissent des mesures plus précises des détériorations fonctionnelles dont un individu peut souffrir. Le scanner dira : « Il y a une lésion. » Le test psychologique précisera : « Voici les problèmes cognitifs liés à cette lésion... »

Les tests neuropsychologiques sont utilisés dans les hôpitaux, les cliniques, les cabinets de psychologues et tout autre endroit où les psychologues travaillent avec des patients susceptibles d'être atteints de détériorations neuropsychologiques. Les personnes souffrant d'un traumatisme crânien ou de toute autre blessure à la tête doivent parfois passer un examen neuropsychologique complet.

La « Batterie neuropsychologique Halstead-Reitan », ensemble de tests neuropsychologiques, est très courante. Elle se compose de nombreux tests évaluant la mémoire, l'attention et la concentration, le langage, les capacités motrices, les aptitudes auditives et la programmation. La batterie comprend également les tests *MMPI-2* et *WBIS-III*. Elle n'est jamais effectuée en une seule séance car elle demande plusieurs heures. L'évaluation neuropsychologique peut donc durer plusieurs semaines et, par conséquent, s'avérer onéreuse. Cependant, si elle est conduite par un professionnel compétent, elle peut fournir un grand nombre d'informations très utiles.

Chapitre 15

S'installer confortablement sur le divan

DANS CE CHAPITRE :

- **Faire la distinction entre l'analyse et la thérapie**
- **Commencer une psychanalyse**
- **Analyser le processus**
- **Investir du temps et de l'argent**

Je me demande combien d'enfants de thérapeutes demandent à leurs parents de participer à la journée des métiers organisée dans certains établissements scolaires. « Ma mère est thérapeute. Elle aide les gens, je pense. Elle reçoit des gens et ils parlent de leurs problèmes. Parfois, ils pleurent, parfois ils deviennent fous. » Certaines professions sont plus faciles à décrire que d'autres. Si tout le monde ou presque connaît le concept de « psychothérapie » ou de « thérapie », rares sont ceux qui peuvent décrire exactement de quoi il s'agit.

La langue des Esquimaux contient, paraît-il, plus de cent mots pour désigner la neige. Les Hawaiiens, quant à eux, disposent de cent mots pour parler du surf. Les thérapeutes ne sont pas en reste puisqu'il existe des centaines de définitions pour la psychothérapie. Selon Lewis Wolberg, la psychothérapie est une forme de traitement des problèmes émotionnels dans lequel un professionnel qualifié établit une relation avec un patient dans le but de soulager ou de supprimer des symptômes, de modifier les *patterns* perturbés du comportement et d'encourager un développement de la personnalité sain. Les symptômes visés sont d'ordre psychologique ou supposés tels.

J. B. Rotter donne une autre définition intéressante. Selon lui, la psychothérapie est une activité planifiée par le psychologue, qui a pour but de changer certains aspects de la personnalité d'un individu pour rendre sa vie plus heureuse, plus constructive, ou les deux. À mon avis, une bonne conversation avec des amis autour d'une pizza peut également favoriser une vie plus heureuse, alors pourquoi faire autant de bruit autour de la psychothérapie ? La psychothérapie va beaucoup plus loin qu'une simple conversation entre deux personnes. Il s'agit d'une relation professionnelle dont l'un des protagonistes est un thérapeute ou un expert reconnu, spécialisé dans les problèmes psychologiques, interpersonnels ou comportementaux.

Les psychologues ne sont pas les seuls à proposer leur aide aux individus qui tentent d'évoluer dans le chaos psychologique que représente leur vie. Un grand nombre de personnes, d'endroits et de choses peuvent soulager nos maux ou améliorer notre sentiment de bien-être. La musique, la littérature, les œuvres d'art, l'amour, la religion, un bon film, la naissance d'un enfant, un beau coucher de soleil peuvent aussi faire office de thérapie. Mais la psychothérapie est une activité spécialement conçue pour soigner les problèmes psychologiques.

Dans ce chapitre, ainsi que dans les deux chapitres suivants, nous aborderons les différentes formes de psychothérapie. Chaque thérapie a ses propres objectifs, mais elles ont toutes beaucoup de points communs et elles traitent toutes de problèmes psychologiques spécifiques comme les émotions, les pensées et les comportements. Ce chapitre se penche sur la forme la plus connue de psychothérapie : la « psychanalyse ».

Déterminer qui a besoin de suivre une psychanalyse

La psychanalyse est une forme de psychothérapie pratiquée depuis 80 ans. Il existe différentes variantes, mais la forme élémentaire, la « psychanalyse classique », a été introduite par Freud puis développée par d'autres tels que Jacques Lacan, Otto Fenichel, Anna Freud, Melanie Klein, Heinz Kohut et Otto Kernberg, pour n'en nommer que quelques-uns.

La psychothérapie se concentre sur les problèmes psychologiques tels que les difficultés émotionnelles, comportementales et cognitives. La psychanalyse n'est pas différente, mais elle propose une vision unique des problèmes et une méthode spécifique pour les résoudre. Qui a besoin d'une psychanalyse ? Tout dépend en fait de la façon dont les problèmes de l'individu sont perçus. Les thérapeutes de formation et d'orientation variées mettent différentes causes en avant pour expliquer les difficultés des individus. Un psychanalyste considère la dépression comme la manifestation d'un conflit intérieur, alors qu'un thérapeute cognitif y verra un processus de pensée défectueux. Il est plutôt facile, par exemple, de déterminer si un individu a des problèmes de couple. Mais les thérapeutes ont chacun une explication différente aux causes de ces difficultés. Les psychanalystes donneront une explication fondée sur leur théorie et leur formation, en particulier leur théorie de la « psychopathologie ».

Prenons l'exemple suivant : Pierre et Valérie attendent leur premier enfant. Valérie est très enthousiaste. Elle prépare la chambre du bébé, achète des vêtements et pense à tout ce qu'elle fera avec son enfant. Pierre semble moins s'y intéresser. Il passe beaucoup de temps hors de chez lui, rentre tard du travail et n'arrive à la maison qu'une fois que Valérie est déjà couchée. Il semble distant et il est irritable. Il se plaint souvent de migraines et craint d'être atteint d'une maladie grave. Ses migraines sont devenues si intenses que parfois il ne va pas travailler. Un jour, alors que Valérie fait la lessive, elle trouve dans les poches d'un pantalon de Pierre un reçu de carte bleue provenant d'un bar de *strip-tease*. Elle le lui montre et il avoue qu'il boit plus que d'habitude en ce moment et qu'il va depuis peu dans ce genre de clubs avec des amis.

Qu'est-ce qui arrive à Pierre ? Il n'a jamais fréquenté de club de *strip-tease* et son médecin de famille ne trouve aucune explication à ses migraines. Pierre a peut-être besoin d'une psychothérapie. Il agit d'une façon que ni sa femme ni lui ne peuvent comprendre. Valérie a lu suffisamment de revues sur la psychologie pour réaliser que quelque chose ennuie Pierre et qu'il n'en est pas conscient ou qu'il n'a pas envie d'en parler. Elle lui propose de s'adresser à un professionnel de la santé mentale. Pierre semble avoir besoin de suivre une thérapie, mais pourquoi ? C'est peut-être de vacances dont il a besoin ou d'un coup de pied au derrière !

Les personnes qui recherchent l'aide d'un thérapeute se plaignent d'un certain nombre de problèmes tels que :

- Des symptômes physiques sans explication médicale.
- Un comportement, des pensées, des sentiments inhabituels.
- Des difficultés au travail ou des problèmes relationnels.
- Un manque de motivation et d'enthousiasme dans la vie.

Si Pierre choisissait de suivre une thérapie plutôt que de partir en vacances, quels seraient les problèmes qui retiendraient l'attention du thérapeute ? Beaucoup de personnes dans le cas de Pierre commencent une psychothérapie à cause de difficultés au travail ou de problèmes relationnels. Il s'agit de problèmes de fonctionnement et d'adaptation qui se concentrent sur les relations interpersonnelles. Pierre présente également des symptômes physiques : il est de plus en plus irritable et distant socialement. Tous ces éléments peuvent être considérés comme la manifestation d'une psychopathologie. Il risque le divorce alors que son premier enfant va naître. Quelque chose ne tourne pas rond.

Les différentes psychothérapies

Nous n'allons pas dépenser une fortune pour entendre le psychanalyste assis en face de nous dire : « Oui, vous êtes perturbé. » C'est comme si notre médecin de famille diagnostiquait une bronchite sans nous donner de traitement. Alors, que peut nous apporter un psychanalyste ? Pierre a des difficultés évidentes, mais il a certainement d'autres problèmes qui ne sont pas aussi flagrants. C'est la recherche et la découverte des problèmes sous-jacents qui différencie la psychanalyse des autres psychothérapies. La psychanalyse ne se contente pas de ce qui saute aux yeux.

Le psychanalyste ne prend jamais un symptôme pour argent comptant. Il part du principe qu'une cause psychologique explique les agissements du patient. Sous la surface des pensées, des sentiments et des actes de Pierre bouillonne tout un mélange de conflits intérieurs. Les problèmes quotidiens de Pierre sont observables. Mais son psychanalyste va regarder ce qui se cache derrière ses pensées, sa conscience, ses sentiments et ses actions quotidiennes. La recherche des sources internes ou mentales commence avec la psychanalyse.

Quel lien existe-t-il entre la fréquentation des clubs de *strip-tease* et un conflit mental profondément ancré ? Aucun peut-être... Et pourtant le psychanalyste considère qu'il y en a un. Par exemple, Pierre est sur le point de devenir papa pour la première fois et il sait que cette expérience va être particulièrement stressante : il faudra se lever la nuit, aller parfois chez le médecin de toute urgence, etc. Pierre se fait peut-être du souci et il essaie de se détendre en traînant avec ses copains. À moins qu'il n'ait pas envie d'être père. Sa femme lui a demandé s'il regrettait sa décision de faire un enfant ou s'il avait peur de l'arrivée du bébé. Il a répondu que non. Si Pierre se fait du souci, il est le dernier à le savoir. Pierre ignore les causes de son comportement et de son mal-être, et dans son cas, une psychanalyse n'est peut-être pas une si mauvaise idée.

Se plonger dans la psychanalyse

Nous avons tous des problèmes. Pas besoin d'un doctorat en psychologie pour s'en rendre compte. Mais suivre une thérapie ne se limite pas à payer quelqu'un pour qu'il nomme tous nos démons. Quel gaspillage ce serait ! Gaspillage d'argent pour nous, gaspillage de temps investi dans une formation pour le thérapeute ! La psychanalyse a différents objectifs :

- Favoriser le développement et la maturation de la personnalité.
- Aider le patient à prendre parfaitement conscience de ses conflits internes et de la façon dont ces conflits participent à ses difficultés dans la vie.

- Aider le patient à prendre conscience du fonctionnement de son système de défense et de la façon dont il déforme la réalité, notamment au niveau de ses relations.
- Aider le patient à mener une vie plus satisfaisante en général.
- Aider le patient à développer des défenses plus matures.
- Aider le patient à développer des moyens plus sains pour exprimer ses pulsions.

Tous ces objectifs ont un point commun, l'importance de la « prise de conscience ». La psychanalyse permet en premier lieu de prendre conscience. La conscience est au centre du processus analytique et constitue l'un des aspects curatifs de la psychanalyse. Il s'agit de mettre le doigt sur les conflits inconscients de sorte que ces problèmes puissent être considérés et traités consciemment. C'est de cette façon que le patient pourra changer. Si vous ignorez le problème, vous ne pouvez pas le résoudre. Enfin, selon Sydney Pulver, l'objectif de la psychanalyse est d'obtenir un meilleur fonctionnement par une meilleure compréhension.

Ce qu'il y a de bien chez les thérapeutes professionnels, c'est qu'ils ont déjà une idée de ce qui se passe avant même que vous ne franchissiez le seuil de leur cabinet. Ils sortent leur boule de cristal et leurs cartes de tarots et prédisent qu'un homme ayant les mêmes problèmes que Pierre va entrer dans leur cabinet dans quelques minutes. Mais non, ça, c'est le job du médium et non du psychothérapeute ! Les psychothérapeutes n'ont peut-être pas de boule de cristal, mais ils ont à leur disposition un système théorique qui explique pourquoi les gens ont des problèmes psychologiques et d'où viennent leurs conflits internes.

Les problèmes auxquels Pierre est confronté peuvent avoir différentes causes. Les causes recensées ci-dessous concernent des problèmes banals et quotidiens.

- **La régression** : la régression peut être à l'origine de certains problèmes. Il s'agit d'un retour à une phase antérieure du développement psychologique. Selon Freud, lorsque nous sommes stressés, nous sommes particulièrement vulnérables à la régression. Le stress met notre système de défense à l'épreuve puisque nous allons augmenter nos efforts pour nous défendre contre lui. Des symptômes psychologiques risquent alors d'apparaître. Certains événements peuvent déclencher des pulsions et des souvenirs que nous avions oubliés ou dont nous ne sommes pas du tout conscients. Lorsque cela se produit, nous risquons de régresser. Pierre peut être poussé par ses pulsions à quitter sa femme et son futur enfant pour mener une vie de célibataire plus insouciante parce qu'il n'a jamais pu s'amuser lorsqu'il était enfant, par exemple. Lorsque nous régressons, nous agissons comme si nous étions plus jeunes, comme des enfants. Avoir des crises de colère, ignorer la réalité, vivre dans un monde irréel, voilà quelques manifestations de la régression. Est-ce que vous vous bouchez les oreilles en chantant : « La la la la la ! » pour ne pas entendre les autres parler ? Vous êtes en train de régresser !

» **Le contrôle des pulsions** : lorsque les pulsions qui nous poussent à chercher le plaisir, sans prendre en compte la réalité, sont stimulées, nous utilisons nos mécanismes de défense pour les empêcher d'échapper à notre contrôle. Nous ne voulons pas que les pulsions du Ça, puissantes et primitives, ne submergent notre personnalité plus mature et plus proche de la réalité. Ces pulsions peuvent se mettre en ébullition lorsque nous sommes stressés ou lorsque nous n'avons pas réussi à nier leur pouvoir. C'est alors que nos défenses interviennent et que des symptômes peuvent apparaître. Les symptômes psychologiques sont le produit des défenses que nous utilisons contre nos pulsions.

- **Le refoulement** : c'est l'un des mécanismes de défense les plus importants. Il consiste à écarter les pulsions de la conscience afin d'éviter qu'elles n'influencent nos actes et ne détruisent notre vie. Le refoulement demande beaucoup d'énergie mentale. Encore une fois, les symptômes apparaissent à cause de l'intensification de nos défenses, mais ils peuvent être également considérés comme un moyen indirect et inconscient d'exprimer nos pulsions cachées.

- **L'hypocondrie** : quel type de défense notre bon vieux Pierre utilise-t-il pour présenter de tels symptômes ? Ses migraines constituent un bon exemple d'hypocondrie – la peur d'avoir une maladie grave. Georges Vaillant estime que l'hypocondrie est un mécanisme de défense donnant l'occasion à quelqu'un de se plaindre puis de rejeter les efforts des autres pour l'aider. L'hypocondrie permet à l'individu de se sentir incompris puisque personne ne parvient à trouver ce qui ne va pas et donc à l'aider. Ainsi, tout le monde semble être indifférent et insensible à ses besoins. Pierre a peut-être l'impression que personne n'écoutera ses craintes concernant sa paternité. Cette peur peut conduire à l'hypocondrie.
- **L'expression directe** : l'expression directe d'une pulsion ou d'un désir inconscient sans avoir à reconnaître consciemment un sentiment particulier est un autre mécanisme de défense utilisé par Pierre. Pierre a certainement le désir inconscient d'être de nouveau célibataire pour ne pas avoir à assumer la responsabilité de parent. Il n'en est peut-être pas conscient, mais il donne vie à ses désirs inconscients en fréquentant des clubs de *strip-tease*, comme s'il était de nouveau célibataire.

Les problèmes de Pierre sont le résultat d'une lutte intérieure pour la gestion (expression/refoulement, désir/peur) des pulsions par ses mécanismes de défense.

Faire une analyse

Imaginez que la psychanalyse soit un sport et qu'une émission hebdomadaire lui soit consacrée. Une émission très populaire, comme *Téléfoot*. « Bienvenue à *Samedi soir sur le divan* ! Je suis le docteur Clairvoyance et voici mon partenaire Vincent Bien. Ce soir, nous vous présentons une séance de psychanalyse avec Jean Dupont. Vous vous souvenez, cher Vincent, M. Dupont ne se sentait pas très bien après son entrevue avec M. Freud... »

Ces commentateurs auraient-ils beaucoup à dire ? Vous risquez d'être surpris. Il se passe beaucoup de choses pendant une thérapie. En fait, les futurs thérapeutes apprennent à pratiquer la thérapie en regardant les autres faire et en disséquant ce qu'ils ont vu. Le thérapeute en formation regarde des enregistrements de thérapie ou observe une thérapie en direct de la salle d'à côté.

Qu'apprendriez-vous d'une psychanalyse si vous la voyiez se dérouler en direct ? Vous pourriez la voir sous quatre aspects différents : l'aspect pratique, le point de vue du patient, le point de vue de l'analyste, et le déroulement général de l'analyse.

Les détails pratiques

Il n'y a pas beaucoup de logistique. Le patient prend rendez-vous, se rend au cabinet du psychanalyste et rencontre celui-ci. Tous deux parlent ensuite du montant des honoraires et du rythme des séances. La psychanalyse classique nécessite quatre à six séances par semaine, mais la plupart des gens ne peuvent pas se permettre de faire autant de séances. C'est pourquoi certains psychanalystes proposent une version « allégée » avec seulement une ou deux séances par semaine. Les séances durent environ cinquante minutes dans les deux cas. Après avoir fait connaissance, le psychanalyste et le patient commencent à travailler.

Le patient parle. Le psychanalyste écoute et commente. Il encourage le patient à dire tout ce qui lui vient à l'esprit sans tenter de modifier ce qui « sort ». L'analyste laisse faire mais souligne régulièrement certains points évoqués par le patient afin d'aider celui-ci à prendre conscience. En moyenne, une psychanalyse classique dure cinq ans. La plupart des gens ne s'engagent pas dans un processus aussi long parce qu'ils optent pour une variante de la psychanalyse classique. (Pour en savoir plus, reportez-vous plus loin dans ce chapitre à la section « Passer à la nouvelle école ».)

Le point de vue du patient

N'oubliez pas que la psychothérapie en général et la psychanalyse en particulier sont définies par des relations professionnelles qui poursuivent un objectif précis. Les rôles de chaque participant sont bien déterminés pour obtenir le résultat souhaité : une amélioration de l'état du patient. En d'autres terme, il y a une façon bien particulière de se comporter en psychanalyse. Cela dit, rien n'est complètement rigide.

Cela peut paraître évident, mais le patient doit arriver à l'heure à ses rendez-vous et payer régulièrement. Ces deux points sont particulièrement importants pour garantir le professionnalisme de la relation. Il ne s'agit pas de deux amis qui discutent de la vie.

Beaucoup de patients attendent du thérapeute qu'il leur apporte toutes les réponses comme si cela suffisait de venir aux rendez-vous et de parler passivement de ses problèmes. Ça ne marche pas comme ça. Il ne faut pas sous-estimer la quantité de travail que le patient doit fournir. Certains abandonnent très tôt la thérapie parce que l'effort à fournir est trop important pour eux et parce que les choses deviennent trop compliquées.

Certes, le psychanalyste ne vous dira pas de faire cinquante pompes en plein milieu de la séance. Mais il vous demandera de faire appel à votre esprit critique pour réfléchir aux questions soulevées au cours de l'analyse. D'après Sydney Pulver, les efforts à fournir par le patient sont les suivants :

- Noter les pensées ou les souvenirs inconscients qui surgissent pendant la séance.
- Être prêt à vivre des émotions intenses et à affronter des souvenirs négatifs.
- Se concentrer sur la façon dont les relations entre le thérapeute et le patient induisent un changement. Tenter de comprendre ce processus.

Chaque patient doit être pleinement informé au début de sa thérapie : une psychanalyse n'est pas une partie de plaisir et peut même être franchement douloureuse. Eh oui, il faut souffrir pour progresser…

SE DÉBARRASSER D'UN POIDS

Impossible de parler de la psychanalyse sans évoquer le fameux « divan ». L'image du patient allongé sur le divan est l'une des images les plus populaires de la psychanalyse. L'analyste est assis dans un fauteuil hors du champ de vision du patient pour des raisons techniques liées aux objectifs de la thérapie. Freud utilisait le divan, mais pas exclusivement, et la plupart des psychanalystes d'aujourd'hui font de même. La psychanalyse ne doit pas obligatoirement se dérouler sur le divan, même s'il est préférable d'utiliser celui-ci pour une vraie psychanalyse classique.

L'« association libre » est sans doute l'effort le plus important à fournir par le patient pendant la psychanalyse. Au début de l'analyse, le thérapeute dit au patient de s'allonger sur le divan et de commencer à parler de tout ce qui lui passe par la tête, et peu importe si c'est absurde, stupide ou embarrassant. Le principe est d'accéder aux pensées et aux souvenirs inconscients sans essayer de les modifier. C'est un processus plutôt difficile, auquel il faut s'habituer. La seule règle : parler de tout ce qui vient à l'esprit pourvu que le patient et l'analyste puissent accéder aux pulsions et aux conflits cachés.

Parfois, il est difficile de se souvenir de tout ce qui a été abordé pendant la thérapie. Un conseil : emmenez un stylo et du papier ! De nombreuses informations intéressantes ressortent pendant la thérapie et ce serait dommage de les oublier. Notez-les ! Prenez vous-même des notes. Ainsi, vous en profiterez aussi en dehors du cadre de la thérapie.

S'attaquer à l'analyse

Entendons-nous bien sur ce point : allez-vous vraiment payer un psychanalyste et être au bout du compte le seul à fournir tous les efforts ? Quel est le sens de tout cela ? Je suis sûr que les jeunes militaires pensent la même chose lorsqu'ils arrivent à la caserne et se trouvent face à un sergent instructeur sévère qui les rabaisse et remet en question leur engagement. L'instructeur dira que c'est dans l'intérêt des nouvelles recrues. La psychanalyse n'a rien à voir avec l'armée, mais on vous demande aussi de croire que c'est dans votre intérêt. Heureusement, le psychanalyste ne se contente pas de dire : « C'est pour votre bien. » Tout comme le patient, le thérapeute a des devoirs à remplir pendant la thérapie.

L'analyste doit :

- Être compréhensif, se montrer attentif au patient et concerné par ses problèmes sans cependant dépasser le cadre professionnel.
- Être pleinement conscient de ses propres conflits. Ainsi, pendant la séance, il se concentrera uniquement sur les problèmes du patient et non sur les siens. Si ses difficultés commencent à dominer le traitement, il doit consulter immédiatement son propre thérapeute ou un supérieur.
- Rester objectif et moralement neutre par rapport aux problèmes du patient. Le psychanalyste classique est supposé être un « écran vide » afin de tenir sa personnalité aussi éloignée que possible du processus.

  Ainsi, tout ce que dit le patient est en rapport avec ses conflits internes et non avec la personne du psychanalyste. C'est une approche stricte, et la plupart des psychanalystes aujourd'hui pensent qu'elle est un peu exagérée. Il est possible d'être un peu plus interactif avec le patient pour faciliter les progrès et établir un lien plus personnel que celui qu'on établit avec un écran vide.
- Prendre en compte l'anxiété du patient sans le submerger ni le stimuler exagérément. Lorsqu'un patient commence une thérapie, il redoute souvent ce qui va se passer pendant les séances. L'analyste ne doit pas pousser le patient trop rapidement ou avec trop d'insistance à parler de sujets qu'il n'est pas prêt à aborder. Les gens ne sont pas inconscients de leurs conflits internes sans raison. Un bon analyste doit respecter ce fait et mesurer ses commentaires.

Selon T. Reik (1948), un bon analyste écoute avec sa « troisième oreille » et essaie de détecter les conflits inconscients dans chaque affirmation du patient. Les rêves, les blagues et les lapsus expriment également les conflits inconscients (pour en savoir plus sur les lapsus, reportez-vous au **chapitre 7**). L'analyste doit relever les signes de conflits inconscients et faire les commentaires appropriés s'il dispose de suffisamment de temps. Il essaie de comprendre ce qui se passe dans les trois niveaux de conscience du patient à la fois : l'inconscient, le préconscient et le conscient. (Pour en savoir plus sur les trois niveaux de conscience, reportez-vous au **chapitre 7**.)

Le choix et le moment des commentaires dépendent des conflits particuliers du patient. L'analyste fait des « interprétations », donne des explications pour faciliter la prise de conscience du patient par rapport à lui-même et au lien qui existe entre ses conflits internes et ses problèmes actuels. L'interprétation est le principal outil de l'analyste. C'est le meilleur moyen dont il dispose pour encourager la prise de conscience du patient. Pour beaucoup de psychanalystes, l'interprétation est synonyme de psychanalyse.

L'analyste ne va pas interpréter le moindre élément pendant la séance : « J'ai remarqué que vous aviez plié le mouchoir que je vous ai donné en quatre et non en trois. » Ça serait plutôt ridicule. Ce sont des éléments bien précis que l'analyste juge nécessaire d'interpréter et de commenter. Le but de l'interprétation étant de favoriser la prise de conscience du patient, l'analyste va interpréter les pensées inconscientes qui se trouvent sous la surface de la conscience. Au lieu d'affirmer des choses qui semblent sorties de nulle part, l'analyste va tenter d'amener le patient à prendre conscience de ses conflits internes. L'analyste se contente de guider le patient. C'est beaucoup mieux que de lui apporter toutes les réponses sur un plateau.

Sydney Pulver a mis en évidence cinq types d'interprétation :

- **Interprétation de la résistance** : mettre en évidence les tentatives du patient pour résister au processus d'analyse et au changement.
- **Interprétation des transferts** : souligner la tendance du patient à reproduire avec l'analyste des relations qu'il a eues dans le passé.
- **Interprétation des transferts extérieurs** : faire remarquer la tendance du patient à reproduire avec d'autres personnes des relations qu'il a eues dans le passé.

- **Reconstructions** : souligner les pensées, les émotions et les comportements du patient qui peuvent compléter ses souvenirs partiels.
- **Interprétation du caractère** : mettre en évidence le comportement inadapté qui semble être un aspect fondamental de la personnalité du patient.

Il est impossible de parler d'interprétation sans considérer la totalité du processus de la psychanalyse ni aborder plus en détail les problèmes de résistance et la relation thérapeutique.

Processus général

Une fois que les aspects pratiques ont été discutés (honoraires et rythme des séances), le thérapeute est prêt et la thérapie peut commencer. En théorie, la psychanalyse doit se dérouler en plusieurs étapes. Mais le patient et le thérapeute ne sont pas toujours aussi accommodants. Si tout se passe bien, la thérapie passe par les étapes suivantes :

- La résistance.
- Le transfert.
- La résolution.
- Le terme de la thérapie.

La résistance

Le thérapeute recueille des informations sur l'histoire du patient, en particulier sur les relations et les interactions familiales pendant l'enfance. Le patient discute de ses problèmes avec l'analyste, ce qui n'est pas aussi facile qu'il n'y paraît.

Un patient peut affirmer en thérapie que c'est son chef qui l'a forcé à commencer une psychanalyse en menaçant constamment de le licencier et en lui rendant la vie difficile. Il pourra évoquer la mauvaise attitude de son chef et l'augmentation qu'il pense mériter. Il parlera de tout sauf de la véritable raison pour laquelle il suit une thérapie – sa carrière est en péril – et sans parler des conflits plus profonds qui sont au cœur de ses difficultés professionnelles.

Au fur et à mesure que le patient pratique l'association libre, les conflits commencent à faire surface. L'analyste essaie de détecter la présence de conflits plus profonds. Plus les conflits du patient commencent à remonter à la surface, plus le patient tentera de les maintenir hors de sa conscience et de se défendre contre leur contenu dérangeant. La défense psychologique s'appuie en partie sur un processus appelé « résistance » – une forme de refus du processus psychanalytique et de son objectif, à savoir favoriser la prise de conscience et rendre l'inconscient conscient. Tous les patients résistent, au moins un peu, et certains plus que d'autres. Tout dépend de leurs défenses. Plus les éléments inconscients sont menaçants, plus la résistance est forte.

Cette résistance peut se manifester de différentes façons : le patient ne va pas venir aux rendez-vous pour éviter de parler de ses problèmes ou il va développer de nouveaux symptômes pour empêcher l'analyste d'accéder aux conflits plus profonds. La résistance est en général le premier obstacle au traitement analytique. Le psychanalyste peut compter sur la résistance du patient. La théorie de la psychanalyse part du principe que la résistance des individus à être conscients de leurs difficultés se trouve au cœur de leurs problèmes. En général, l'analyste aborde la résistance en l'interprétant et en la commentant. Par exemple :

> **Le psychanalyste** : M. Dupont, vous avez passé une bonne partie de la séance à regarder votre montre et à vous inquiéter de l'heure. Avez-vous un autre rendez-vous ou devez-vous aller quelque part ?
>
> **Le patient** : Je suis désolé, docteur, mais j'ai dit à mon conseiller financier que je l'appellerais cet après-midi et j'ai peur de ne plus pouvoir le joindre. Pourrions-nous terminer la séance un peu plus tôt aujourd'hui ?
>
> **Le psychanalyste** : Bien, comme vous voudrez, mais je me demande pourquoi vous lui avez dit ça alors que nos séances ont lieu tous les jours à la même heure depuis plusieurs mois maintenant. Vous n'auriez pas pu convenir d'un autre moment ?

Le patient (perturbé) : Je ne pensais pas que vous en feriez toute une histoire !

Le psychanalyste : Je n'en fais pas « toute une histoire », je me demande juste si vous ne cherchez pas un prétexte pour éviter la séance d'aujourd'hui ou pour y échapper. Au cours de la dernière séance, nous avions commencé à discuter de…

C'était un exemple d'interprétation de résistance. Le psychanalyste tente doucement d'attirer l'attention du patient sur le fait qu'il a sciemment programmé un appel téléphonique pendant sa séance. Il essaie également de lui montrer qu'il y a une raison plus profonde, inconsciente, à l'origine de cette action. Le patient a-t-il tout fait pour éviter quelque chose dans la thérapie ? Cela peut être un moment décisif de l'analyse. Tout dépend de la façon dont le patient va répondre à la question. Il peut être sur la défensive et persister en accusant l'analyste de tirer des conclusions trop hâtives. Il peut reconnaître avoir essayé d'éviter la thérapie. Il peut aussi s'emporter contre le thérapeute et lui reprocher d'être trop tatillon. Dans tous les cas, les commentaires de l'analyste sont une tentative pour voir ce qui se cache derrière le coup de fil au conseiller financier.

Au fur et à mesure que l'analyse progresse et que le patient surmonte progressivement sa résistance, celui-ci commence à s'habituer au processus et à faire appel plus facilement aux associations libres. Il « régresse » également aux stades antérieurs du développement de la personnalité. Il se met à agir comme il le faisait autrefois et parle de choses qui appartiennent aussi au passé. Il laisse émerger les conflits et les pulsions de son enfance en réponse aux interprétations de l'analyste et au cadre de l'analyse elle-même (comme le divan). Plus « les fouilles archéologiques » dans l'esprit du patient avancent, plus le psychanalyste et le patient mettent au jour des éléments intéressants.

Le transfert

Parfois, le patient se met en colère lorsque son psychanalyste lui fait remarquer certaines choses. Il arrête alors de parler ou accuse le thérapeute d'être trop critique ou trop tatillon.

Pourquoi le patient réagit-il de la sorte ? Après tout, c'est le travail de l'analyste de souligner les éléments qui lui semblent en rapport avec des pensées ou des souvenirs inconscients. Il y a certainement quelque chose de plus complexe qu'un simple acte de résistance derrière tout cela. Le patient s'engage peut-être dans le processus du « transfert ».

On parle de transfert lorsque le patient commence à entretenir avec le psychanalyste des rapports reproduisant des relations passées qu'il a eues avec d'autres. C'est une déformation de la relation et de l'interaction réelles entre le patient et l'analyste.

Nous avons presque tous fait l'expérience du transfert. Vous avez peut-être déjà entendu le terme « bagage » dans un contexte psychologique. On parle de bagage lorsque l'individu apporte les problèmes d'une relation passée dans une nouvelle relation. Imaginez que vous donniez rendez-vous pour la première fois à une fille. Au restaurant, vous tombez sur une de vos collègues de travail. Elle s'arrête à votre table et vous salue. Vous la présentez à votre partenaire et lui dites que vous la verrez demain au travail. Votre petite amie commence alors à vous interroger sur cette personne et à vous demander pourquoi vous êtes si intime avec elle. Elle se montre jalouse et mal assurée face à votre interaction amicale avec cette collègue.

Il est clair que votre petite amie réagit de façon exagérée, et comme il s'agit de votre premier rendez-vous avec elle, vous vous demandez sans doute d'où vient ce comportement jaloux. Heureusement pour elle, vous venez de lire *La Psychologie pour les Nuls* et vous comprenez que son comportement est certainement un type de transfert d'une relation précédente. Cependant, vous êtes au restaurant et non à une séance de psychanalyse. Vous décidez donc dans votre for intérieur d'égarer le numéro de téléphone de la fille à la première occasion.

Lorsqu'un patient commence à agir de la sorte avec son analyste, celui-ci interprète son comportement comme la reproduction d'une relation passée. L'analyste fait remarquer la déformation et aide le patient à en prendre conscience lorsque cela se produit. Il lui montre également comment cela peut influencer sa perception des autres. Ce processus permet au patient de prendre pleinement conscience de ces déformations et des relations faussées qu'il entretient avec les autres puisqu'elles ne sont pas fondées sur les personnes mais sur son « bagage affectif ».

Mais il n'y a pas que le divan, il y a aussi le fauteuil du psychanalyste. Le thérapeute peut également opérer un transfert sur le patient, en entretenant avec lui un rapport déformé par une relation antérieure. C'est ce qu'on appelle le « contre-transfert ». Lorsqu'un patient se met en colère contre son analyste l'accusant d'être trop tatillon, le psychanalyste peut s'énerver à son tour et reprocher au patient d'être un pauvre type qui se défile. Le psychanalyste a peut-être eu un père ou une partenaire qui fuyait ses responsabilités et lui reprochait de le (la) harceler lorsqu'il lui rappelait ce qu'il (elle) avait à faire. À moins qu'il n'ait vu sa mère placer son père devant ses responsabilités et se faire reprocher la même chose. Dans tous les cas, le psychanalyste est sorti du cadre de la relation analytique et doit consulter à son tour pour reprendre la situation en main. Après tout, nous ne payons pas un psychanalyste pour que celui-ci règle ses problèmes relationnels à nos dépens.

La résolution

Le transfert et l'interprétation que l'analyste en fait sont au cœur de la psychanalyse. Ce processus se reproduit constamment et le thérapeute l'interprète chaque fois, dans le but d'en faire prendre conscience au patient. Lorsque ces épisodes de transfert apparaissent, le psychanalyste et le patient tentent de les résoudre. On appelle cette étape de la thérapie la « résolution ». Les vieux conflits sont mis à jour et traités par le patient, qui apprend à reconnaître ces incidents et à entretenir une relation plus réaliste et moins déformée avec le psychanalyste. La relation patient-psychanalyste n'est plus gênée par le transfert et le patient arrive bientôt à la fin de sa thérapie.

Le terme de la thérapie

Dès que les déformations se font moins fréquentes, que la prise de conscience augmente et que les symptômes s'atténuent, on décide d'une date pour arrêter la thérapie. À ce stade, il faut travailler sur les pensées, les sentiments et les déformations liés à la séparation dans les relations. Pour certains, il est particulièrement difficile de prendre congé. Si le patient souffrait d'un problème déjà lié à une séparation, il y aura plus de résistance, de transfert et de résolution avant que l'analyse puisse prendre fin.

Passer à la nouvelle école

La plupart des points que j'ai évoqués dans ce chapitre s'appliquent à la psychanalyse classique. Cependant, très peu de professionnels la pratiquent encore à l'heure actuelle. De nombreuses révisions et adaptations ont été apportées à cette forme classique, même si le processus et les mécanismes fondamentaux restent au cœur de la psychanalyse. La principale différence entre les nouvelles formes de psychanalyse et la forme classique réside dans l'accent qui est mis sur la relation et l'interprétation du transfert.

En 1920, Harry Stack Sullivan a introduit la notion d'« interpersonnalité » en psychanalyse. Il a insisté sur les dynamiques relationnelles réelles qui existent entre le patient et l'analyste. Freud soulignait surtout ce qui se passait dans l'inconscient profond du patient, alors que les adeptes de l'interpersonnalité ont commencé à se concentrer sur ce qui se passait dans la relation. Ils ont perçu et interprété les transferts comme des produits de l'interaction. Le patient n'est plus le seul à être responsable de ces transferts. Le psychanalyste peut, en effet, agir d'une façon qui rappelle au patient des relations antérieures conflictuelles et provoquer le transfert.

Pour les nouveaux psychanalystes, la clé se trouve dans la relation entre le patient et l'analyste et dans la façon dont le patient interagit avec les autres dans le cadre d'une relation. Le patient va-t-il reproduire des conflits antérieurs dans sa manière d'entretenir une relation avec les autres. Alexander a introduit le concept d'« expérience émotionnelle corrective » pour décrire une situation dans laquelle le psychanalyste entretient avec le patient une relation que celui-ci n'a pas connue pendant son enfance. Le psychanalyste aide alors le patient à sortir de son impasse du développement. Si les conflits du patient sont supposés être le résultat d'une carence de la part des parents, le rôle du psychanalyste sera de combler cette carence. La thérapie devient une nouvelle forme de relation que le patient n'a jamais eue et qui va l'aider à entretenir des relations plus saines et plus matures avec les autres.

Il existe également des versions plus courtes de la psychanalyse, c'est ce qu'on appelle les « thérapies dynamiques brèves ». Le processus est beaucoup plus actif et le thérapeute a une approche plus ciblée. Le thérapeute et le patient définissent des objectifs plus spécifiques et se concentrent sur des problèmes interpersonnels plus précis. En pratique, ils modifient les circonstances problématiques dans lesquelles le patient se trouve. Au lieu de parler des relations en général, ils parlent d'une relation spécifique, comme la relation parent-enfant ou mari-femme.

Alors, la psychanalyse, ça marche ?

La psychanalyse est-elle vraiment efficace ? Les patients vont-ils vraiment mieux ou restent-ils définitivement en analyse ? D'après diverses études, ils se sentent mieux par la suite. Cependant, la psychanalyse est une forme de thérapie longue et la plupart des gens n'ont ni le temps ni l'argent pour s'engager dans une telle entreprise. D'une manière générale, les personnes ayant suivi une psychanalyse vont mieux que celles qui n'ont reçu aucune aide.

Pourtant, la psychanalyse n'est pas recommandée pour certains problèmes tels que la schizophrénie. Elle ne convient pas non plus aux personnes retardées ou présentant des troubles du langage. Il existe cependant des formes de thérapie pour les individus atteints de schizophrénie ou souffrant de troubles cognitifs. De plus, les personnes qui ont de faibles revenus peuvent également avoir accès à un autre type de thérapie, une thérapie plus courte et donc moins chère, comme la thérapie cognitive. Avant d'entreprendre une thérapie, évaluez le temps et l'argent dont vous disposez !

Chapitre 16

Faire face au stress et à la maladie

DANS CE CHAPITRE :

» **Vivre sous pression**

» **Tenir bon**

» **Tomber malade**

» **Rester en bonne santé**

Tous les ans, à la même période, je tombe malade. Cela ne rate jamais. À l'entrée de l'hiver, j'attrape un rhume. Est-ce le temps ? Une conspiration cosmique ? J'ai fini par me rendre compte que la maladie était toujours liée au stress. Quand j'étais à l'université, c'était le stress des premiers partiels. Maintenant, c'est le stress de devoir aller travailler en voiture sur le verglas. Il y a toujours quelque chose qui nous stresse, et ce stress peut nous rendre physiquement malades.

Depuis une vingtaine d'années, les psychologues essaient d'identifier ce qui nous stresse. Ils utilisent leurs connaissances sur le comportement et les processus mentaux humains pour déterminer ce qui nous rend malades et la façon dont nous faisons face à la maladie. Ce chapitre est consacré au stress, aux différents moyens de le combattre et à une discipline de plus en plus répandue : l'hygiène psychologique.

Définitions du stress

Qu'est-ce que le « stress » ? Pour répondre à cette question, nous pensons généralement aux choses ou aux événements qui nous stressent : le travail, l'argent, les factures, les enfants, les patrons, etc. Le monde occidental est relativement stressant. Les tensions et le rythme de la vie moderne semblent toujours avoir raison de nous à un moment ou à un autre. Parfois, même les gadgets censés nous faciliter la vie nous la compliquent encore davantage. Depuis que quelqu'un m'a offert un agenda électronique, je passe plus de temps à essayer de comprendre comment m'en servir qu'à organiser mon emploi du temps. J'avais bien plus vite fait de noter mes tâches sur un calendrier – le problème, c'est que je ne pensais jamais à le faire.

Nous sommes tous stressés. Les définitions du stress vont de la description des réactions physiques à notre façon de voir le stress. En 1997, Lavallo a défini le concept de la manière suivante : tension physique ou mentale liée à un événement qui provoque un déséquilibre physique ou mental. Lorsque nous ne sommes pas stressés, nous maintenons un équilibre entre notre environnement et nous-mêmes. En 1939, Walter Cannon a désigné cet équilibre sous le nom d'« homéostasie ». Lorsque notre équilibre homéostasique est compromis, nous sommes stressés. Par conséquent, le stress est fondamentalement lié au changement.

Hans Selye est à l'origine de l'une des plus célèbres théories sur le stress. Cette théorie est fondée sur ce qu'il a appelé le « syndrome général d'adaptation ». D'après cette théorie, lorsque nous sommes confrontés à quelque chose qui menace notre équilibre physique ou mental, nous traversons une série de changements :

» **Phase d'alerte** : réaction initiale à tout facteur de stress, désigné sous le nom d'« agent agresseur ».

» **Phase de résistance** : activation du mécanisme corporel le mieux armé pour résister à l'agent agresseur. Si, pour résister à l'agent agresseur (une meute de chiens enragés, par exemple), vous devez courir, votre système nerveux et votre système hormonal s'assurent que vos jambes soient suffisamment irriguées pour courir. Un supplément d'énergie est fourni à votre cœur pour que celui-ci fonctionne plus vite. Quelle belle mécanique !

- **Phase d'épuisement** : étape finale. Une fois que le mécanisme corporel activé lors de la phase de résistance a terminé son travail, le syndrome général d'adaptation disparaît. Mais si l'agent agresseur est toujours présent, nous entrons dans une phase d'épuisement. Lorsque nous sommes épuisés, notre corps n'est plus capable de résister au stress et devient vulnérable à la maladie.

Notre corps n'est pas le seul à réagir lorsque nous sommes soumis au stress. De nombreuses réactions cognitives et émotionnelles ont également lieu. Arnold Lazarus affirme que, en période de stress, nous traversons un processus d'analyse émotionnelle. C'est comme si nous avions un petit psychologue à l'intérieur de notre tête. Nous cherchons à déterminer le sens du problème et l'impact de celui-ci sur notre avenir. Nous effectuons deux évaluations importantes – les « évaluations primaire et secondaire ».

Dans la plupart des situations stressantes, il y a quelque chose d'important en jeu, sinon nous ne serions pas stressés. L'analyse de « ce qui est en jeu » est notre évaluation primaire de la situation. À ce stade, les situations sont classées en trois catégories :

- **La menace** : une situation qui requiert une réaction, par exemple, est une situation menaçante. Si, alors que vous faites tranquillement la queue à l'épicerie, un individu passe devant vous, vous n'êtes pas obligé de réagir. Mais si cet individu vous attrape par la chemise et vous menace de vous donner un coup de pied aux fesses si vous ne le laissez pas passer devant vous, vous êtes obligé de réagir d'une façon ou d'une autre – en partant en courant, par exemple !
- **Le tort** : il s'agit d'une situation dans laquelle quelqu'un vous fait du tort ou du mal – physiquement, mentalement ou émotionnellement. Par exemple, vous pouvez être blessé dans votre amour-propre.
- **Le défi** : vous pouvez aussi regarder un individu menaçant droit dans les yeux et considérer sa menace comme un défi. Au lieu d'une situation dangereuse, vous voyez là une occasion de mettre en pratique les leçons de judo que vous avez prises.

Après avoir déterminé ce qui est en jeu, nous faisons l'inventaire des ressources dont nous disposons pour faire face à la situation. Il s'agit de l'« évaluation secondaire ». Nous nous demandons si nous avons déjà vécu ce genre de situation et ce que nous avons fait alors. Enfin, nous tenons compte de nos émotions. Un individu qui se considère comme un incapable est forcément stressé.

Hamilton pense que le stress ne provient pas uniquement de la situation elle-même. Pour lui, tout dépend de la façon dont nous voyons la situation. Le stress est une conséquence de l'interaction qui existe entre la situation et la réaction de l'individu à cette situation. Si vous gagnez un match, vous serez confiant lors du match suivant. Mais si vous perdez, vous serez probablement stressé, car la situation vous paraîtra difficile à surmonter.

Le stress dépend également du contrôle que nous pensons exercer sur tel événement ou telle situation. Sells affirme que le stress apparaît lorsque l'individu n'a pas de réponse adéquate à la situation et lorsque les conséquences d'un échec seraient importantes. L'impression de manquer de contrôle peut avoir des répercussions psychologiques et physiques négatives.

Êtes-vous maître de vous-même ? En 1982, Mandler a défini la « maîtrise de soi » comme le sentiment qu'a un individu de contrôler tout ce qui compose son environnement personnel.

Types de stress

Nous l'avons vu, le stress ne provient pas de la situation mais de la façon dont nous appréhendons la situation. Cela explique pourquoi nous ne sommes pas tous stressés par la même chose. Néanmoins, il existe des situations *a priori* stressantes pour la plupart d'entre nous. Par exemple :

» **Facteurs de stress extrêmes** : événements qui surviennent rarement et sont extrêmement stressants – catastrophes naturelles, désastres écologiques (marée noire), guerre, terrorisme, émigration, et vision de la torture ou de la douleur des autres.

- **Facteurs de stress développementaux ou psychosociaux** : événements qui surviennent au fur et à mesure que nous grandissons et changeons – adolescence, mariage, accouchement, éducation des enfants et prise en charge d'une personne malade.
- **Facteurs de stress courants** : situations auxquelles nous sommes confrontés dans notre vie quotidienne – vie en ville, perte d'emploi, tracas quotidiens (aller travailler en voiture, par exemple), pression sur le lieu de travail et corvées ménagères.

Les psychologues Holmes et Rahe ont dressé une liste des événements stressants et créé une « échelle d'évaluation du stress ». À chaque événement stressant, ils ont associé un certain nombre de points – plus le nombre de points est élevé, plus l'événement est stressant. Voici les cinq premiers :

Événement	Nombre de points
Décès du conjoint	100
Divorce	73
Séparation	65
Emprisonnement	63
Décès d'un membre de la famille proche	63

Si vous vous demandez quels sont les cinq derniers, les voici, par ordre décroissant : changement de fréquence des réunions familiales, changement d'habitudes alimentaires, vacances, Noël et infractions mineures.

Être malade d'inquiétude

J'ai entendu certaines personnes dire qu'elles travaillaient mieux sous pression. Les recherches effectuées à ce sujet montrent que c'est rarement le cas. Le stress peut avoir de graves effets sur nous et, en général, si nous travaillons bien sous pression, nous travaillons encore mieux lorsque nous sommes sereins.

Après toutes les études qui ont été faites sur le stress, phénomène à la fois psychologique et biologique, on ne peut plus nier le lien qui existe entre ce phénomène et la maladie, que celle-ci soit psychologique ou physique.

Maladies psychologiques

Lors d'une exposition à un stress extrême, un individu peut souffrir du « syndrome de stress posttraumatique ». Ce syndrome survient lorsque l'individu se trouve dans une situation où sa vie est en danger ou lorsqu'il risque de subir des blessures graves. La guerre, le viol, les agressions physiques, les accidents de voiture et d'avion sont autant d'événements qui peuvent provoquer un syndrome de stress posttraumatique. Les symptômes sont divers : paralysie émotionnelle, sentiment de culpabilité, insomnie, troubles de la concentration, réaction de fuite face aux événements et aux souvenirs liés au traumatisme, excitation physiologique excessive (hyperactivité due à la peur). De nombreux vétérans du Viêtnam ont souffert de ce syndrome. Pendant la Deuxième Guerre mondiale, celui-ci était désigné sous le nom de « psychose traumatique ».

Vous êtes-vous déjà imaginé la vie d'un pompier, d'un officier de police ou d'un médecin urgentiste ? Sans cesse confrontés à la mort et à la destruction, ces individus subissent forcément un stress. De nombreuses études l'ont montré. Les personnes ayant une profession stressante sont particulièrement exposées aux « syndrome secondaire de stress traumatique ». Les symptômes sont exactement les mêmes que ceux du syndrome précédent, mais les victimes ne sont pas exposées directement aux facteurs de stress – elles subissent un stress par ricochet. Les individus qui sont témoins d'un événement traumatisant et ressentent de la peur, de la terreur ou un sentiment d'impuissance risquent de développer un syndrome secondaire de stress traumatique.

Maladies physiques

Hans Selye a étudié les liens qui existent entre le stress, les troubles mentaux, les difficultés d'adaptation, les problèmes de santé physiques et la maladie. Et il a découvert que ce qui nous aide à faire face au stress peut aussi conduire à la maladie.

Lorsque le corps et le mental réagissent au stress, les réactions ne diminuent pas rapidement. En fait, lorsque Selye a effectué des expériences sur des pigeons stressés, il a constaté que de nombreux pigeons étaient morts après avoir surmonté leur stress. Il a identifié plusieurs phénomènes, qu'il a appelés « maladies d'adaptation », notamment des problèmes de tension artérielle, des ulcères de l'estomac, des accidents cardiaques et des « troubles nerveux ».

Grâce aux travaux de Selye, entre autres, les psychologues ont découvert que le stress peut entraîner des problèmes de santé physiques ou des maladies de différentes façons. On peut constater le lien indirect qui existe entre le stress et les problèmes de santé physiques chez les individus qui adoptent un comportement potentiellement dangereux pour surmonter leur stress. Par exemple, de nombreuses personnes boivent de l'alcool lorsqu'elles sont stressées. Or, l'alcool est dangereux pour la santé, notamment au volant. Le stress est souvent accompagné d'un autre comportement dangereux, qui consiste à fumer davantage de cigarettes. J'ai entendu beaucoup de patients me dire qu'ils fumaient pour se détendre. Pourtant, le tabac nuit gravement à la santé.

Une nouvelle discipline, la « psycho-neuro-immunologie », étudie le lien qui existe entre la psychologie et le système immunitaire. Il a été démontré qu'un stress élevé et des émotions intenses peuvent interrompre le fonctionnement du système nerveux. Les chercheurs ne connaissent pas encore tous les tenants et les aboutissants de ce processus, mais ils pensent que les réactions du corps pour surmonter le stress ont un coût immunitaire.

Walter Cannon a montré que l'exposition à un stress extrême nous pousse soit à fuir, soit à combattre. Ces réactions semblent primaires, mais il peut s'agir tout simplement de passer son chemin ou de crier après quelqu'un. Dans les deux cas, ces actions protectrices requièrent de l'énergie. Fuir en courant peut être fatigant. Le cerveau envoie alors au cœur et au système hormonal des signaux qui provoquent une augmentation de la tension artérielle. Toutes les ressources vitales sont consacrées à la course.

Revenons au système immunitaire. Les hormones libérées lors des réactions de fuite ou de lutte sont l'adrénaline et le cortisol. Il a été démontré que ces deux hormones ont des effets immunosuppresseurs. Autrement dit, lorsque le système sanguin contient une quantité élevée d'adrénaline et de cortisol, le système immunitaire fonctionne moins bien. Cela semble assez logique quand on y réfléchit un peu. Si vous êtes poursuivi par un ours, contracter la grippe est le cadet de vos soucis. Si l'ours vous arrache la tête, vous n'aurez plus jamais la grippe ! Vous sauvez d'abord votre peau et vous vous occuperez de la grippe plus tard.

Vous êtes probablement en train de vous dire : « Oui, mais ça fait un bon bout de temps que je n'ai pas été poursuivi par un ours, alors comment se fait-il que je sois quand même malade ? » Vous êtes malade en raison d'autres événements stressants. Nous vivons une époque stressante, mais le stress que nous subissons n'a rien à voir avec celui qui nous ferait fuir à la vue d'un ours. D'une manière générale, le stress moderne est chronique et de faible intensité. Il est toujours là, il ronge petit à petit notre système immunitaire, car notre mécanisme de fuite ou de lutte est pratiquement toujours en alerte. Ainsi, au lieu de passer d'un état de non-alerte (être détendu) à un état d'alerte vive (être poursuivi par un ours), nous sommes constamment en état d'alerte modérée (tracas quotidiens, travail, factures, enfants, etc.). Cet état finit par avoir des répercussions sur les fonctions de notre système immunitaire.

Il existe aussi un lien entre le stress et certaines maladies spécifiques. De fortes émotions négatives, comme la colère, l'hostilité chronique et l'anxiété, peuvent provoquer de l'hypertension, de l'asthme, des migraines, des ulcères et une polyarthrite chronique évolutive.

Certaines personnalités sont plus exposées au stress que d'autres, notamment la « personnalité de type A », qui se caractérise par sa lutte constante et agressive pour accomplir toujours plus en toujours moins de temps. Il s'agit, par exemple, de jeunes cadres dynamiques qui montent leur propre entreprise, de boulomaniaques millionnaires ou d'étudiants en compétition avec d'autres et constamment à la recherche de la perfection. Ce sont des individus très impatients pour lesquels tout est urgent. C'est vrai, ils peuvent être très performants et mener une brillante carrière. Mais ils courent aussi le risque de souffrir de « maladies coronariennes » – durcissement des artères, angine de poitrine, crise cardiaque. Avant d'abandonner vos études ou de quitter votre emploi, sachez tout de même que le risque est simplement accru. Les personnalités de type A ne sont pas nécessairement condamnées à avoir des problèmes de santé.

Si vous avez une personnalité de type A, prenez des précautions. Soyez conscient des facteurs de stress et attentif aux signes avant-coureurs. Si vous êtes inquiet, consultez votre médecin de famille.

Surmonter le stress : ce n'est pas un hasard

Nous sommes tous victimes du stress. Que pouvons-nous y faire ? Nos réactions face à une situation stressante sont variées. Elles peuvent améliorer la situation (faire de l'exercice pour être en bonne santé) ou l'empirer (vider notre compte en banque au casino). Nous avons tous différentes façons de gérer notre stress. Si une mauvaise réaction peut entraîner des problèmes, l'absence de réaction peut engendrer une certaine vulnérabilité et, parfois, encore davantage de problèmes. Une mauvaise réaction est souvent préférable à l'inertie.

Apprendre à réagir au stress

Les réactions au stress se divisent en deux grandes catégories : les « processus d'approche » et les « processus d'évitement ». Les premiers sont plus actifs et constituent une prise en charge du stress.

Voici quelques exemples de processus d'approche :

- **Analyser logiquement** : observer la situation de la façon la plus réaliste possible.
- **Réévaluer** : observer la situation sous un autre angle et essayer de voir les côtés positifs.

- **Assumer la responsabilité** : reconnaître le rôle que nous avons joué dans la situation.
- **Chercher un soutien** : demander de l'aide (voir plus loin dans ce chapitre la section « Les ressources à votre disposition »).
- **Résoudre le problème** : chercher des solutions, faire des choix et évaluer les résultats.
- **Rassembler des informations** : recueillir d'autres informations sur le facteur de stress afin d'être mieux armé la prochaine fois.

Les processus d'évitement sont moins actifs et entraînent des réactions moins directes. En voici quelques exemples :

- **Dénégation** : nous refusons d'admettre l'existence du problème.
- **Esquive** : nous nous soustrayons aux sources de stress potentielles.
- **Distraction** : nous essayons d'obtenir des satisfactions ailleurs, en regardant un film drôle lorsque nous sommes tristes ou en nous adonnant à nos loisirs préférés le week-end pour oublier le travail.
- **Décharge émotionnelle** : nous crions, nous déprimons, nous nous inquiétons.
- **Sédation** : nous nous abrutissons de médicaments, d'alcool, de sexe, de nourriture, etc. pour oublier le stress.

Les ressources à votre disposition

La façon dont nous réagissons au stress dépend des ressources dont nous disposons. Face à un licenciement, un milliardaire est probablement beaucoup moins stressé qu'un ouvrier. Nos réactions sont complexes. Elles dépendent de nos efforts de résistance et de nos ressources personnelles et environnementales. Tout événement auquel nous sommes confrontés est influencé par l'interaction de nos facteurs de stress, de nos ressources sociales, de nos caractéristiques démographiques et de nos ressources personnelles. En outre, notre évaluation cognitive du facteur de stress influence notre santé et notre bien-être aussi bien positivement que négativement. L'ensemble de ces approches constitue une « approche intégrative », qui prend en compte les ressources de l'individu et pas uniquement le facteur de stress pour diagnostiquer les répercussions sur la santé.

On appelle l'aptitude d'un individu à résister au stress la « résilience ». La résilience est le résultat d'une interaction entre les « ressources personnelles et sociales » de l'individu et ses efforts de résistance. Les ressources personnelles se composent d'une personnalité, de convictions stables et d'une approche de la vie positive :

» **Confiance en soi** : l'individu croit en lui et en sa capacité à gérer la situation grâce à son expérience.

» **Optimisme** : l'individu a une vision positive de l'avenir et s'attend à obtenir des résultats positifs.

» **Contrôle interne** : l'individu pense qu'il exerce un contrôle sur certaines choses.

Les ressources sociales font partie des ressources environnementales qui peuvent nous aider à surmonter le stress. Elles nous fournissent des informations et des suggestions pour résoudre nos problèmes. D'après Holohan, Moos et Schaefer, les principales ressources sociales sont la famille, les amis, les autres personnes proches, les associations religieuses et spirituelles, et parfois même les collègues et les supérieurs hiérarchiques. Parmi les autres ressources environnementales figurent l'argent, l'abri, les transports et les services médicaux. Ces ressources jouent un rôle essentiel dans la gestion du stress.

Au-delà du stress : l'hygiène psychologique

Aujourd'hui, le lien qui existe entre le stress et les problèmes de santé est reconnu, mais les psychologues ne se sont pas arrêtés là. Ils tentent d'appliquer leurs connaissances sur le comportement et les processus mentaux humains aux problèmes de santé en général. Ils cherchent des moyens de maintenir les individus en bonne santé en identifiant les comportements susceptibles d'entraîner la maladie. Cette étude psychologique de la santé et de la maladie a donné naissance à ce qu'on appelle l'« hygiène psychologique ».

Les spécialistes de l'hygiène psychologique travaillent aussi bien dans les universités (pour faire de la recherche) que dans les cliniques et les hôpitaux, où ils sont en contact direct avec les patients. Leurs activités consistent notamment à aider les individus et les familles à faire face à la maladie, et à élaborer des programmes pour prévenir la maladie, adopter un mode de vie sain et modifier les comportements.

La prévention

L'hygiène psychologique implique trois types de prévention :

- **Prévention primaire** : prévenir la maladie chez l'individu sain avant qu'elle ne se développe. Les programmes de prévention primaire comprennent les campagnes d'information sur le SIDA et l'utilisation de préservatifs et les programmes de vaccination des enfants.
- **Prévention secondaire** : identifier et traiter rapidement une maladie en phase de développement. Les programmes de prévention secondaire comprennent les campagnes d'information sur le cancer du sein ou des testicules.
- **Prévention tertiaire** : aider l'individu à surmonter une maladie déjà déclarée et éviter l'aggravation. Les programmes de prévention tertiaire consistent à accompagner le patient pour l'aider à réduire sa tension artérielle ou à arrêter de fumer.

Un mode de vie sain

Vous souvenez-vous des bonnes résolutions que vous avez prises au Nouvel An pour rester en bonne santé ? S'agissait-il de faire de l'exercice plus souvent, de prendre des cours de yoga, de manger plus sainement, de vous reposer davantage, de mettre votre ceinture de sécurité ? Avez-vous respecté ces bonnes résolutions ? Non ? Pourquoi ? Allez, soyez honnête avec vous-même : c'était plus dur que vous ne le pensiez, n'est-ce pas ? Et vous ne vous y êtes pas tenu...

Ce problème est lié à l'« observance » – la façon dont nous respectons les traitements qui nous sont prescrits par un médecin ou nos propres résolutions en matière d'hygiène de vie. Qu'est-ce qui nous pousse à adopter ou non un comportement sain ? Certaines personnes semblent n'avoir aucune difficulté à faire du sport, à manger sainement ou à s'abstenir de fumer. Comment expliquer ces différences ?

Pour commencer, de nombreuses personnes ne parviennent pas à adopter un comportement sain en raison des obstacles qui se trouvent en travers de leur chemin. Si quelque chose ou quelqu'un rend le comportement difficile, nous abandonnons facilement. Nous invoquons des tas de raisons : « Je ne vais pas à la salle de sport parce que c'est trop cher » ou « Je ne dors pas assez parce que je n'ai pas de beaux pyjamas », etc. L'argent est un obstacle courant. Mais le comportement sain peut aussi nous obliger à renoncer à quelque chose de plus amusant : « Si j'allais à la salle de sport, je raterais ma série télévisée préférée ! » Il peut aussi impliquer un surplus de travail : « Pour manger sainement, il faudrait que j'aille à l'épicerie, que je fasse à manger, et je n'aurais jamais le temps d'accomplir toutes mes autres tâches ménagères. »

Pour effectuer un changement dans notre mode de vie, nous devons croire en notre capacité à changer les choses. De nombreux individus ont une attitude fataliste par rapport à leur état de santé. Ils ne considèrent pas que leur comportement contribue à leur état de santé et, par conséquent, ne prennent pas la peine de changer. Cet état d'esprit provient d'un « locus de contrôle externe » – l'idée que le contrôle se situe à l'extérieur de soi. Le « locus de contrôle interne », au contraire, fait référence à l'idée que l'on a en soi le pouvoir de contrôler les choses. Dès lors qu'on pense avoir un certain contrôle sur la situation, on se donne les moyens de la changer.

Une fois que nous avons changé, comment maintenir ce changement ? Il est facile d'arrêter de fumer, par exemple, mais ne pas recommencer, c'est une autre histoire ! Après avoir franchi le pas, nous pouvons nous engager à conserver un comportement sain en analysant les avantages et les inconvénients du changement et de l'absence de changement. Pour pouvoir faire cette analyse, nous devons disposer d'informations fiables et claires.

En raison d'un certain nombre de facteurs, nous avons tendance à nous fier à une source plutôt qu'à une autre. Des recherches sur la « persuasion » – l'action de pousser quelqu'un à faire quelque chose qu'il ne ferait peut-être pas de lui-même – ont fourni aux psychologues de nombreuses informations sur le crédit donné à une source. Qui croyons-nous ? Pour qu'un message soit persuasif, il doit attirer l'attention, être facile à comprendre et être acceptable et pertinent. Il faut aussi qu'il soit facile à retenir. Si nous oublions le message, celui-ci n'a aucun intérêt. Les arguments persuasifs sont ceux qui présentent les deux côtés d'un problème et sont, par conséquent, justes et impartiaux.

La décision d'adopter ou non un comportement sain dépend de beaucoup de choses, notamment de notre façon de voir ce comportement et de notre locus de contrôle. Becker, en 1974, et Rosenthal, en 1988, ont élaboré le Health Belief Model (HBM, modèle des croyances sur la santé) pour montrer les processus psychologiques que nous traversons lorsque nous prenons des décisions relatives à la santé. Le HBM se base sur nos croyances dans les domaines suivants :

- **Sévérité** : jusqu'à quel point la maladie peut-elle s'aggraver si nous ne faisons rien pour la combattre ?
- **Prédisposition** : sommes-nous susceptibles de tomber malades si nous n'adoptons pas un comportement sain ?
- **Avantages par rapport aux inconvénients** : est-ce que le jeu en vaut la chandelle ?
- **Efficacité** : nos tentatives de changement seront-elles efficaces ? Nous ne voulons pas faire des efforts pour rien.

Les réponses à ces questions jouent un rôle essentiel dans notre volonté d'adopter un comportement sain. Si ces quatre facteurs sont importants, nous franchirons probablement le pas. Sinon, il nous faudra peut-être un bon coup de pied dans le derrière pour nous faire réagir.

L'ÈRE DE L'INFORMATION

De nombreuses personnes affirment que nous sommes entrés dans l'ère de l'information – à tel point que le monde semble parfois souffrir d'une surcharge d'information. Nous sommes entourés de chiffres, d'opinions, de discours... Alors, qui croire ? Par exemple, les campagnes antitabac sont-elles efficaces ? En général, les campagnes médiatiques ne sont efficaces que lorsqu'elles nous informent sur des choses que nous ne savons pas déjà. Or, tout le monde sait que le tabac nuit gravement à la santé. Cela n'a pas toujours été le cas. Lorsque cette information a été rendue publique, le nombre de fumeurs a diminué. Mais de nombreuses personnes ont continué à fumer et d'autres en ont pris l'habitude. Ainsi, l'information n'est actuellement pas prise au sérieux. J'ai même entendu quelqu'un dire que cette histoire de cancer, c'était du bidon !

L'intervention

Vous avez décidé d'adopter un mode de vie plus sain ? Bravo ! Mais par où commencer ? Une fois votre décision prise, vous pouvez prendre différentes mesures pour vous y tenir. Les spécialistes de l'hygiène psychologique et autres professionnels de la santé peuvent vous proposer des « interventions » qui vous aideront à changer et à maintenir ce changement.

Le changement de mode de vie passe par une « modification du comportement ». Le meilleur moyen de modifier un comportement consiste à appliquer un système de sanction et de récompense. Vous avez prévu d'aller courir trois fois par semaine à 18 h 30 ? Bien. Si vous ne le faites pas, vous devrez nettoyer la cuisine, récurer la salle de bains et faire une lessive ce soir-là. Si vous respectez votre engagement, vous aurez le droit d'aller vous détendre dans un Jacuzzi. Pour ne pas être tenté de tricher, impliquez un ami dans votre programme. Ainsi, si vous décidez d'aller au Jacuzzi alors que vous n'avez pas couru, ou si vous « oubliez » de nettoyer la cuisine, votre ami vous aidera à rester dans le droit chemin.

Le « changement cognitif » est un processus au cours duquel nous examinons les messages mentaux que nous nous envoyons et qui nous empêchent de changer de comportement ou de maintenir ce changement. Nous avons tous des « pensées automatiques » – des pensées dont nous ne sommes pas conscients et qui nous traversent l'esprit automatiquement dans certaines situations. Vous vous dites peut-être que vous voulez vraiment courir trois fois par semaine, mais votre esprit est hanté par la pensée automatique suivante : « Tu ne le feras jamais, tu ne respectes jamais tes engagements ! » Merci pour le renforcement positif ! Heureusement, les pensées automatiques peuvent être remplacées par des pensées positives autosuggérées. Ce processus exige beaucoup de pratique et d'encouragements, mais il en vaut la peine.

Je n'ai fait qu'effleurer les domaines de l'hygiène psychologique et de la gestion du stress, mais j'espère que ce chapitre vous a donné envie d'en savoir plus sur les moyens dont nous disposons pour mener une vie moins stressante et plus saine. Souvenez-vous : détendez-vous, ne fuyez pas et croyez en vous. Et offrez-vous une récompense lorsque vous suivez ce conseil.

S'ENTRAÎNER AVEC WALKER

Croyons-nous les stars ? En général, oui, mais seulement si elles sont sympathiques, enthousiastes, et si elles semblent être pleines d'assurance et dignes de confiance. Qui ne croirait pas en l'efficacité d'équipements sportifs vantés par Chuck Norris ? C'est un Texas Ranger, il représente la loi et il donne des coups de pied aux fesses aussi !

7

La partie des Dix

« J'AI ENTENDU DIRE QU'IL FALLAIT FAIRE PREUVE D'HUMOUR POUR SORTIR D'UNE DISPUTE. »

DANS CETTE PARTIE…

Que serait un livre de la collection « Pour les Nuls » sans la partie des Dix ? Cette partie présente une nouvelle orientation de la psychologie : la « psychologie positive ». Cette discipline est axée autour de la « santé » psychologique et non autour de la « maladie ». Vous trouverez ici quelques conseils pratiques pour rester en bonne santé sur le plan psychologique. Ensuite, je vous emmènerai au cinéma pour vous faire découvrir ou redécouvrir dix bons films psychologiques.

Chapitre 17

Dix conseils pour une bonne santé psychologique

DANS CE CHAPITRE :

- **Définir la santé**
- **Entretenir de bonnes relations**
- **Aider les autres**
- **Vivre pleinement votre vie**

Il n'y a pas de formule magique pour être en bonne santé psychologique. La santé psychologique est-elle simplement synonyme d'absence de maladie mentale ? Si c'est le cas, nous sommes nombreux à être en bonne santé. Pourtant, ce n'est pas parce que nous n'avons pas de maladie physique que nous sommes en bonne santé physique. Certaines personnes pensent que la santé est un concept beaucoup plus vaste que l'absence de maladie. Malheureusement, ce chapitre contient sans doute plus de questions que de réponses sur le sujet.

La psychologie ne concerne pas nécessairement les valeurs observées dans une société. De nombreux scientifiques pensent que les valeurs se situent en dehors de la science et qu'ils n'ont pas les moyens de définir ce qu'est une vie saine. Selon eux, la morale est subjective et ne peut être soumise à une analyse scientifique. Néanmoins, certains psychologues considèrent la santé psychologique comme une sorte de valeur universelle. Qui ne veut pas être en bonne santé, après tout ? Au fil des années, la psychologie a beaucoup appris sur la pensée et le comportement humains, et il serait dommage de ne pas essayer d'appliquer ces connaissances à notre quête de bien-être, de bonheur et de santé. Il se peut, en effet, que les psychologues outrepassent les limites de leur discipline lorsqu'ils préconisent un certain ensemble de valeurs. Mais, comme l'a dit un jour un de mes professeurs : « C'est une question empirique, n'est-ce pas ? »

Qu'a-t-il voulu dire par là ? Tout simplement que les opinions sont évaluées empiriquement et qu'une opinion ne peut-être jugée par rapport à une autre qu'en fonction de critères préétablis. Autrement dit, il est possible d'évaluer l'hygiène de vie d'un individu, à condition qu'il existe une définition consensuelle de ce qu'on appelle une « vie saine ». Par exemple, il peut s'agir d'une vie dans laquelle nous pouvons faire ce qui nous plaît et satisfaire nos besoins sans trop d'efforts. À partir de cette définition, nous pouvons évaluer scientifiquement les comportements et les processus de pensées susceptibles de conduire à ce genre de vie. Si nous tombons d'accord sur un standard, nous pouvons chercher ce qui contribue à atteindre ce standard.

Cela dit, les standards relèvent d'un débat philosophique, voire théologique. Chaque individu, chaque culture et chaque société a sa propre définition d'une vie saine. Néanmoins, il suffit là encore de choisir une définition. Il est ensuite possible de chercher ce qui contribue à atteindre cette version d'une vie saine avec les méthodes et les outils de la science.

Ce chapitre étant consacré à la santé psychologique, je dois fixer un standard. Voici donc ma définition de la santé psychologique : « vivre sa vie de façon optimale ». Comme vous pouvez le voir, je ne prends pas de risque, car chacun peut interpréter cette définition à sa façon. Si vous êtes un fervent chrétien, il peut s'agir pour vous de pécher le moins possible et de vous conduire comme le Christ l'a commandé. Si vous êtes un anarchiste, vivre de façon optimale consistera à vous affranchir de tout ce qui peut porter atteinte à votre liberté. Ce chapitre est axé autour de ma vision « subjective » de la santé psychologique. Depuis des années, les psychologues étudient le concept de « bien-être subjectif ». En l'occurrence, il s'agit de ma propre vision du bien-être et du bonheur, à l'exclusion de toute autre. Cette vision représente mes valeurs personnelles et ne correspond pas nécessairement à celle des autres.

Certains philosophes affirment qu'il est moralement préférable d'avoir des valeurs qui correspondent à celles des autres ou, pour le moins, n'empiètent pas sur celles des autres. Il existe aussi une autre définition de la santé psychologique, peut-être plus objective. D'après cette définition, la santé psychologique est liée aux comportements et aux processus mentaux qui permettent de s'adapter dans la vie. D'un certain point de vue, cette vision peut aussi être subjective. Par exemple, vous pouvez vous adapter à la prison. Or, cette adaptation implique un comportement qui peut être considéré comme malsain. Cela dit, pour la plupart des individus et des sociétés, l'adaptation concerne généralement la survie au sein d'un cadre dans lequel vit la majorité des êtres humains, et la majorité des êtres humains ne vit pas en prison.

Enfin, la santé psychologique peut tout simplement signifier être heureux. Qui ne souhaite pas être heureux ? Personne n'échappe au désir de connaître le bonheur, même si ce bonheur consiste à être triste. Cela me rappelle une blague : si un masochiste préfère les douches froides, prendra-t-il des douches chaudes pour souffrir davantage ?

Mais quittons la philosophie pour revenir à des considérations plus pratiques. Les dix conseils que je vais vous donner pour rester en bonne santé psychologique ne sont pas classés par ordre d'importance. Ils sont tous aussi importants les uns que les autres.

Acceptez-vous !

La psychologie populaire et tous les livres de développement personnel affirment qu'il faut s'aimer soi-même. Ce n'est pas une mauvaise idée. Le dégoût de soi est souvent associé à la culpabilité, à la honte et à la dépression. Il est important de croire en sa propre valeur en tant que personne unique.

Trop d'individus vivent une vie inauthentique, définie par les autres, pour assouvir leur besoin de reconnaissance. Or, l'acceptation de soi est un élément essentiel de la motivation et des émotions positives, qui nous aide aussi à accepter les autres plus facilement.

Luttez pour vous en sortir, apprenez à lâcher prise

Un jour ou l'autre, nous sommes tous confrontés à l'adversité. Nous devons être capables de faire face à cette adversité si nous voulons rester en bonne santé psychologique et même physique. Chacun de nous a ses propres armes pour lutter contre le stress et les épreuves. Cela dit, je vais vous donner un conseil qui s'applique à tous : faites face activement aux situations sur lesquelles vous exercez un certain contrôle et faites face passivement à celles qui échappent à votre contrôle. La « gestion active de l'épreuve » consiste à prendre des mesures pour améliorer la situation. Il peut s'agir, par exemple, de chercher un nouvel emploi lorsque vous êtes licencié, au lieu de vous dire : « Bof, de toute façon, je ne suis pas fait pour le travail... »

En revanche, nous n'exerçons pratiquement aucun contrôle sur la mort d'un proche. Parfois, nous nous épuisons à lutter contre notre sentiment de manque et de tristesse. Mais, finalement, nous sommes obligés d'accepter la réalité de la situation. La « gestion passive de l'épreuve » consiste à accepter ce que nous ne pouvons pas changer. Le pardon est aussi un bon exemple de gestion passive. Cela dit, dans les situations que nous contrôlons, comme de nombreux problèmes liés à la santé, des mesures strictes peuvent donner des résultats et aboutir à un meilleur fonctionnement psychologique.

Entretenez de bonnes relations avec les autres

Il semble parfois que la vie moderne soit une vie de solitude. Chacun de nous est enfermé dans sa voiture, isolé des autres et préoccupé par ses propres problèmes. Dans mon travail, j'ai souvent ressenti le besoin de sacrifier la productivité au profit des échanges interpersonnels. J'entends souvent les gens dire : « Je n'ai jamais le temps de rendre visite à mes amis ou à ma famille. » Voilà la solution : prenez-le !

À notre époque, il est difficile de rester à proximité de sa famille et de ses amis. Nous ne vivons plus dans des villages. Cela dit, nous pouvons créer des liens dans le cadre de notre travail. L'utilisation massive d'Internet et du téléphone portable montre bien notre désir de rester en contact avec les autres et notre tentative de le faire malgré un monde fragmenté où tout va toujours trop vite.

Cela dit, les relations interpersonnelles n'ont d'intérêt que si elles sont bonnes. Certaines personnes n'attendent qu'une chose : s'éloigner le plus possible de leur famille. Les liens et le soutien émotionnels sont tout aussi importants, si ce n'est davantage, que la simple proximité. Nous avons besoin de personnes vraiment proches, sur lesquelles nous pouvons compter dans les moments difficiles. Et nous avons besoin d'un(e) partenaire qui attache de l'importance aux mêmes choses que nous.

Voici quelques conseils pour entretenir de bonnes relations avec les autres : accordez votre pardon, soyez tolérant, communiquez de façon honnête, exprimez-vous, trouvez un juste équilibre entre indépendance et dépendance, et agissez de façon responsable par rapport aux valeurs, aux désirs, aux sentiments et aux souhaits des autres.

Luttez pour la liberté et l'autodétermination

Si nous avons la conviction d'être le capitaine de notre propre bateau, nous attachons plus d'importance à notre vie et nous sommes plus confiants. Nos motivations proviennent des choses que nous voulons pour nous-mêmes et de celles que nous avons prises chez les autres au fil des années.

Le sentiment d'exercer un certain contrôle sur les décisions qui nous concernent est essentiel à la santé psychologique. Lorsque nous sommes entourés de personnes qui nous contrôlent, nous punissent ou nous dominent, nous perdons une partie de notre amour-propre et de notre liberté. Parfois, nous devons nous adapter aux désirs et aux valeurs des autres. Mais nous pouvons néanmoins conserver notre sentiment d'autodétermination si nous adhérons, ne serait-ce que timidement, à ce à quoi nous nous adaptons. Imaginez que vous souhaitiez repeindre votre maison en violet. La commune refuse. Mais si elle est d'accord pour que vous la repeignez couleur lavande, vous n'aurez pas l'impression de vous faire marcher sur les pieds. Nous apprécions rarement (voire jamais) que l'on nous dise ce que nous devons faire, surtout si nous ne sommes pas d'accord.

Donnez-vous un but et faites tout pour l'atteindre

L'impression que la vie n'a aucun sens est un signe de dépression. La société moderne peut nous donner un sentiment d'aliénation lié à l'obligation de travailler tous les jours avec le chèque de la fin du mois comme seule récompense.

Il est essentiel d'avoir un but. Toutes les études ne cessent de montrer que le processus d'évolution en vue d'atteindre un but est aussi important que le but lui-même. Parfois, nous sommes trop ambitieux et notre échec nous conduit tout droit à la déception. Dans ce cas, nous obtenons l'inverse de l'effet escompté. C'est pourquoi nous devons nous fixer un but réaliste.

Trouvez l'espoir et gardez la foi

Des études ont montré qu'une foi profonde peut nous aider à gérer la perte, la maladie et les troubles psychologiques. Lorsque les choses tournent mal, nous devons garder espoir, rester optimistes sur l'avenir et continuer à croire que nous finirons par atteindre notre but.

La « positivité » permet de surmonter la peur et de rester motivé. Être positif, c'est voir la vie en rose. Les pessimistes diront sans doute qu'ils sont davantage ancrés dans la réalité, qu'ils sont plus lucides. Soit. Mais un peu d'illusion positive ne peut pas faire de mal.

Offrez votre aide

Nous vivons tous des épreuves à un moment ou à un autre. Lorsque nous aidons les personnes dans le besoin, nous avons souvent le sentiment de maîtriser notre propre vie et nous adoptons une perspective positive. L'aide que nous apportons aux autres est aussi bénéfique pour les personnes concernées que pour nous-mêmes. Et je ne parle même pas des avantages fiscaux...

Vivez pleinement votre vie

Vivre pleinement sa vie signifie être totalement absorbé et captivé par chaque activité ou expérience. Pour vivre heureux, nous devons apprendre à optimiser notre expérience intérieure afin d'être en harmonie totale avec ce que nous faisons.

Voici un conseil issu de la tradition bouddhiste : si vous pensez à vous reposer pendant que vous balayez le sol, nous ne faites pas l'expérience de la vie telle qu'elle est. Quand vous balayez, balayez. Quand vous vous reposez, reposez-vous. Vivez pleinement chaque instant !

Jouissez de la beauté de la vie

L'aptitude à apprécier la beauté est l'« esthétique ». Il y a beaucoup de négativité et de laideur dans notre monde – la guerre, la maladie, la violence et la misère nous entourent. Déprimant, n'est-ce pas ? Être capable d'apprécier ce qui est beau est une grâce salvatrice dans un monde si souvent laid.

L'expérience de la beauté est personnelle. Personne ne peut la définir pour nous. Nous pouvons voir la beauté dans une peinture célèbre ou dans le rayonnement du soleil à travers les nuages. Lorsque je vois un beau jeu dans un match de foot, j'en ai les larmes aux yeux : « Quelle belle passe ! Sniff, sniff... »

N'ayez pas peur de changer et restez flexible

Pour vivre en paix, appliquez le principe du judo : laissez-vous porter par le mouvement. Si vous êtes rigide et inflexible, vous rencontrerez une résistance à un moment ou à un autre et vous vous imposerez une certaine tension pour maintenir votre position. Si, en revanche, vous êtes flexible et prêt à modifier un comportement inapproprié, vous vous adapterez à votre environnement. Il faut du courage pour changer, mais ce sont votre santé et votre bien-être qui sont en jeu. Vous dites qu'on n'apprend pas à un vieux singe à faire la grimace ? Qui vous a parlé de singes ?

Chapitre 18

Dix bons films psychologiques

DANS CE CHAPITRE :

- **Voler au-dessus d'un nid de coucou**
- **Rencontrer des gens comme les autres**
- **Éprouver une peur primale**
- **Regarder d'autres bons films**

Qu'est-ce qu'un bon film psychologique ? C'est un film qui traite d'un trouble psychologique et/ou dont l'intrigue repose sur un concept psychologique.

Pour évaluer la qualité des films décrits dans ce chapitre, j'utilise le cigare comme unité de mesure, en hommage à Sigmund Freud, qui était un grand fumeur de cigare. Ainsi, j'attribue cinq cigares aux excellents films psychologiques et un aux moins bons, en fonction des critères suivants :

- Description fidèle à la réalité d'un trouble mental.
- Portrait fidèle à la réalité d'une personne souffrant d'un trouble mental.
- Description fidèle à la réalité d'un traitement appliqué en cas de trouble mental, (psychothérapie ou médication).
- Aperçu de l'expérience subjective d'une personne souffrant d'un trouble mental ou autre problème psychologique.
- Recours à des principes et à des connaissances psychologiques pour aider le spectateur à entrer dans l'esprit du personnage et à anticiper son comportement.

Vol au-dessus d'un nid de coucou

Tiré d'un roman de Ken Kesey, *Vol au-dessus d'un nid de coucou* est sorti en 1975. Jack Nicholson, *alias* Randle P. McMurphy, est interné contre son gré dans un hôpital psychiatrique.

Tout l'intérêt du film repose sur une simple question : Nicholson est-il vraiment un malade mental ? Le système de soins psychologiques de l'époque est aussi profondément remis en cause et soupçonné d'être utilisé comme moyen de contrôle social. Nicholson est-il un malade mental ou un fauteur de troubles qui a un problème avec l'autorité ? Il ne fait aucun doute qu'il est différent des autres et qu'il défie le système chaque fois qu'il le peut, mais est-il malade pour autant ? Peut-être a-t-il simplement un immense appétit de vivre.

Pour le jeu de Jack Nicholson, la critique sociale et les troubles existentiels, j'attribue à ce film cinq cigares ! À ne surtout pas manquer !

Orange mécanique

Orange mécanique, tiré d'un roman d'Anthony Burgess, est sorti en 1971. Malcolm McDowell, alias Alex Delarge, est un jeune délinquant perturbateur. McDowell et sa bande accumulent les mauvais points : ils se battent, manquent l'école et commettent divers actes de vandalisme. Une nuit, ils volent une voiture et partent faire une virée. Ils entrent alors dans une maison, violent une femme et frappent brutalement son mari. McDowell se fait prendre.

C'est là que la partie psychologique commence. McDowell est soumis à un programme strict de modification du comportement, basé sur une « technique d'aversion ». Au terme de la phase d'apprentissage, chaque fois qu'il est exposé à la violence, il devient violemment malade. Il est donc poussé à éviter tout comportement violent pour ne pas être malade.

Ce film pose plusieurs questions : devons-nous avoir recours à ce genre de technique pour réformer le comportement des criminels ? Faisons-nous plus de mal que de bien ? Le niveau de violence d'une société dépend-il de l'aversion collective pour la violence ou est-il simplement une conséquence de la loi du plus fort ?

Pour l'ambiance macabre et l'illustration du béhaviorisme, sans parler de la critique sociale de la violence, j'attribue cinq cigares à ce film !

L'Armée des douze singes

L'Armée des douze singes est un film de Terry Gilliam, avec Bruce Willis, Madeleine Stowe et Brad Pitt. L'intrigue a lieu dans un monde post-apocalyptique, dans lequel Bruce Willis remonte le temps pour stopper l'individu qui a répandu un virus et détruit le monde.

Le ressort psychologique de ce film est axé autour de plusieurs questions : Qu'est-ce qui est réel ? Comment savoir si un individu est réellement psychotique ou non ? Comment prouver que Dieu parle à certaines personnes ? Willis et Stowe développent ce qui ressemble à un trouble mental connu sous le nom de « folie à deux » – délire partagé par deux individus.

Le jeu des acteurs est excellent. Brad Pitt est époustouflant dans son rôle de schizophrène. La remise en question de la réalité est un sujet compliqué, mais *L'Armée des douze singes* s'en sort haut la main. Cinq cigares !

Des gens comme les autres

Des gens comme les autres (1980) est un film de Robert Redford, avec Timothy Hutton, Jud Hirsch, Donald Sutherland et Mary Tyler Moore. Il raconte l'histoire d'un adolescent, qui se remet lentement d'une dépression et d'une tentative de suicide après un accident de bateau qui a provoqué la mort de son frère aîné.

Des gens comme les autres montre comment une souffrance complexe peut être surmontée en essayant, lentement mais sûrement, de rendre les choses plus simples.

Les acteurs sont très convaincants et la description du trouble mental est excellente. Seul problème, qui coûte un cigare à ce film : aujourd'hui, les psychiatres ne font quasiment plus de psychothérapie à proprement parler. Seuls les psychanalystes, les psychologues, les services sociaux et les conseillers familiaux et conjugaux la pratiquent. Quatre cigares !

Peur primale

Ce film de Gregory Hoblit, avec Richard Gere et Ed Norton, traite également de la réalité. Mais, cette fois, il ne s'agit pas d'un médecin qui essaie de montrer à un patient que celui-ci est malade, mais d'un patient qui essaie de persuader un médecin qu'il est malade. Vous me suivez ?

La seule chose qui cloche dans ce film, c'est le recours à un neuropsychologue en tant que témoin expert. En général, les neuropsychologues ne témoignent pas dans les affaires impliquant une aliénation mentale, à moins qu'il y ait dommage cérébral. Ils ne sont pas compétents en matière de troubles dissociatifs. Malgré cette petite imperfection, ce film mérite largement quatre cigares !

Quoi de neuf, Bob ?

Quoi de neuf, Bob ?, avec Bill Murray et Richard Dreyfus, est une comédie sur la relation patient-psychothérapeute. Ce film n'est pas aussi profond que les précédents, mais il décrit les troubles mentaux d'un autre point de vue – celui du thérapeute.

L'une des questions les plus sérieuses qu'il pose est celle des véritables besoins d'un individu souffrant d'un trouble mental. Le patient a-t-il besoin d'une thérapie froide et abstraite ou simplement d'établir des liens authentiques avec sa famille, pour que celle-ci puisse l'aider à surmonter ses peurs et à se sentir en sécurité ?

Quoi de neuf, Bob ? a une approche légère de problèmes relativement graves, tels que l'anxiété, les relations professionnelles difficiles et la santé mentale douteuse du thérapeute. Écouter sans cesse les autres parler de leurs problèmes peut finir par devenir stressant. Les thérapeutes ont besoin d'avoir une vie en dehors de leur travail. Murray représente le pire cauchemar des thérapeutes : le patient dont on ne peut plus se défaire. Cette situation est à la fois drôle et effrayante. Mais Murray donne une bonne leçon aux thérapeutes : n'oubliez pas d'analyser les aspects les plus triviaux de la vie de vos patients. La simplicité est peut-être la clé. On peut regretter la tendance de ce film à minimiser la gravité du type de comportement incarné par Murray. En outre, la psychothérapie est menée par un psychiatre, ce qui, comme nous l'avons déjà vu, n'est plus le cas aujourd'hui.

Malgré ses petits défauts et son aspect caricatural, *Quoi de neuf, Bob ?* mérite quatre cigares.

Une vie volée

Dans *Une vie volée*, Winona Ryder incarne une jeune femme dépressive et suicidaire, admise dans un hôpital psychiatrique. Réticente, elle s'oppose à tous les efforts du personnel pour l'aider à « aller mieux ».

Ce film compare les vies et les maux des différents personnages pour montrer que l'angoisse des classes moyennes des quartiers résidentiels est infime à côté de certaines maladies beaucoup plus graves. En même temps, il ne minimise pas les difficultés de Ryder. Il les remet simplement dans leur contexte. Ryder adopte alors un autre point de vue. Elle refuse de finir sa vie en hôpital psychiatrique uniquement parce qu'elle ne sait pas gérer ses propres problèmes.

La morale de l'histoire, c'est que Ryder a eu de la chance de rester en vie et de faire un petit détour du côté des malades mentaux sans devoir passer toute son existence en hôpital psychiatrique. C'est une histoire très personnelle. Une histoire sur l'espoir et la dure réalité de la vie de certaines personnes. Cinq cigares !

Le Silence des agneaux

Le Silence des agneaux est le film qui a poussé tout le monde a vouloir entrer dans la police pour devenir profileur. Jodie Foster et Anthony Hopkins sont à l'affiche de ce *thriller* psychologique qui nous fait entrer dans la tête d'un tueur en série. Jodie Foster, *alias* Claris Starling, est un agent du FBI qui essaie d'arrêter un célèbre psychiatre et tueur en série nommé Hannibal Lector, incarné par Anthony Hopkins. Tout le film est basé sur l'interaction de ces deux personnages et sur les jeux psychologiques auxquels ceux-ci s'adonnent pour arriver à leurs fins. Hopkins joue au docteur avec Foster, tandis que Foster demande à Hopkins d'utiliser ses connaissances pour l'aider à arrêter un tueur en série.

L'intérêt du film ne repose pas tant sur le portrait du psychiatre, lui-même malade mental, que sur la description du fonctionnement de l'esprit humain. Comment devenons-nous ce que nous sommes ? Au cours de son enfance, Foster vit une tragédie qui la pousse à devenir profileur. Hopkins est à la recherche de son véritable Moi et sa quête déclenche ses meurtres horribles. Hopkins représente à la fois les aspects positifs et négatifs de la psyché humaine. Il aide Foster, en tant que consultant et en tant que médecin, mais il fait preuve d'une perversion et d'une aliénation démoniaques lors de ses meurtres. C'est comme s'il donnait et reprenait la vie en même temps. Sa profonde connaissance de l'esprit humain est devenue une arme fatale.

Hannibal Lector représente une peur très répandue : ceux en qui nous avons confiance peuvent aussi nous faire du mal. Cinq cigares !

Sybil

Dans ce classique des années 70, Sally Field incarne un personnage qui fait partie de ceux que l'on appelle aujourd'hui « les Multiples ». C'est une jeune femme solitaire, qui semble calme et timide, mais qui cache un enchevêtrement chaotique de personnalités incontrôlables. Elle finit entre les mains d'une thérapeute, qui commence à traiter ce syndrome des personnalités multiples.

Les scènes où Sally Field et son médecin appliquent la thérapie sont très spectaculaires et dérangeantes. Elles sont intenses ! La performance de l'actrice est grandiose. Il est très difficile de regarder un individu agir de façon aussi étrange. Cela donne la chair de poule ! Personnellement, cela me fait peur ! Au fur et à mesure que la patiente passe d'une personnalité à l'autre, la thérapeute comprend peu à peu comment elle en est arrivée là.

Il s'avère que la patiente a fait l'objet d'horribles agressions physiques et sexuelles pendant son enfance. Le film illustre l'idée répandue parmi les professionnels selon laquelle le syndrome des personnalités multiples est la conséquence d'une dissociation visant à défendre la personnalité initiale de la réalité de l'agression. Il respecte bien cette notion et reste cohérent, sans tomber dans le sensationnalisme hollywoodien.

La force de ce film repose sur trois piliers : le jeu de Sally Field, l'intensité émotionnelle des scènes de thérapie et la description de la cause hypothétique du syndrome des personnalités multiples. Cinq cigares !

Psychose

Aucune liste de bons films psychologiques ne serait complète sans *Psychose*, d'Alfred Hitchcock. Anthony Perkins incarne un psychopathe, dont la psychose le pousse à s'habiller comme sa mère. Il semble souffrir d'un dédoublement de personnalité, qui le conduit parfois à se prendre pour sa mère. Dans tout le film, seule une personne est tuée, ce qui n'est rien par rapport aux standards d'aujourd'hui. Mais tout repose sur le suspens et la surprise, qu'Hitchcock manie à merveille.

Psychose est le film qui a familiarisé le public avec l'idée du tueur psychopathe. De l'extérieur, Perkins semble doux et réservé. Il ressemble à un petit garçon dans un corps d'homme. Seul son penchant pour le voyeurisme le pousse à observer furtivement les clients de son motel. Mais derrière cette façade paisible se cache un tueur aliéné qui attend sa proie. Le facteur psychologique clé de *Psychose* est la relation malsaine de Perkins avec sa mère. Perkins est le portrait type du « petit garçon à sa maman », incapable de s'assumer seul et de s'adonner aux plaisirs sur lesquels il fantasme. Freud aurait reconnu sans mal cette version adaptée du complexe d'Œdipe, dans laquelle la mère de Perkins, et non le père, représente la menace castratrice. La fureur de Perkins semble provenir de son incapacité à être le roi dans son propre château.

Psychose est un classique. N'allez pas chercher le remake avec Vince Vaughn – louez directement l'original. Cinq cigares !

Index